U0729088

近思与远虑

Reflection and Perspective

刘 东／著

浙江大学出版社

图书在版编目（CIP）数据

近思与远虑 / 刘东著. —杭州：浙江大学出版社，
2014.11
ISBN 978-7-308-13950-2

Ⅰ.①近… Ⅱ.①刘… Ⅲ.①学术思想－中国－文集
Ⅳ.①B2-53

中国版本图书馆 CIP 数据核字（2014）第 234703 号

近思与远虑

刘　东　著

责任编辑　陈丽霞（clixia@163.com）
封面设计　周　灵
出版发行　浙江大学出版社
　　　　　（杭州市天目山路 148 号　邮政编码 310007）
　　　　　（网址：http://www.zjupress.com）
排　　版　浙江时代出版服务有限公司
印　　刷　浙江印刷集团有限公司
开　　本　700mm×960mm　1/16
印　　张　19.25
字　　数　277 千
版 印 次　2014 年 11 月第 1 版　2014 年 11 月第 1 次印刷
书　　号　ISBN 978-7-308-13950-2
定　　价　48.00 元

版权所有　翻印必究　　印装差错　负责调换
浙江大学出版社发行部联系方式：(0571) 88925591；http://zjdxcbs.tmall.com

目　录

辑一

方法

不通家法

用不着隐讳，我这个标题是从陈寅恪送给罗家伦的戏联——"不通家法科学玄学，语无伦次中文西文"中抄来的。不过，我这次却要反其意而用之，不是把它送给别人，而只是把它留给自己；并且不是借以自嘲，而只是藉以自况，甚至自勉。

而这样一来，我也就算开门见山地挑明了与准备严守家法的诸君的分歧。为此，我又必须先厘清：我们的观点究竟在什么意义和何种程度上有所不同？不然的话，只怕大家热闹非凡地争论一番，到头来还是彼此不得要领，只觉得对方不可思议。

首先我要说，尽管我不同意有人把过去十年的学术研究工作评价得那样低，但我还是同意大家的一个基本判断——它确实乱糟糟的，缺乏严格划一的学术规范。因此，我跟诸君的分歧，就并不在于是否承认学术研究的失范现象，而在于如何认识这种现象。对此，梁治平已经提出了较为深入的看法，把学术上的失范归因于文化上的失范。而我以为，还有必要跟着再补充相互联系的两点：第一，文化的失范又应归咎于价值的失落；第二，这种学界的"大乱"因此就并非只具有消极的意义。事实上，扪心自省：在填补这种价值真空的尝试中，我们过去十年间恐怕都曾有意无意、或多或少地"添过乱"罢？举别人的例子，或许人家不愿负这样的责任，所以我只谈我自己的一点儿脱不掉的干系：近几年来，每当我又为《海外中国研究》丛书挑着了一本好书，就很可能又扰乱了一次学术界的惯常思路；我必须承认，我是存心这样做，因为"汉学"这块领地，既然和国内的学问拥有共同的研究对象,就更容易为大家提供比较的天地,就足以为中、西学术研究的方法提供一个接通的榫眼。

从这个意义上讲,"乱"并不是一件坏事,如果我们手中把握了大一统的筛子,就很可能将许多新的治学方法拒于门外,正所谓"水至清则无鱼"了。然而,尽管有这样一种副产品,我的主要目的也仍然不在于引进某种研究方法,而在于拓宽视野以为传统和现代中国定位。因为照我看来,真正值得焦虑和操心的,还在于从东、西学的激荡中去努力重建足以令中国现代文化安身立命的价值核心。只要我们紧抓住这一点不放,就必然会为之生出千方百计来,从而终于水到渠成地创建起新的学术规范。反之,如果只去为学术失范而苦恼,那就落入了"第二义",既建立不起来"道统",因而也就更谈不上建立起"学统"。

接下来,还需要辨明的是:尽管我未必像诸君那样乐观,以为只要假道于对过往的学术史研究就足以建立起"大治天下"的学术规范,但我也绝不是不分青红皂白地对"学术史研究"一概否定。我想要追问的是:大家提倡的到底是一种什么样的"学术史研究"? 如果其主旨在于通过检讨和暴露当前学术研究的困境而重辟蹊径,那么只有疯子才会反对。但如果其目的只在于从陈陈相因的老套中总结出一些要求别人依样画葫芦的标准(借徐光启的一句反语正是"金针度去从君用,未把鸳鸯绣与人"),则我期期以为不可,劝大家还是早些歇手算了。

所以,与其说我是想要大唱反调,毋宁说我在进行一种善意的提醒——谁要是想借"学术史研究"来逃避进行思考的责任,那他实在是太弄巧成拙了。因为照我看来,真正的"学术史研究",是更加需要胆识、更不怕得罪人、更敢于冲破家法的樊笼。我希望用八个字来概括这种研究的意趣,那便是"探赜索隐、陟罚臧否"。也就是说,它的主要用意,恰恰在于把过去看似零乱、不很自觉的学术努力梳通理顺,使其中暗含的潜在逻辑彰显出来,让人们对过去的心路历程有所回顾与检省,以期补偏救弊之功。正因为这样,尽管个别的专门的学术研究成果并不一定要表现为思想,但学术史研究却一定要体现出思想的力度。它必须对过去的学术成果进行总体的深层的批判性阅读,追问从前"习惯成自然"的治学传统是否合理,追问从前纷争不已的学术课题是否成立,追问以前对一个个"牛角尖"所下的死功夫是否值得,追问整个学术界的学科建制和人力、物力配置是否得当,追问过去学术研究的潜在动机和它达到的实际效果有否背离……在这个意义上,任何因循守旧、抱残守缺的念头都是和"学术史研究"格格不入的;恰恰相反,这里需要的,是告别过去、开拓未来的热望,是充满超越可能的崭新研究纲领。

但很可惜,恕我直人快语,诸君所谓倡导的"学术史研究",似乎并没有显示出这种对过去的强烈不满,反而半遮半掩地亮出了一面复古的旗帜,好像在号召大家从某种程度上"回到乾嘉去"。和清初学者对宋学的反省相仿佛,陈平原也提出,过去十年之学风最主要的毛病就在于"空疏";而这随即就使诸君怀念起所谓"国学大师"的"扎实"来,并且成了大家急于要撇开"学"而恢复"术"的基本理由。看来,新一轮的"汉宋之争"又被有意识地挑了起来。对此,我也只能说——"余岂好辩哉,余不得已耳"!

这就有必要稍稍回顾一下历史。照我看来,即使我们承认"空谈性命"在历史上部分地负有误国的责任,朴学家们接受道学家之教训的方式也是从根本上就错了。因为,"义理之学"的具体内容虽然可以有正有谬,但"义理之学"本身却不会错。即使是最荒谬绝伦的义理,也只有借更正确的义理才能纠正;即使是最空疏脱漏的哲学片断,也只有靠更体精思微的思想体系才能取代。只要人还活着,他们就一定会产生存在的焦虑,他们就必须以理论思维去应对这种焦虑。因此,不管人们能够找到多少条材料来证明清代学术对前朝的反拨是有其来历的,我总疑心,他们是上了清人"拿着不是当理说"的当。这样来勉强勾勒学术发展的"内在线索",其最大的缺失是,它反而掩盖了一个再明显不过的事实:异族入侵的外部否定因素造成了汉文化的停滞和倒退。其实,若不是野蛮的统治者大兴文字狱,使士子们再也享受不到天水一朝那种相对开明和宽松的学术气氛,讲究正心诚意、修齐治平的书生们怎么会噤口不谈义理,一心只搞小学呢?

当然,我这样讲,绝不是只主张尊德性,不主张道问学。我只是觉得这两方面决不可以互相越俎代庖,使得学风立于一偏。钱锺书曾有过一番高论,说"诗分唐宋""非仅朝代之别,乃体格性分之殊"。但我想,他似乎忘记跟着再说一句更要紧的话,那就是——"学分汉宋"亦复如此。对此,我们只要到所谓"宋学"和"汉学"的大本营中去巡礼一下,便知端的。比如"鹅湖之会",看似宋学的家务事,但晦庵嫌陆太简,象山道朱支离,故从性情与方法上看,竟又是宋学内部的"汉宋之分"。再如"浙西"、"浙东"之争,当属汉家的内讧,但其争论的关键却在于"博"与"约"的关系,而章学诚直把自家比作转世的陆九渊,把戴东原看作并世的朱元晦,这倒又像是汉学内部的"汉宋之争"。故愚以为,所谓读书当从识字始,这当然是至理;而知书是为了明理,那毕竟也是知言。人们究竟是见林再见木,还是见木再见林,是先立其大,还是先格后致,是重宏观综合,还是重微观分析,那均是性情中事,断断不可强求划一。在这方面,或正因为章实斋是"身在汉营心在宋",所以他在《文史通义》中就能对此看得更全面些——"高明者,多独断之学,沈潜者,尚考索之功。天下之学术,不能不具此二途,譬犹日昼而月夜,暑夏而寒冬,以之推代而成岁功,则有相需之益;以之自封而立畛域,则有两伤之弊。"呜呼!要是章学诚的后学们也都能有这样的眼光,知道无论走"汉"还是"宋"的路数都可以成为学有特长、不可取代的专门家,我又何必浪费笔墨来加入争论呢?

然而,令人担忧的是,在诸君预备当作金科玉律来总结和恢复的流行家法中,并看不到这样宽容的气度。一个人如果坦率地承认自己不愿、不敢或不会开动脑筋,只善于在一些细小的问题上多下功夫,那倒也不失为一种诚实的态度。事实上,正像现代社会的日渐发展偏偏是以现代人格的日益局促为代价的一样,现代学术的普遍进步也正是以每个学者之治学领域的不断逼仄为代价的;所以,尺必有所短,寸必有所长,这正是社会分工给人们带来的一种严峻事实。只可惜,有些人似乎并未意识到这种悲剧的处境,而竟把它当作正剧甚至喜剧来上演。他们专喜欢以己之长攻人之短,请别人也进入自家的瓮中。比如,有的先生在评判文章时竟先从屁股后边看起,如果那里注明的材料出处不够丰富,甚至仅仅是所据的版本不够权威或所引的古籍不够冷僻,便马上认定这文章不够"扎实",弃而不读，全然不顾它有没有对那些"大路货"的材料重新处理过，是否在见地上有过人之处。再比如，在目前这种中西汇通的局面下，一个人哪怕再拘守"汉"的家法，他也不会拒绝去学习外文；相反，他的西文通得越多越精，他就会越觉得自己的学问大。可是，如果碰上了一个新的"宋学家"，人家不仅仅强调要认识西人的文字，还更强调援西学的义理和方法来重新整理和评估中国传统的价值观念，就总有人要来"不许百姓点灯"；而如果他想要只依靠自己的头脑来自我作古，就更会被讥为"才子式的写法"，属于空疏的花架子。这样地以自家的偏好来为别人立法，蔚成风气，就大大限制了学界在知识上的原创力。首先，似乎是被黑格尔不幸言中了，很多人对书籍是熟知而非真知：一说到某某先生，最叫人敬畏的恭维话便是对材料"很熟"，甚至熟到了对哪个人的哪段话出自哪种善本的哪一页都可以应对如流；可是，若真要把该先生的大著找来，只怕用箩子也箩不出多少真知灼见，令人徒生"买椟还珠"之叹！再有，具有讽刺意味的是，"名人"往往并无"名作"：有的大学问家，堪称"学养天人"。据说光是会的外文之多，就叫你觉得要是摊上我辈凡夫俗子，即使倾毕生之力去学习都来不及，足见其何等的博闻强记；可是，谁若是较起真来，欲弄清其笔下写过多少传世之作，往往又大失所望，油然兴叹那么深厚的功力要是挪到了一个善于思考的人身上该有多好？如果诸君总结出来的竟是这种以"学而不问"为荣、以"知而不识"为高的家法，那我还是"不通"为妙！"家法"者何？不正是老者喝来打孩儿屁股的刑具么？

我曾对钱文忠说过，果欲将"学"和"术"分开的话，那么照理应该有四种排列组合：其一是有学有术者，其二是不学无术者，其三是有学无术者，其四是有术无学者；只是，前二种不在话下，第三种迄未见过，唯有第四种可以说是多年来目睹之怪现状。其所以造成这种情况，恐怕还是和在该寂寞的时候偏偏不甘寂寞有关。为了获取韦伯说的"象征性报酬"乃至"物质性报酬"，似乎有"学"者就不如有"术"者来得有把握。因为你无论自家体贴出多少新道理，总有可能被斥为空疏或荒谬，而只有告诉别人你曾坐过多长时间的冷板凳，受过多少扎实的训练，才会叫人高深难测，免开尊口。殊不知，如果不从身外之物着眼，而只从做学问之闻道、立言的内在目的出发,无论怎样去夸示自己的功底扎实,那也不过是告诉了别人自己有治学的可能性;而能否将这种可能性转化为现实,还得看自己的努力与造化。所以,如果碰上一位年轻后进这样自炫自耀,还叫人觉得后生可畏,前程无量;而要是一位垂垂老者还只为此沾沾自喜,那不啻在说——你看我要是想悟道,这辈子真不知会参透多少,可我偏偏没干! 真不知道他是在跟谁赌气? 因而,这样的"家法",就休怪我要"不通"——它本身就根本"不通"!

有鉴于此,尽管我自度并无能力去搞"学术史研究",还是愿意向热衷此道的诸君提一个建议:倘若大家真心实意地要来反省过去治学的道路,那么最当务之急的,莫过于去追问那些"有术无学"的人,他们打了一辈子基本功到底是为了甚么? 如果诸君能跟他们把这个问题纠缠清楚,则会打破其"不通"之"家法",令其智慧大开,从而解放学术界的生产力,使陈寅恪之复振"新宋学"的遗愿有可能化为现实。此乃诸君未来无量之功德,弟当翘首企足拭目以待之!

(本文曾作为一组"学术史研究笔谈"文章中的一篇,发表于《学人》辑刊第一期,江苏文艺出版社1991年版,第20—27页)

形式理性化只是必要条件和最低标准

　　每份杂志都必然要追求自身的特有风貌，否则无论从什么意义上说都很难站住脚。于是乎，要么某些杂志会选择以专门传达某一学派的集体声音为特色，无意间和其他学派的刊物你来我往地构成了一种健康的讨论气氛，从而共同促进着学术事业的繁荣。在这方面，老一代学者创办的《新青年》和《学衡》就是成功的先例；而近来分别由北大和社科院的新秀们相继推出的《原学》和《原道》，似乎也是自觉地想要走这条路。另外，还有些杂志则更愿意以形式本身作为其基本特色，它们不仅希望在读者心目中建立一种确定的预期值，使之只要想读哪类风格的文章便会按照门牌号去索寻，还更希望借这种形式上的共同点来号召和征集作者队伍，使之一旦写出哪路文章来（不拘其观点如何），便自然会想到最适合于它的园地。在这方面，三联的《读书》杂志亦有堪称成功的经验。从这种区分来看，《中国社会科学季刊》编委会无疑应选择后一条路，因为大家真正可以达成共识的基础，毋宁是最主张保护言路的消极自由主义，除此之外再无门户之见。由此，不管季刊怎样板着严肃的面孔，都更像是一只宽容和自由的篮子（而非禁锢思想的笼子），足以装入各门各派的意见，只要求它们言之成理持之有故而已；而它的"求同"之处也只在其对于学术量的甄选，对于观点则不妨完全"存异"。

　　当然，言之成理持之有故也并不很容易做到，否则季刊也就没有必要如此大张旗鼓地打出"学术规范化"的口号来了。如今学界的失范现象，有时真叫人觉得做学问简直已经如同儿戏。有些被当作"正式成果"发表出来的东西,我们对其作者本人曾否下力研究固不能妄加判断,但至少可以谨慎地说,由于它们未能遵守最起码的学术规范,遂使得对之的阅读变得相当无聊。比如,有些立异鸣高之论并不是根据可重复和可理解的论证步骤推绎出来的,所以即使你同意它也绝不敢斗胆去引证,而一旦你感到对之难以苟同,则更无从下手去进行驳议——除非你也敢于跟着它"天马行空"地想到哪儿说到哪儿,否则便会发现自己竟是"一部《二十四史》不知从何说起"。其实,也正因为有了目前的这种混乱,才使季刊得以把追求"规范化"当成自己的特色之一(而若在正常的学术氛围中,则或许只有旗帜鲜明地鼓吹自己"决不遵守任何准则",才会使一本学术刊物显得独出心裁)。这种对于学术严肃性的维护,尽管并不需要太多的想象力,但毕竟搔着了当前学界的痒处,理应对匡正业已大坏的学风不无裨益。

　　不过,应该注意的是,天下的文章本是各有各的章法,并不存在齐一的套路,因而我们在判定一篇文章是否做到了规范化之前,也还有必要先把自己手里的尺子和筛子检测一遍,否则就难免要自乱方寸误人误己。不待言,"社会科学"若按其本义而论,原应与"人文学科"有基本的不同,所以它们所适用的学术规范本也不可同日而语。可是,若从日常语言学派的观点来看,人们应用语言的"游戏规则"却并无先天的确定性,只是根据具体的生活方式来约定俗成而已。因此,我们又不可否认,在中国的实际环境中,"社会科学"基本上是被当作"大文科"的同义词来使用的,也就是说,它一向既包括严格意义上的社会科学,又更为宽泛地包括人文学科(甚至中国社会科学院的强项大多都在其人文学科方面的研究)。所以,我们这本杂志虽然定名为《中国社会科学季刊》,却还是有必要先在观念上搞清楚,它到底是在狭义上运用"社会科学"一词,而与人文学科"井水不犯河水"呢,还是继续沿用它在中国特有环境中衍生出或者误读出的宽泛涵义,而把人文学科的研究成果也收纳进来? 我觉得,上述两种选择本都无可无不可,并无一定之规;而迫于目前严格意义上的"社会科学"在中国还远未形成气候的现状,季刊过去实际上并未追求如此严格的学术分工,仍然编入了一些人文学科方面的研究成果,这本来也无可厚非。但需要留神的却是,既然已经自觉地运用了"社会科学"的广义,就万万不可再一味使用其狭义的评判标准；否则，就会形成一种糟糕的局面——或者借经济学的规范来强求其他社会科学门类，或者以社会科学的普泛标准来强求人文学科，从而弄得天下大乱莫衷一是。比如，无论是孔子的训导，还是庄子的寓言抑或慧能的语录，也无论是柏拉图的对话，还是尼采的格言，抑或维特根斯坦的条文，尽管若从哲学的规范来看都绝对符合写作的章法和格式，却统统漏不过严格社会科学的筛眼。但试想一下：要是从哲学中淘汰了这些传世之作，该门学科还成什么体统呢？

　　而且退一步说，即使我们为了跟国际接轨而死心塌地地认定了，一定要把这本季刊办成严格意义上的社会科学刊物，也绝对不宜只把"文章做得规范与否"当成主要的甚至唯一的审稿标准。无论如何，能把一篇论文写得中规中矩四平八稳，只是一个够资格的学者的最起码的基本功，我们充其量也只能从中看出作者是否受到过应有的学术训练，而并不能从中看出他是否真正具备提出问题和解决问题的能力（只有后者才足以构成一个人选择以学术研究为业的禀赋和条件）；充其量只能借此判定某一篇论文做得是否认真，而并不能借此判定它写得是否真有意思。所以，一篇论文能否在其形式上达到合理化，毋宁说只是使之在学术上成立的必要条件，而非充分条件，故而也只是我们检验它的最低标准，而非最高标准。除此之外，我们对其学术水准的判断，还更需视它是否显示出了作者的洞见而定。假如我们不能在这一点上坚定地明确下来，便很容易使得季刊上充斥着平庸之作，尽管它们似乎并不怕歌德所说的那种"西班牙长靴"的拷问，但终归却只是出自邯郸学步的瓦格纳之手。那样的话，季刊的档次就很难保证了。

　　我当然决不否认确立作为最低标准的"规范化"要求在目前是非常必要和及时的，因为这样做有其明显不可替代的优点：使大家可以在共同的语境下循着共通的家数来展开讨论，从而把道理越辩越明；借一句中国的老话来说，只要是符合规范，则不管发表出来的文章属于第几流，都总算是入了流。不过反过来我们也必须充分意识到，假如仅仅套用这种标准，也会带来一些有害的负面效应，那就是鼓励人们去单纯追求形式上的像模像样，而忽略了内容上的言之有物和观点上的真知灼见。比如，本来按说任何研究项目都只有借助于对作者和读者均属不言而喻的"前理解"的语境来展开，都只能在被某个文化共同体当作先入之见的共识基础上进行，而只有当一位作者发现过去的熟知并非真知的时候，他才会生发出不可抑制的研究兴趣，也才有必要对之提出新的研究报告以便改变和增进人们的知识；但假如有哪位作者居然反其道而行之，煞有介事地设计出某种"决定性的实验"来证明对于大家本非疑问的、只需运用亚里士多德的三段论便可求证的常识（例如证明"某个受教育程度不高的劳动阶层的行为模式也符合行为科学对于人性之一般倾向的全称判断"），或者绘制出某幅坐标系来演示本可用文字表达得更加一目了然的规律（例如借一次方程的简单曲线来图解"大自然的气温高低和人类的衣着厚薄之间呈正比例关系"），那么，此类报告虽说非常地合乎形式理性化的规范，却并没有给读者带来任何新颖的信息，充其量也只是在表面上类乎一种研究罢了。我在这里当然只是极而言之。不过，我们却必须预先在思想上对于可能出现的类似偏差给予足够的警惕，以免将来季刊万一误入歧途。

那么，除了"规范化"的最低标准之外，如果希望这本刊物对于今后的学术发展起到更大作用的话，大家又应当确立什么样的更高标准呢？这个进一步的问题似乎比较难以确答，绝不是我在这么短的篇幅之内就能够完全说清道尽的。不过，有一点却确凿无疑：这种更高的标准势必要着重检验文章的内在质量（或者价值合理性），而非仅仅是外观质量（或者形式合理性）。由此而决定了，能否达到这种标准其实并不取决于我们要不要把它向广大的作者公开提出，而取决于编委会本身能否彻底实行已在初步推行的"双向匿名"的审稿制度。毫无疑问，足以判断一篇论文到底是"有学有问"之学术佳作还是"徒有学究气"之学术赝品的人，只能是站在某种学科前沿的专家；正因为他们的天职是在为这个学科的困境所苦恼，并且为其发展而操心，所以也就只有他们才具备足够的背景知识和敏感程度，可以透过一篇文章的外表来看出它究竟是否真的传达出了新的信息，从而判定它是否真的为学术研究事业作出了贡献。我认为，就季刊目前已经建立的在学科分布上相对齐备的学术编辑委员会以及它跟更多够资格的同仁所保持的业务联系而言，它原是不难在追求和保障"知识增长"方面为国内越办越多的学术刊物作出表率的；但关键是我们先要有决心严格地为自己的行为规则立法，以便真正发挥这支学术团队的集体知识优势。

另外，公开申明季刊采取这样一种一视同仁六亲不认（包括编委们自己）的审稿制度，还有一个附带的好处，那就是可以借制度本身的严肃性来推卸和搪塞任何个人的责任，不至于因为杂志对于稿件的严格筛选而伤及私人之间的感情，从而保障季刊的学术水准。中国人是很讲究面子的，这本来也许并非什么坏事，只要人们能够为了保全脸面而爱惜自己的羽毛。可是，在这种特殊的国情之中，弄不好却也可能产生很消极、很有破坏性的风气，因为一位学者有可能越觉得自己的名气大，或者越以为自己跟某某主编的关系好，反而就越敢于破坏规矩地信笔涂鸦，反正他自信别人也不敢拂他的面子把稿子给退回来。我当然并不是说在季刊过去的操作中曾经非常严重地存在这类问题，但大家却又必须承认，若就整个社会的大环境而言，上述情况几乎已可算是积重难返的流弊了。所以，我在这里毋宁说是在提议季刊在严肃学术纪律方面更为自觉地带个好头，狠狠心决不再让本身的审稿程序给任何人留下照顾私人情面的余地。只有这样，大家才能指望依靠自己一点一滴的努力，来帮助全社会逐渐磨合出一种不至于使任何人再心存侥幸的严肃治学环境，从而保证眼下已经小得很可怜的精神生产力不至于再被白白地浪费掉，徒劳无益地制作出那些粗制滥造的学术废品。

（本文最初发表于《中国书评》1995 年 3 月）

文化观的钟摆

那场俗称为"文化热"的往返论辩在中国大陆才刚刚消歇不久,我们还不至于就忘干净了其中的某些痛切教训。从我个人的经验而言,当时最具反讽意味的事件之一是:就在外间津津乐道着某种很有点儿"文化绝对主义"味道的主张的同时,这类主张的雄辩家和代言人在私下的学术探讨中,却只能向学友们交代出这样一番托辞——他的那些放胆鼓噪其实并非出于对纯粹学理的追求,而只是出于对实践策略的谋划。可想而知,恰恰由于他的头脑还不至于像他已经坐实的某些论点以及他的盲目喝彩者们那般简单,所以他那些牺牲学理的喻告虽可以助其逞一时之快,却终究要使之背上沉重的包袱,因为此后他首先需要克服的精神障碍便不是怎样去心平气和地摆出问题的全部复杂性,而是如何去避免或忍受昔日的叫好者再吃惊地朝他大叫"倒好"了。

因之,最聪明的治学方法仍然是:千万不要因为贪图任何浅近的功利目的而去讨巧。这也就意味着,一旦遭遇到了绞尽脑汁也未能想透的难题,我们充其量也只能把自己在这方面的困惑老老实实地和盘托出。而非常不巧的是,所谓"文化观"的问题又正是这样的复杂难题。我们于此碰上了最为吊诡的理念陷阱:任何一位准备持"文化绝对主义"立场的人,都不可避免地先要选定一种在他看来唯一正确和值得信奉的价值观念;然而人们又发现,获得这种排他性信仰的过程竟跟这种信仰的态度完全是相悖的,因为那过程本身反而是焦虑、怀疑、主动、自由与或然的,故此其结局就只能是相对于各人不同的心性特点的。哪怕世上还只剩下两个独立思考的主体,他们也仍然可能从人类文明遗留下来的图书馆中翻拣出两种不尽相同的"客观真义",或者干脆就只去对一种教义给出两种不尽相同的诠释,然后再基于它们而相争不下——这种抗辩本身就已经是昭然的"文化相对主义"的现状了;再说,如果他们中间并没有人真心想发动一场"十字军东征",也没有人真心不怕在教派之争中把人类之间的距离弄得比人与野兽还大,则他们终究还是要叹口气承认这种现实,发现其实正是他们那种各不相让的独断态度,才不自觉地导致了"文化相对主义"的后果。

于是我们合乎逻辑地看到:似乎对于那些不那么偏执的心智而言,持"文化相对主义"的态度起码要在理论根基上更牢靠些。这种态度正好可以对应于近年来中国大陆学界中较为通行的主流倾向。我本人也曾在其他地方给出了采取"文化相对主义"立场的部分理由:如果只把论题限定在向后回溯的范围,亦即如果只把眼界限定在迄今的文明进程,则这样一种方法框架至少可以先帮助我们排除当下语境中所谓"传统—现代"的有害二分法,从而对过去的历史文本进行更为忠实而完整的释读,并且更为实证地了解在已往的各个文化圈中到底都发生过什么,以期在知识学的意义上还复出古人原有的不同"生活世界"。无论我们自己想要对出现于历史中的种种价值观念进行怎样的臧否取舍,都先应清醒地意识到:前人曾经和我们一样享有过自由选择的契机,而且他们绝不可能自欺欺人地存心选择某种已被认定为错误的价值理想;尤是在形形色色不可通约的文化价值的范导下,便必然要产生千差万别的行为预期,以及在此基础上发展出来的并不完全具备可比性或通约性的文化样态。正因此,倘若我们不能透过古人本有的价值观念去观察过去的历史行程,则我们对他们的了解终究不可能比外星人对我们的了解更多。

进一步说,"文化相对主义"的参考图不仅有助于描绘业已尘埃落定的过去,而且有助于描绘仍在不断变迁的当今。另一个非常吊诡的现实陷阱是:尽管人们已经习惯于将其生存的空间形容为小小的"地球村",但实际上在这个村落里却仍未建起"巴比伦塔";所以,尽管从表面上看各文化共同体之间的距离比以往更近,但它们之间仍然缺乏相互沟通的可靠桥梁。有的学者误以为"全球一体化"必将与"信息高速公路"同步而来，殊不知恰恰由于这种空前便捷的信息共享，各种价值观念的强烈反差倒会空前明显地暴露出来，仿佛把几千年的历史时间都压扁成了一个冰冻的瞬间，从而使全人类空前警策地直观到了"全球分裂"的现实困境。人们不要忘记："冷战"的起因固然是某些价值观念之间的分野，但由苏联解体所标志的"冷战"结束也未始不应归因于另一些更为深刻而稳固的文化传统之间的鸿沟；况且，此后"冷和平"格局的形成以及在这种大背景下发展出来的反而更趋白热化的局部战争，还又把各个文明间的落差触目惊心地凸显了出来。值得一提的是，正是这种文明的落差才派生出了西方学者最新版本的"文明冲突论"；但更其耐人寻味的是，居然就连引出这种论点的基本论据也反映出了那位作者对于其他文明的误解，因为任何对儒家的文化心态以及中国人的种族观念稍有了解的人，都一看便知——那种专为西方盟国臆造的最新"儒—回轴心"全然属于堂·吉诃德的风车。

再进一步说，"文化相对主义"的思想框架还在一定程度上有助于现代人保守住在过往历史中形成的多元价值视角和丰富生活经验，从而为当代社会的健全发展保留必要的马刺，并为未来生活方式的优化组合提供更多的杂交基因。与某些学者的误解刚好相反："全球化"以及支撑着这种现象的"现代性"不仅不是贯穿和统摄人类文化多样性的一根红线，反而恰恰是凸显出这种多样性的一种诱因；因为只要现代化的生产和生活方式波及哪里，这种"不合理的合理性"就一定会跟当地的文化传统特别是那几种主要的世界性宗教构成强烈的价值紧张。在这方面，持"文化相对主义"立场的学者至少还有权利和理由去质问：既然这场现代化运动本身究竟是福是祸尚在未定之天，那么为什么从人类文明一个角落里惹出来的巨大风险，非得要由整个人类来共同承担？既然这个技术社会自身的游戏规则并非无懈可击，那么为什么就不能容忍别人保留另外的价值支点，以图为将来的文化创造敞开更加宽广的可能世界？从这个意义上讲，"文化相对主义"的思想方法就有可能是既宽容沉稳又富于批判精神的：它有可能不再把地球上的各个文化看成是你死我活的敌手，而毋宁将其看成同一个学术研讨班中的参与者；它有可能不再目空一切地宣告哪一种现行的文明规则是完美无缺的，因此便不再试图去闭锁人类文明史的或然性进径。

然而，真正的问题至此远未结束，毋宁说它才刚刚开始。我们既已非常投入地参加了这个有关人类文明的学术研讨班，就必须首先从观念上明确从事这种研讨的主旨——那绝不应是为了贪图争论的热闹而永远就这么争执下去，而只应是在逐渐相互理解的基础上对人类所面对的主要问题达成基本的共识，并且基于这些共识而尝试着寻求某种更加正确的文明规则与生活方式。准此我们看到，人们的"文化观"正像一个钟摆，在摇到彼一极以后，又自然而然地荡了回来。意味深长的是，恰恰鉴于我们刚刚描述过的"全球分裂"的现状，才使我们有充足的理由认为，如果我们退一步尚可以权且采取"文化相对主义"之方法框架的话，那么进一步却又完全不能满足于它。既然"万国之上犹有人类在"，我们就不能一味去把古人留下的文化母语当成不可逾越的观念障碍，竟致使这个星球上的人群永远被剖化成若干不同的物种；特别是，恰因为置身于人类一方面已经智慧到了可以顷刻间毁掉他们共乘的飞船、另一方面却仍自愚笨得不知怎样和睦共处的时代，我们就更不能把辉煌的历史传统糟蹋成沉重的思想包袱，致使各式各样的有色眼镜总是妨碍大家去直面对于全人类都堪称最为紧迫的问题。纵使横隔在地表上的各种文化篱笆从我们刚刚落生那天起就使每个人的精神视野都留下了先天的盲点，我们也必须自觉与这种"文化的宿命"进行不懈的抗争！从这个角度看，"文化相对主义"又绝不像某些学者所宣讲的那般振振有词，相反它惟不过是一大片足以使大家迷惘和沉沦的可怕泥沼；而且，谁若是存心不愿在这片泥沼中拔出脚来，谁若是反倒以此为借口而不再努力试图"悬置"各人偶然染上的所谓"主体性"，他便不啻在坐等着人类的万劫不复。

当然，即使我们在跨文化理解的前提下再一次引出"一多之辩"，进一步的疑难仍然有待于克服。比如，从认识论的角度讲，任何一位谙熟阐释学理论的学者都会毫不犹豫地告诉我们：当某种信息从此一共同体传播到彼一共同体之后，既然它无可避免地要脱离原有的文本结构和适应另外的文本结构,故而势必要被重赋迥然不同的文化含义,所以一切的跨文化释读都命中注定是一种误读。在这里我们不妨说,大家的思路又遭遇到了一个相当吊诡的理念陷阱:从问题的一个侧面,人们的确不无理由刨根究底地质问——既然已经有一种理论认定人们的阅读行为从来都只能是误读,那么他们心中追求的对于其他文化文本的正确理解,岂不从一开始就是纯粹想象出来的"乌托邦"么?可是,从问题的另一个侧面,人们又照样不无理由去"以子之矛攻子之盾"——既然你还认为人们尚有一种标准足以判定种种阅读结果的失误,那么这种听起来总不至于再出差错的判断标准本身,便已经在确凿地表明并非所有的阅读过程都必然导致误读了!上述悖论很可能只是我自己杜撰出来的,或者至少我个人暂时还未曾看到其他作者有过类似说法。不过这一点完全无关宏旨,因为我实际上并不打算借助于此类舌辩游戏来"决定性地驳倒"学术界有关"文化误读"的种种现象描述和理论总结,而顶多只是希望借此诘难来松动一下大家的脑筋,使他们能够悟出其实任何一种理论都有难于自圆之处,根本不值得人们去死死拘执。如果容许我们不再套用哪种理论而来直接面对问题实质的话,那么我个人在这方面的感悟是:恐怕正像上述"佯谬"所象征或昭示的那样,所谓"理解"和"误解"从来都是互成对待的,因此它们在人们的阅读过程中就很可能是出现得同样多。不过我并不强求读者们相信这一点——退一万步说:就算"文化误读"理论真能完全归纳此前的一切阅读结果,它也并不注定足以概括今后的所有阅读行为,更不应该被用来颠覆阅读过程中必不可少的"不断逼近文本真义"的初始动机和最终目标;因此,除非人们已经把这种理论当成了可以支持自己去信口雌黄的借口,他们的持续阅读努力就并非注定是永远不结果实的。

　　也许有人不打算从理论层面而打算从实践层面来质疑各文明间的接触与理解。他们可以借助最称时髦的后殖民主义理论来证明:一方面,《天演论》向中国人揭示过的社会达尔文主义意义上的竞争环境在当今的世界上并没有多少改善,尽管这种"优胜劣汰"的法则已经日渐隐讳地体现在商战的成败之中;另一方面,又由于隐藏在这种商战背后的无非是舶来的文明规则,所以只要中国人从内心深处认同了它的规则,则无论输赢都已算是受到了西方话语的权力支配。准此,我们就碰到了一个更加吊诡的理念陷阱:人们既可以循"拿来主义"的逻辑去把文明间的借鉴看成是所谓"师夷之长技",从而把它看作华夏文明复兴的契机,又可以循"排外主义"的逻辑将其看成是数典忘祖的行径,从而把它看作对于国粹的最大背弃——而且这种霄壤之别的显现竟然并非由于外部态势的任何变迁,惟在于此心此念的陡转!坦率地讲,上述两种心情都曾在我本人的脑际中浮现过,因为它们确乎都各自对应着一部分事实。我曾长期地为此而走投无路。然而,恰恰在左支右绌之余,我又不得不发出进一步的思考:实际上,如果从观念的层面上我们的确还有可能区分开并且保守住人类文明进程中的不同价值支点的话,那么由现实的层面观之,我们却早已不再具有任何一种原有意义上的古代文化了。举中国的情况为例,尽管整个一部中国现代史唯不过是一部"现代化受挫史",但中外文化的融合仍然已经发展到了这种地步:我们正越来越多地分享着其他民族的经验,正越来越深地陷入其他民族穷于应付的难题,甚至正越来越倾向于用可以对译成其他语种的语式来描述和解答这类难题。因之,尽管我们在书房中尚可凭苦读和想象来保留若干个业已逝去的"天堂",但在现实中却只能目击一个无可逃避的"炼狱";或者说,在我们脚下只摆着一条介于"不应失去什么"和"理应得到什么"之间的迷途,并且无论我们怎样为前一种理想而嗟叹痛惜,它总归是无可挽回地失去了,也无论我们怎样为后一种理想而冥思苦想,它仍自是既不可望又不可及。试问:在这种完全不存在"桃花源"可供大家避世的情况下,如果我们仍不能鼓起地狱门前的勇气而毅然前行,跟全人类站在一起去承负共同的命运,那么究竟还有什么退路?正因此,也许我们就还有理由提醒一句:绝不要仅仅因为西方的哪一种时尚刚好适于替狭隘的民族主义煽情,便贪图省事地想要拒斥人们进一步接触、理解、汲取和消化外来文化因素的努力,否则就会徒然拖延中国人在世界门槛前的踟蹰时间,甚至会坐失他们迈过这个门槛的最后机会!

　　从上述的争辩中,我们又看到了一种饶有趣味的反衬:最新的排外主义其实更少地出于对中国固有传统和本土文化价值的深入了解与坚定信念,而更多地竟是出于一种怯生生的对于西方潮流"紧步后尘犹恐不及"的崇尚心理;相反,倒是这些长期以来由于潜心国故和坚持着一个小小的国学研讨班而经常被人有意无意地误解为"复古主义"的同侪,却深深地警惕着有人把"话语—权力"的假说曲解成了足以使人类永远互相猜忌的由头,以至于妨碍了大家对于各个古代文明的成败得失进行实事求是的考索与分析。我在这里绝对无意炫耀自家的胸襟何等博大;毋宁说,当今世界的复杂态势从来就没有允许过我们一味钻到故纸堆里去贪吃"偏食"。另外,我在这里也完全无意脱离其原有的上下文去评说后殖民主义思潮本身,因为它在西方语境中的出现肯定是有其充足理由的;可一旦有人想要把此种对于潜藏在话语背后的意识形态的深层分析径直移植到中国来,那么鉴于这一方水土的具体性质,我们就不得不对之提出必要的限制与补充——如果从短时段的区间看,文明间的对话的确从来都是不平等的(正如儒教也曾经作为强势文明而支配过周边地带一样),那么从长时段的区间看,这种对话却与其说体现为压制与灭绝,毋宁说更体现为融合与跃升。扪心自省:尽管百余年来的中国现代史中的确充满了冲突与对抗——甚至可以说恰恰是由于有了这些冲突与对抗——我们中间究竟又有哪一位的人格不是被杂糅难分的多元文化因素滋养起来的?正因为这样,如果有人想要剥夺我们阅读康德、莎士比亚、威尔第和米开朗基罗的权利,那已经会跟想要抢走我们的苏东坡、王阳明、王羲之和吴道子一样令人痛惜;而再进一步说,如果有谁想要把我们对外来文化的醉心贬斥为"文化侵略"下的"亡国奴"心态,正好像有人曾经疑心柴可夫斯基、德沃夏克和格里格全都是莫扎特和贝多芬手下的"第五纵队"一样(我确曾读到过这种可笑的论调),那我们真可以把他看作是不折不扣的"迫害狂"患者了!

然则,即使已经把话说得如此尖锐,却并不意味着我们的心情业已从文化观的难题中彻底挣脱了出来——它其实仍然像钟摆一样,处于不停的惶惑和动荡之中。在这个问题上,我们几乎完全无法绕开另一个极其吊诡的陷阱:一方面,作为一种被"定罪"为自由的存在物,我们的灵魂不由自主地想要超越自身的有限性,因此我们的确可以说是生存在长时段中,的确在呼唤和期盼着新的文化价值整合;而另一方面,作为一种被命定为"有形必有毁"的存在物,我们的肉身却身不由己地"被抛"在难知晦朔与春秋的有限瞬间,因此我们又的确可以说是生存在短时段中,的确无法指望真能亲眼看到峰回路转的大同盛世。很可能正是因为受这种困境所逼,我们已经看到太多的学者出于自身心灵安宁的需要,而以各种似乎过于轻松的方法去寄托或者化解煎熬人的终极关怀。他们要么就受思想惯性的制约,不停地玩弄所谓辩证法的虚文游戏,总以为只要在"一"和"多"之间虚构出某种字面上的"对立统一"关系,便可以变戏法般地消除人类的价值冲突,懵然不悟真正足以支撑这种万宗归一的贯一之道还根本没有被我们思考出来;要么就急不可耐地想要皈依新教,不停地由此种信仰改宗彼一门庭,总觉得以往的圣哲们一准给我们留下了千古不移的遗训,完全不顾人类面临的空前挑战根本无法借这种教条主义的态度去对应……我曾经低首下心地拜读过他们匆忙写下的那些充满确信的解答,但即使如此我还是觉得,自己在这个问题上仍然所知甚少。我们真能确知的是:在我们对于自身文化观的不懈逼问中,毫无疑问地隐藏着我们这个时代最为紧迫和深刻的哲学问题!因为正是人们整体参考框架本身的相对化,把人们从前在这些框架中的所有哲学探索都统统相对化了,甚至就连那些坚持试图超越相对主义而达到客观性的哲思,若从其他的文化价值体系观察也仍然难免是一孔之见;因之,如果全人类不能保持向着新的价值整合上升的足够冲动,我们的社会就不得不永远停留在目前这种"精神分裂"的可怕症状之中。但进一步说,在由不同价值体系所冲荡成的席卷全球的思想涡流之中,我们或者我们的子子孙孙究竟能否乘御着此种羊角风而扶摇直上,在交互性的文化对话中重塑普世式的价值理想和文明规则,这就绝不是任何一位先知敢于告喻天下的了——想想看罢:当海德格尔在西方的语境中发现只有"一个上帝"尚能拯救大家的时候,他都还觉得自己无力把它思想出来,更何况我们又在各文明之际找到了"那么多上帝"呢?

　　(本文是作者为 1995 年 10 月在北京大学召开的国际比较文学年会所撰写的发言提纲,那次会议的中心议题是"文化对话与文化误读")

多元标准下的"进步"概念

今天讨论的主题是"进步"概念。在现代汉语中,所谓"进步"是相对于"落后"而言的。对于一个个人来说,"进步"与否意味着他的人格成长和人性完善程度。对于一个社会共同体来说,"进步"与否意味着它的文明和发达水平。所以,在我们一落生下来就被抛入的特定语境中,"进步"这个字眼儿先入为主和不容置疑地被赋予了一层金光闪闪的正面意义。

但从根本上说,若要清晰地判定一种现象究竟是否"进步",必须具备确定的标准。否则"进步"概念的内涵就十分空洞,它所描绘的现象实际上就只限于"变化"或"发展"。而"变化"或"发展"这类词汇却只是中性的,并不包含价值上的肯定。比如核试验和艾滋病、生态破坏和过度消费、"文化大革命"和新纳粹主义都无疑属于新的"变化"或"发展",只是至少大多数具有起码常识的人均不愿称之为"进步"。

我们又发现,想要确立一个足以判定"进步"与否的放之四海而皆准的标准是十分困难的。大概除了最不具备哲学家气质的人之外,还没有人会相信已经有哪一位先知将此标准最终地思想了出来。人们迄今为止只是对"进步"概念进行了多角度的诠释和处理,并由此得出了判定某种"变化"或"发展"之价值涵义的不同标准。不待言,每一种"进步"标准都有助于加深人类对自身发展历程的理解。不过,所有这些标准叠加在一起,却使人们变成了"老花眼"。"进步"标准的多元化,把"进步"这个概念撕得四分五裂。由于用多棱镜来透析历史,人们经常会对某种"变化"或"发展"形成尖锐对立的判断:被一部分人看成"进步"的东西刚好会被另一部分人认作"倒退",甚至有人会把某种"变化"或"发展"同时看成"进步"和"倒退"。(可怜和贫弱的"辩证法"!)

正因此,我们首先需要检省的就不是围绕"进步"问题的种种具体见解,而是所以形成这种众说纷纭局面的认识论基础。一旦着手处理此类历史哲学的方法论问题,我们就会和 Kant 一样,感到"进步"概念属于形而上学的范畴,即由于缺乏具体的直观对象而注定只能是空洞的。也就是说,如果我们不是神,如果我们并不具备一种"理性直观"来放眼望尽无限,如果我们不可能稳固地把握住标志着至善的人类历史终点(就像 Karl Jaspers 在《历史的起源和目标》里所企图做到的那样),那么,我们终究就不能判定人们是否在向一个可靠的目标"上升",而"进步"也就和"物自体"一样在本质上被排除到了认识之外。准此,人们在"进步"问题上发表林林总总的意见就不足为奇了。意见总是多种多样的,只有真理才是唯一的。只可惜我们无论怎样努力地思考"进步"概念,也不可能在这方面获得确定的真理。

不过,在这方面也许我们唯一可以确定的真理,却又是反复思考"进步"概念这个行为本身。人类并不是一个仅仅静观的物种。因此,就像 Kant 在第一个批判的前言中便已预想着第二个批判一样,我们的思想焦点不可避免地会从认识论转向伦理学。神不需要"进步",动物充其量只需要"进化",但人却被命定在两者之间。对生存的焦虑迫使我们无法不追问自己能否"进步",而且正是在此追问中持续地表达对未来的"希望"。在人类的意志结构和行为方式中,"希望"占有不可或缺的重要位置;"希望"并不独断,相反倒是舍弃"希望"才会独断地使人永远沉沦万劫不复。Ernst Bloch 曾经在明确论述过"希望原则"在人类行程中的永恒本质性。Jean—Paul Sartre 在晚年也供认自己从 1945 年以后就越来越认为"着手进行行动的一个根本特点就是希望"。由此我们看到,人们苦苦求索的"进步"问题,只有在伦理学的支持下才不是伪问题,才不是 Wittegenstein 所谓"不可言说"的问题。从认识论角度和伦理学角度得出的不同结论,本身就反映出了衡量"进步"概念应有不同的标准。

进一步说,即使在伦理学的意义上确立了"进步"问题,我们仍会看到界定这个概念的标准还在不断地多元分化。在西方思想史中,这种分化突出地表现在欧陆理性主义传统和英美经验主义传统的分野中。尽管同样是希望并且相信人类在增进自身福祉和改善生存状况方面能够有所作为,但这两种精神传统却仍然对于"进步"概念的内涵有着不同的理解。Karl Popper 的《历史决定论的贫困》一书将上述区别挑得十分鲜明。照欧陆一派来看,如果"进步"仅仅意味着基于常识的零敲碎打的工程(piecemeal engineering),仅仅意味着通过改进制度而对人类行为进行更为有效的规范与约束,那不啻过低估价了人性的潜能。但照英美一派来看,如果"进步"必须遵循基于理念的对于历史前景的决定性预告,必定意味着在改造人性的基础上对于所有社会问题的总体论解决(holistic solution),则此类自高自大的方案便统统属于"乌托邦"。当然欧陆和英美的界限不可能截然划开,正因其相互渗透,它们才能相互提醒和相互解毒。

再进一步说,和上述分野相联系,"进步"概念的多元标准又体现在人文学科和一切可被称作"科学"(包括社会科学)的学科之间。人们往往用"价值关切"和"价值无涉"来界定以上两类学科的不同出发点。但实际上,即使最超然纯粹的自然科学研究也照样有其前定的和潜在的价值前提。真正的区别在于,那些分门别类的社会科学之所以敢于"价值中立"地去头痛医头脚痛医脚,唯不过是因为它们统统属于"知性"的范畴,故此它们处理的细部问题由于具有确定的对象而比较容易通过数量的比较见出"进步"来;但那些从总体上追问生存质量的人文学科之所以拒不承认"意识形态终结",其根本原因又在于它们属于"理性"的范畴,故此即使某一类"变化"或"发展"可以被从某一门社会科学的角度被肯定为"改进"(improvement),若照人文学科的立场看来仍然在价值上具有非确定性,亦即仍然未必可称之为"进步"(progress)。

更进一步说,"进步"概念的多元标准还泾渭分明地呈现在各不相同的文明类型中间。人类学研究的大量成果告诉我们,在人类历史上并不存在一种单线的"进化"(evolution)模式。正因此,Oswald Spengler 才发觉在人类历史中形成的文明类型可分为宗教的、审美的和浮士德型的等。

据笔者研究,由于中华文明在"轴心期"(axial period)所形成的"天—地—人"三重结构的文化基因,它只能逐步发育成一种审美类型的文化。在这种文明内部不可能不发生"变化",而且它那种追求"天人合一"之审美境界的主导性价值取向也不可能不要求"变化"。但无论如何,只有符合中国特定价值标准的"变化"才会在这里被视作"进步"。所谓"修齐治平"的外推次第刚好说明了这种特定的"进步"观念:正因为从本性来说"人皆可成尧舜",所以持续教化的结果最终可以导致由"满街圣人"所组成的臻于无差别境界的社会共同体。当然,如果坚持西方中心主义的立场,或许有人会把中华文明所希望的这种"变化"或"发展"排斥在"进步"概念之外。不过,如果人们并不认为西方文明的模式注定就是"理想国";从而持一种审慎的文化相对主义观点,则我们就会看到——判定"进步"与否的标准已分化得更加复杂了。

从经济发展、科技演进、社会分化、官制改革等各方面看,中国绝非Alain Peyrefitte 所说的那样,是一个看似"停滞的帝国"。缘此,Jacques Gernet 告诫说,再也不要说中国历史缺乏"变化"了;而以 Paul A. Cohen 为代表的第三代美国汉学家们,也越来越旗帜鲜明地关注中国传统社会的内倾性"发展"。不过,后起的汉学家对 John K. Fairbank 所谓"冲击—回应"模式的反拨,却每每给人矫枉过正和牵强附会之感。因为无论如何我们都无法否认,在受到西方文化决定性的挑战之前,中国传统社会中占主导地位的思想是"历史循环论";《易经》本身便可被理解为"变易的经典",但这种"变易"却局限于"元亨利贞"的周而复始。中国古人之所以长期对历史怀有此种预期,是因为"一治一乱"、"分久必合"的历史经验一再地验证了它。毫无疑问,只要在世界历史上还未曾出现一种"发展经济"来突破 Multhus 意义上的"抑制",人类就一定惯向于从自身经历的经验事实中总结出种种的"历史循环论"来。这也正是现代化人们苦苦求索的"进步"问题,只有在伦理学的支持下才不是伪问题,才不是 Wittegenstein 所谓"不可言说"的问题。从认识论角度和伦理学角度得出的不同结论,本身就反映出了衡量"进步"概念应有不同的标准。

所以,近代西方的那种"线性进步概念"(lineal concept of progress),

事实上只有在 Spengler 所讲的"浮士德文化"中才会成为共识。由此,改变世界历史轨迹的最神秘起因就不在于别的,而在于构成现代化运动之充要条件的全部初始因素。在这方面,我们究竟相信 Karl Marx(物质生产),还是相信 Max Weber(精神气质),抑或相信 Douglass C. North(制度变迁),恐怕谁也没有充足理由妄下结论。或许上述研究成果其实并不相互排斥。也就是说,促成近代工业文明的条件是在欧洲凑到一起了。Iring Fetscher 在《人类的生存条件:进步尚可挽救吗?》一书中就把近代"进步"概念的来源总结为下述五种:其一,基督教拯救思想的此岸化或世俗化;其二,通过改善对于自然因果链的认识而加强人对自然的统治;其三,个人尊严和个性自由从等级秩序中的解放;其四,经济"自然秩序"从政治统治之"非自然"障碍下的分离;其五,由自由和自主的公民的制宪行为所带来的民主制度的衍生。也许人们还可以为之再增添一些别的条件,比如"世界地理"的发现等。不过,这类缺一不可的条件被总结得越多,现代化运动的偶发性就显得越大,从而那种普遍坚信历史是在"不可逆"地持续上升的观念也就益发表现为世界文明进程中的"反常"思潮。

思想史像一个圆周,各种方向相反的切线都可能沿其曲弧飞出。正像在西方思想家那里从来都不缺少"历史循环论"一样,中国先秦的法家学派也并非没有提出过"今胜于古"的思想。然而,如今我们已不再像启蒙时代的思想家们那样天真单纯,以为只要靠理性的力量便足以推动历史向着我们期望的方向永无止境地"进步"。所以,问题的关键其实并不在于人们的头脑有没有能力思想出一种线性的"进步"观念,而在于人类历史的实际经验有没有可能去支持这样一种观念(否则它就只能是思想"异端")。正因为这样,我们看到,一旦在现代有了这种可能,康有为毫不费力地就从中国古代思想史中找到了他所需要的传统资源——从今文经学的"公羊三世"说中脱胎出了他所谓的"据乱世"、"升平世"、"太平世"。在他看来,恰恰是蓬勃兴起于近代西方的强盛物质文明,反而有助于实现中国儒家追求了几千年的大同理想。无论从什么层面看,这都已是一种标准的"线性进步观念"了。

中国人本不难接受线性的"进步"观念,在 Darwinism 的恶性刺激下尤其如此。不过,这种"接受"不可能不受到接受主体的影响,必然表现为中国思想传统对于外来观念的主动性选择和创造性转化。由于儒家学说对于人性潜能的高度预期,人们自然而然地把社会不断"进步"的基点寄托在社会成员的彻底"变化气质"上。正因此,欧陆思想特别是共产主义思想就很容易在现代中国受到偏爱。这种总体论的(holist)直线"进步"观念一旦在中国酿成广泛的思潮,文化激进主义便因其倡导"进步"而成为自明的公理,而文化保守主义也因其阻碍"进步"而被普遍抛弃。目前有必要强调一下"进步"标准的多样性,尤其是提醒人们注意一下:在英美经验主义的传统中,"进步"意味着沉稳的调适和试错式的缓慢革新,因此在一个社会共同体中真正能支撑这种缓进的力量不仅来自对于变革的要求,还更来自对于"卡里斯马支援"的保守和维护。

从更深层的角度说,有关"进步"概念的多元标准,还使我们有理由去限制一下"进步"概念的适用范围。因为,只要从认识论的标准出发,我们就必须时刻牢记——人类历史上到底有没有"进步"终究是不可确知的。中国人目前大概什么具体的东西都敢怀疑,就是不敢稍稍怀疑一下抽象的神圣理念——历史时刻在、永远在"进步"。这不啻对历史进程和时间向度的盲目崇拜。我之所以批评李泽厚的所谓"人类学本体论"是把"历史上升为理性",正是鉴于他在其著述中以及和我的对话中一直对历史采取此种非批判的态度。无论如何,历史并不是上帝,时间先后也决不意味着优劣高下,没有任何东西可以决定性地保障我们乐观地相信人类的事业在不可逆转地"进步",不仅在中国文化史的自身范围内是如此,而且在中国文化史为外力断裂后也是如此。如今,中国所有的有识之士都在追求现代化。但平心而论,即使我们可以顺利地推动这种"变化"或"发展",也不敢一口咬定那就算"进步"。毋宁说,在唯恐被"开除球籍"的恶劣生存环境中,在目前这种南北世界并不平等而且越来越不平等的差序格局中,进行这种努力只是一种实用主义的调适和别无选择的应战。也许借此我们可以克服一种审美文化命中注定的种种弊端,但与此同时却又不得不分担由于工具理性过度泛滥所造成的现代西方病痛。实用主义哲学最容易招致批评的致命弱点就在其短视。在这种思潮的裹挟下,有谁敢从本体论上担保中国下一步的"发展"一定就是"进步"？有谁能决定性地证伪下述假设——我们正和西方人一起去加速毁灭这个星球上的全体乘客？

尽管不待多言，但我觉得还是有必要提醒一下与会的德国同行：有关"进步"概念的多元标准也同样有益于他们的自省。追到根源上，那种线性的"进步"概念并非发展至今才遭遇"危机"，事实上在它形成之初就已经包蕴着"危机"。希望"进步"是在学术上合法的，但若认定在自己前头的一定会是"进步"，就太自狂自傲了；特别是，如果有人把自己文明内产生的"进步"概念看成是唯一的，则此种文化绝对主义就显得既蛮横无理又僭妄浅薄。浮士德文化所内含的这种无限扩张冲动不仅不给其他文明的价值理念以商量的余地，而且对西方人自己的命运也是并不比赌徒更有把握地孤注一掷。事到如今，它不仅派生出了一个物质繁荣科技发达的德意志，也派生出了一个不再产生 Kant、Goethe、Beethoven 反倒产生了光头党的德意志。所以，如果德国同行不问，我愿意代问一声：德国真的"进步"了吗？在文化成就上"进步"了吗？在道德水准上"进步"了吗？——倘若没有，那么我们又有什么理由不从一开始就像今天这样，围绕"进步"问题举办一个 seminar，广泛听听各方面和多角度的意见？

最后，还应该再强调一遍：尽管从认识论上不可确知，但在伦理学上"进步"问题却绝不是一个伪问题。我所以再次强调，不是冲着别的，恰恰是冲着过去一度盛行的线性"进步"概念在"地球村"各个角落所造成的难以挽回的后果。无论如何，人类既已上了"贼船"，我们就只有像 Martin Heidergger 所说的那样，把技术社会当成非承担不可的宿命。正是在这个意义上，我不仅要说——"进步"问题是一个伴随人类命运始终的永恒问题，我还要说——"进步"问题从来都没有像今天这样紧迫。不过至关重要的是，我们千万不要再在"进步"的标准方面专执一偏了。相反，必须认识到：就一个个人而言，在"进步"概念上持多元标准标志着其心智的博大与成熟；就一个社会而言，在"进步"概念上持多元标准标志着其结构的开放与宽容。自然，这种多元标准并不能帮助我们一劳永逸地说清历史究竟有否"进步"。但只要我们一万遍，再一万零一遍地追问："人类到底进步了吗?"那么,尽管我们不敢武断地对此给予肯定回答,但我们也同样没有理由武断地说——人类已无可拯救了。

　　[本文是笔者在由歌德学院北京分院主办的一次"中德学术研讨会"上的发言提要,初载于《中国社会科学季刊》(香港)1994 年夏季卷]

"创造性转化"的范围与限制

　　林毓生先生在治学上显然是很有耐力的。这不仅体现在他对"比慢精神"的反复提倡上，还更体现在，大凡他认准了其重要性和正确性的话题，都会再三再四地予以阐发，以至于连远在大陆这边的我们也并不感到陌生。比如，他关于"创造性转化"的提法，师友们早已对之纷纷评介、发挥和呼应，三联书店也早已以此为题印行了他的文集，使我们本都耳熟能详了；但即便如此，《二十一世纪》杂志仍又寄来了他的新作——《"创造性转化"的再思与再认》，使我们看到了他在这方面新的探索和整理。

　　透过就此课题所倾注的数十年之功，我首先十分感佩地读到了一位华人学者对于故乡命运的长久关切。正是冲着这一点，我愿意认真负责地对林先生讲，由于"创造性转化"这个理论框架所想要打通的在传统与现代之间的关系，恰恰正是中国几代知识分子的心力交汇之点，所以，围绕这个框架所产生的种种难点，近年来也同样困扰着大陆的学者，而不再只由他独自一人苦苦追索了。其实，当别人拿出积多年之所学的研究成果之后，空泛地表态或盲目地追随并没有太大意义；谁若是真正看重人家新提出来的研究范式，谁就必须在此基础上继续沉思，一方面在现实层面上不断验证此一解释框架的适用范围，另一方面又在理论层面上不断检省其内在理路的周全完备。唯其如此，我才欣然应《二十一世纪》杂志之命，把自己在这方面的一些思考要点写进这篇简短的评论，以期能有助于林先生就此展开更新一轮的讨论。

　　我想，"创造性转化"这个范式之所以能引起广泛的兴趣和反响，主要是因为当人们关注古往今来的历史现象时,会一再发现这个解释框架的普遍有效性。甚至,仔细想来,它的有效性很可能还远远超出了林毓生先生本来希望界定的范围。不管文明进程是赓续绵延还是突变断裂,人们总是处于过去和未来之间,总是历史过站中的过客,所以,由于种种前定条件的制约,也由于此后历史环境的筛选,他们真正能够产生持久影响的创新行为,就反而只有通过对于旧有传统的有效激活和改造方能完成。缘此,如果"创造性"一词中立地意味着在旧有基础上的革新演进,而不包含任何先入为主的价值设定,那么,则不妨干脆说得彻底一点:其实不单是那些有资格被称作"文化建设"的历史活动是经由"创造性转化"来实现,就连那些根本只能算作"文化破坏"的历史活动,也必须借助于对某些传统因子的创造性激发来进行。林毓生先生在《中国意识的危机》一书中曾经语出惊人地说过,五四时代的知识分子是"如此地受传统影响,以至于他们变成了全盘性反传统主义者",无论此种概括是否允当,总之是刚好蕴藏着这一层意思。

　　"创造性转化"这个解释框架的广泛适用性,有可能会推导出某些林毓生先生不太情愿看到的结论。但这个话头我们暂且按下不提。因为,平心而论,林先生提出这个范式的初衷,首先在于指出传统社会和现代社会之间可能存在某种建设性的关联;而且,尽管并非没有招致不理解的非议,但就占主导性的共识而言,他关于五四运动的案例分析却对大陆学术界很有启发,使大家至少注意到了全盘否定和一味批判传统的负面效果。不单如此,为了理解林先生的骇俗之论,不少人还敏感地追踪到了他的学术背景和师承关系,从而增强了对于英国经验主义思想传统的关注。过去,由于革命意识形态的强烈排他性,大陆学者中间虽不能说没有例外(比如顾准先生的遗著《从理想主义到经验主义》),但大体上却未能对自柏克以降的思想脉络给予应有的重视。而现在,怀德海、波兰尼、哈耶克的名字却一时间不胫而走,直有跃升为"显学"之势。越来越多的人开始察觉到,至少照经验主义的观点来看:向着某个理想中的历史终点的不断躁进,难保不给历史带来灾难性的后果;相反,对于传统活力的保守与开发,却可能是整个社会稳步变革的基础。这种理论视角的大大拓宽,成因虽非常复杂,但却无疑曾得益于林先生的启发。

不过,话说回来,正因为人们不仅领教了林先生的具体论断,还更希望领会这些论断由以发出的思想渊源,所以,大家对"创造性转化"这个范式之适用范围的思考,也就同时意味着要从林先生的"家法"出发来划定它理应受到的某些限制。我们注意到,经验主义社会思想的精义,乃在于它并不相信任何个人之有限理性活动的结果会优越于整体人类不断试错成就的历代积累,因而,它并不主张以任何人为策划的总体社会工程来取代人类共同体的自然进化过程。缘此,从经验主义的思想逻辑出发,林先生所提倡的这个范式就理应得到某种严格的规定性——既然并不人为地设定任何作为历史终极目标的"理想国",从而并不具备最终判定任何一种发展变化是否确为"进步"的价值坐标,那么,"创造性转化"的框架就只应限定在经验和现象的层面上,用以规范人们价值无涉地描述传统因素的现代功能转换。换言之,不管是把经验主义的特点看作优点还是缺点,但只要严守它的立场,林先生所提倡的"创造性转化"的范式就更像是社会学意义上的,而非哲学意义上的;它只关心相对意义上的"改进"(improvement),而不从绝对的意义上去纠缠此种"改进"究竟是否"进步"(progress)。

基于这种确认,我们就不难区分开:"创造性转化"的范式到底在何种意义上具有说服力,而又在何种层面上最好三缄其口。这说到底取决于更大的解释框架究竟是什么。如果"创造性转化"是参照着"传统—现代"的坐标系进行,问题相对来说就比较单纯:只要采用这种范式的学者可以在经验事实的层面上证明,传统乃是通往未来的桥梁,故而只有不毁弃传统才能完成现代化,那么,他们就足以说服哪怕是最激烈反传统的人,因为这些人本来最急于追问的就只是"中国还能得到什么"。不过,如果"创造性转化"是参照着"中国—西方"的坐标系进行,问题便因涉及价值关怀而大大复杂化了:即使采用这种范式的学者确实指明了一条通往现代化的现实进径,他们也并不足以说服坚守中国文化本位的新儒家,因为这个学派首先要求解答的是"中国不应当失去什么"。由此我们可以发现,既然受林先生的学术背景所规定,"创造性转化"这个范式理应只侧重从社会学的意义上来强调对于现代生存环境的调适,而既不可能也不必要再从文化哲学的意义上去判断东西文明的高下优劣,它就本应自觉地避开新儒家必然要挑起的棘手问题——到底要把传统"创造性转化"成什么样子,即究竟是"中国文化的现代形态"呢,还是"西方文化的东方形态"?毕竟,那是属于另一个层面的问题。在那个层面里,传统完全有理由被价值理念化,故此决不可以被当做过河便不妨拆掉的桥,而应被视为须臾不可稍离的安身立命之本;而且,即使有一天全部的传统都被在现实层面碾得粉碎,这种对传统的价值理想也完全可以合法地传承下去,而决不会被任何文字上的论述证伪。借助于这种分梳我们可以发现,如果彼此都严守学理的规定,那么或许过去前辈学人间的一些往返辩难并非不可避免。

　　当然,林毓生先生既然自觉或者不自觉地逾越了经验主义社会思想之内在逻辑的界定,肯定会出于某种照他看来至关重要的理由。较为可能的情况是,他的心目中实际上并非没有一种对于中国未来的总体性设计——作为一位不仅是长期生活在民主社会之中而且还谙熟对这个社会之理论论证的学者,他很容易把大洋彼岸的现实状况油然当成大洋此岸的理想蓝图,并且将之当成判断事物的基础。从此种对祖国前景的焦虑和策划出发,他就很难再像柏克或者希尔斯那样哪怕是含混地肯定传统的正面意义了。也就是说,尽管看起来林先生反复申明必须保守一种充满活力的传统,但中国的传统对他来说无非是只有暂时不摆脱才能最终摆脱的东西,在价值层面上并不存在什么值得保守之处;所以,他绝不只是单纯地提醒人们来"创造性转化"中国的传统,还更进一步指明了应当把这种传统"创造性转化"成什么。正是在这一点上,他的立场就与他本来似乎没必要与之争论的新儒家泾渭分明地区分开来了。

　　历史现象总是要比某种思想方法复杂得多。所以,林毓生先生情不自禁地要跳出他本人的"家法",其原因恐怕还得到现实状态中去寻找。纵观世界近代史的发展,除了英国社会的现代化历程可以在某种意义上从容地表现为"自然史过程"之外,其他急起直追的社会均或多或少地必然要受到意念的自觉规划,而林先生在展望中国未来的时候当然也不会例外。尽管我们在前面说过,"创造性转化"这个范式的适用范围可以非常宽泛，但实际上，却并非任何堪称"创造性转化"的现象都是林先生渴望看到的。出于对芸芸众生的强烈责任感，他不仅不愿看到五四一代的知识分子"创造性转化"了他所认定的借思想文化解决一切问题的历史传统，恐怕也同样不希望看到历史上的牧民之术被"创造性转化"成所谓"东亚模式"中的高压手段，不希望看到过去的市井之徒被"创造性转化"成大众传媒中的发紫红星。可无论如何，传统却本来就是复杂多样的，尤其是当它解构出来的肢体再和同样复杂多样的外来因素杂交时，更会生出形形色色的怪胎。所有这一切令人扼腕的事实，若与林先生心目中的那个潜在的历史目的相比较，大概只能被看成是历史所犯下的莫大错误了。由此就不难体谅，他会情不自禁地越来越不甘心囿于经验主义的樊笼。我们看到，他的新作以大量篇幅列举了种种对于"创造性转化"的"推行"之法。这当然不会是偶然的——既然他对"转化"的方向已经成竹在胸，而"创造性"也因此在逻辑上被潜在地界定为对于现代民主社会的"建设性"，那么，"创造性转化"的范式就不再是解释追随历史发展的思维模式，而变成了参与改造历史过程的实践方法，"创造性转化"的道路就不再是无意识筛选的自然过程，而变成了有意识设计的人为工程，"创造性转化"的结果也就不能由一般大众的自发行为来实现，而只能由少数知识精英的自觉"推行"去促成。在这里，由于受现、当代中国历史的恶劣状态所迫，林先生无疑更加偏离了他原有的理论基点，甚至已经走到经验主义的对立面去了，似乎完全不能相信人们只要摸着石头便会不期然而然地蹚过现代化之河。我注意到，林先生在文中提及，已经有人批评他的"创造性转化"的范式是误解了哈耶克的主张，而"含有整体主义理性设计的倾向"。虽然我没有看到林先生正面的答辩，但我却愿意代为辩解一句：其实问题的要害并不在于怎样来更正确地理解哈耶克的思路，而在于只要固守这种家数来展望历史，就难以克服其天然的理论盲点。

但即便如此，假如允许我对林毓生先生提一点小小的忠告的话，我反而会说：要是真心认为一种理论立场很有坚持的必要，那就应当不怕把它坚持得违反常识常情，甚至一时显得荒谬绝伦。尽管经验主义的社会思想的确无力从其内在逻辑中推导出某种"理想国"，从而在一个短时段内的确无法满足人们认明社会发展目标的急切需要,但若从历史演化的长时段着眼,这个思想流派却又有其无可替代的优长——由于无限敞开着整体人类的试验活力,而有可能使未来的社会远远超越于任何个人的有限理性设计之上。正因此,林先生其实大可不必为了向某种现存事实妥协而委屈了他钟爱的学理。特别是,既然现在西方学术界已经普遍开始了对于现代性的检讨,而中国大陆又正在世俗儒家伦理的支撑下高速起飞(这又是一个"创造性转化",尽管并非出于知识精英的有意"推行"),我们就更应该有信心认为,无论如何都没有必要把对于中国未来的想象力仅仅局限在现阶段西方社会所能够提供的几个有限指标上。对于一位理论研究家来说最应当念念不忘的是:不管出于什么考虑,牺牲学理总是代价惨重的。所以,只要林先生给所谓"创造性"悄悄加上某类哪怕看起来再正确不过的理念规定性,那么,"创造性转化"这个范式实际上就并不能赋予历史主体以真正的创造性,它无非意味着向现代西方步步看齐,而我们化育了几千年的文化传统也同样不能得到真正的激活和复兴,它至多暂时还能向人们提供支持脱亚入欧进程的卡里斯玛权威。说到底,设若真就这么归顺了作为主流文化的西方世界,那么即便还存在林先生所讲的那类"理一分殊"的例证,东方世界的殊别性也早已沦为可有可无的点缀了。但我想,既然从长远的发展看,中华民族恐怕顶不济也终会走到这一步,林先生又何不仍然坚守经验主义的原有立场,期许它在今后的试错行程中容或具备某种更高的可能性呢?

［本文原载《二十一世纪》(香港)1995 年 8 月号］

辑二

西学

叔本华:没有意志的意志哲学家

一、思想的背景:康德与费希特

> 你,呵,自由! 伊甸园时代的
>
>   神圣的残余,正直者的明珠!
>
>   在它的殿堂里欢庆着
>
>   万民的荣冠而宣誓行动。
>
> ——荷尔德林

我们这里将要叙说的哲学家,降生于 1788 年。

而上边所引的那首荷尔德林的《男子的欢呼》,写于 1789 年。

读者们,你们闻到了吗? ——那股呛人的硝烟!

当时,欧洲大陆的热点是法国。我们油然想起狄更斯在《双城记》里所描写的圣安托万郊区(Faubourg Saint Aotoine)的悲惨情境,想起那座巴士底狱是怎样几乎遮尽了人间应有的光线……

于是,我们就不能不兴奋地哼起那首紧接着就摇撼了巴黎、震动了欧洲的《马赛曲》——"前进! 前进! ……那光荣的时刻已来临!"

那后来在德拉克洛瓦画布上紧握步枪挥舞三色旗的"自由女神",当时正在巴黎的街垒中领导着人民凯歌行进。而这歌声,却命里注定了要成为这位哲学家的摇篮曲。这种巧合,也许能部分地说明他后来为什么如此躁动不安吧。

不过,我们要说,最能触动一位哲学家心灵的,却还不是金戈铁马的鏖兵场面,而是另一种形式的酣战。它不是发生于街巷与城头,而是发生于人们的书房内部和灵魂深处。尽管它不像铁与血的交织那样有声有色,那样富于戏剧性,可是,由于天然禀有超越可能的人类精神可以在远为广阔的时空之中更为自由地对打和升华,这种思想逐鹿的激烈程度及其对后世之影响的深远程度,还往往甚于后者。

这场战争正巧发生在他所降生的那块沉静得或竟死寂得更适于思索的环境:德国。

而更加凑巧的是:也正是在他降生的那一年,伊曼努尔·康德的第二个"批判"问世了。这是向当时的思想界扔下的一只挑战的手套!

还在这本《实践理性批判》出版的前一年(1787年),康德就在为《纯粹理性批判》所写的第二版序言里预告了他的思路。他认为,"对象应以'视为对象及视为物自身'之二重意义解释之","假定为同一之意志,在现象中(即在可见之行为中),必然服属自然之法则,因而极不自由,但同时又以其属于物自身,此为不服属自然法则者,故又自由云云,实无矛盾。"①在康德以其著名的纯粹理性之二律背反的命题否认了人类有可能从认识论的角度去对"世界有,或者完全没有自由"这种传统形而上学命题进行独断超越以后,他又看到,否认自由的宿命论会把人类活生生的行动嘲弄成一种拉线木偶式的机械表演,从而使之失却自我意识并忘记自己的伦理责任。所以,从伦理学的角度,他又感到有必要对道德自律即自由进行维护,把它设定为绝对。

于是,一年以后,康德就把沿这个思路所得到的成果公之于众了:"有两种东西,我们愈时常、愈反复加以思维,它们就给人心灌注了时时在翻新、有加无已的赞叹和敬畏:头上的星空和内心的道德法则。……前一个重重世界的景象好像消灭了作为一个动物者的我的重要性,这个动物在短期间内不知怎样赋有了一度生命力以后,又不得不把它所由以造成的

---

① 康德:《纯粹理性批判》,蓝公武译,商务印书馆1960年版,第17—18页。

那些物质还回它所住的那个行星（这个行星也是宇宙间的一粒微尘）。在另一方面，第二个景象却借我的人格，把作为一个灵物者的我的价值无限提高了，在这个人格中，道德法则就给我呈现出一个独立于动物性，甚至独立于全部感性世界以外的一种生命来，这一层是至少可以从这个法则所指派给我的有目的的命途所推断出来的。这个命途不是限于今生的条件和限制上的，而是达到无限的。"①

康德这种晦涩的以自由观念的设定而对人类人格的无限高扬，有着深层的文化背景。旧有的价值观念的核心——上帝，已经在休谟和康德的批判中，无可挽回地死去了。新的近代文明系统，又正呼唤着它的新的价值观念核心，要求以"人"来取代"神"的超然地位。而人如果不是"法由己出"的即绝对自由的，当然就不堪当此大任。

这或许正是康德哲学之比较绕人的地方。本来，当我们想到卢梭那句名言——"人是生而自由的，但却无往不在枷锁之中"②时，应该不难体会到人类在面对自由这个问题时的两难。这正如汤因比所谈到的："所有的人都被自己的宿命限制了自由。但是我们也有自由可以通过自己的行动，很快使自己的宿命得到改善……虽这样说，并不等于这种自由也是绝对的东西。因为即使我们可以改善自己的宿命，但却不能摒弃宿命本身。"③也许，从认识论的角度来说，最谨慎的方法莫过于仅仅停留在把自由问题划在界外了。可是，人类的全部认识活动的目的何在？人类的全部道德行为的指归何在？这又不能不逼迫着康德一反自己在近代哲学思潮中率先倡导的认识论转向，去"贬低知识，好给信仰留下地盘"。在对于上帝的外在信仰破灭以后，他如果不号召人类对于自己之人格尊严和道德自由的内在信仰，就不足以为人们的活动立一个圭表，为新的文明立一个标准。

但康德的这种做法，是足以挑起一场思想战争的。因为他对于人的

---

① 康德：《实践理性批判》，关文运译，商务印书馆1961年版，第164页。

② 卢梭：《社会契约论》，何兆武译，商务印书馆1982年版，第8页。

③ 汤因比、池田大作：《展望二十一世纪》，荀春生等译，国际文化出版公司1985年版，第54页。

道德自由的无限肯定,是以限制纯粹理性和牺牲经验内容为代价的,从而,这种信仰式的对于自由的设定,实际上就从方法上永远把人类对自身禀性的省察推到了知识不可企及的空洞地方。正因为这样,他的纯粹形式地将自由设定为一种属于本体界的实践理性的伦理学,在现象界的实际经验道德活动中,就比蒲柳还要孱弱。

正是在这条理路上,费希特写下了他的《全部知识学的基础》。在费希特体系开端的那个"自我"概念,曾引起了人们极深的误解,以为可以将他归于贝克莱一类。但费希特之所以要设定这个"自我"。从逻辑上讲,无非是为了要排除恶无限,保障认识主体可以完成对自己的认识——这又是一个复杂的"解释学循环"(der hermeneufische zirkel)难题;而他这样做,又无非是要解决现代社会中的人在整个世界中的地位问题:"自我"成为哲学的第一环,乃意味着整个价值观念上人的逻辑在先,而非全部经验世界中人的时间在先。也许,从表面上看,这是一种对康德二元论的一元克服。但实际上,这不过是把本属于康德的价值观念稍稍发挥了一下而已。

但费希特并没有停留于康德。他的自我并不仅仅是形式地设定的。在他的体系中,由于"自我"总是在现实世界里受到"非我"的限制,总是充满经验的内容,这种"自我"其实就总是有限的。于是,由于囊括了"自我"的有限知识内容,他的体系内部就足以包容对人本身实质内容(而不是空洞形式)的知识省察,从而保证了他在对主体自身的问题上彻底贯彻认识论的转向。或许只有在根本方法的问题上,我们才可以说,他的确克服了康德的二元论。

而正是由于把一切有关人自身的经验内容放到全部知识学的基础上去进行考察,就使得人这个整个文明史的最初一环,在费希特那里成为有血有肉的、充满行动热情和渴望的创造主体,而非纯然逻辑的空洞抽象。由此,这位被人们概括成"我行故我在"的哲学家,就用"冲动"(tribe)一词,回答了康德晚年书信中所提出的那最重要的第四个问题——"人是什么?"

冲动一词,在费希特那里,具有两种基本的含义。其一,是本体意义中逻辑在先的本原冲动:"自我由自己所作的设定,是自我的纯粹活动。——自我设定自己,而且凭着这个由自己所作的单纯设定,它是;反过来,自我是,而且凭着它的单纯存在,它设定它的存在。——它同时既是行动者,又是行动的产物;既是活动着的东西,又是由活动制造出来的东西;行动(handlung)与事实(that),两者是一个东西,而且完全是同一个东西;因此'我是'乃是对一种事实行动(thathandlung)的表述,但也是对整个知识学里必定出现的那唯一可能的事实行动的表述。"①透过这种佶屈聱牙的思辨语言,我们看出,费希特回答了人类知识学所要最先面对的知识内容问题——那不再是知识或意识本身,而是无意识的"自我纯粹活动";人首先具有这样一种无意识的冲动,然后才具有对这种冲动的有意识的理性认识。只有这种本原意义上的纯粹冲动,才能赋予历史的主体以内在的创造活力,从而保障人类在逻辑上被设定的"先验的自由";而设若人类果真如康德所说的那样,其一举一动都受到普遍立法原则的理性制约,那他们在逻辑上就只剩下"先验的必然"了。

在费希特那里,冲动的第二种含义,乃是现实世界中时间在先的实践冲动:"冲动总有所指向。纯粹冲动是指向本身的,但感性冲动在意识中已客体化,它的指向是外物,不从外物中有所享受是不能满足的。这样就出现两种冲动或冲动的两方面的矛盾。为了解决矛盾,实践自我不得不一再地改变自己感性冲动的指向,矛盾不断地发展,冲动的指向不断地改变,费希特就推演出一个包括各式各样的冲动的冲动序列。"②这里,费希特所描绘出的,则是那种本质上给定了"先验自由"的行动冲动在有限世界里被外部必然的有限化,以及它对自身所沦入的这种有限状态的无限克服。于是,他告诉人们,"宇宙的自由"(即现实世界中的终极自由)不是一个在任何时间范围内的可定状态,而是一个应当如此的目标,不是一种切近在手的东西,而是一种无限被追求的极限。这样,费希特的思辨语

---

① 费希特:《全部知识学的基础》,王玖兴译,商务印书馆1986年版,第11页。

② 王玖兴:《费希特》,《西方著名哲学家评传》第六卷,山东人民出版社1984年版,第44页。

言,说到底是为我们描绘了一幅清晰的现实图画:本质上先天赋有自由可能性的人类,在有限的和必然的经验世界上,正是凭靠他们那永远不可遏止的向着自由的冲动,来克服外部和内部的一切使人压抑的有限性,以演示出他们真正的自由现实性来的。人类正是凭靠这种行动冲动,才现实地说明自己的存在。而于这种冲动,又是冲决着一切有限必然的江潮——青山遮不住,毕竟东流去! 也许它永远抵达不了无限自由的大海,可是它却永远流向大海!

这正是近代文明骨子里的东西。毫不夸张地说,人的太阳,正是以1788 年康德的《实践理性批判》为标志,在思想的搏斗中冉冉升起于那个正在除旧布新的文明系统之中的。

而于这一年诞生的那位哲学家,后来又恰巧听到过费希特的课。尽管他自负到了把费希特骂成"气囊",使得哲学史家围绕着他有没有受到费希特的影响而聚讼纷纭,但是,等到我们叙述他的思想的时候,读者们是不难对此作出自己的判断的。

二、性格的完成:漫游时代

> 除非作家从自己心里,即从自己的耳闻目睹中
> 选取素材,他就不值一读。
>
> ——叔本华:《文学的艺术》

这孩子诞生于丹泽(Danzig,即今波兰格但斯克)的一个唤作叔本华的商业望族世家。该家族是丹麦人的后裔。他后来经常为此引以为荣,因为他对那班德国教授的反感,使得他宁愿到荷兰共和国去跟笛卡尔和斯宾诺莎攀老乡。

这孩子的曾祖父约翰·叔本华(Johann Schopnhauer)开办了一家银行,并借此赢得了财产和声望。他的宅第之豪奢,据说足可款待国王。而这孩子的祖父安德烈斯·叔本华(Andreas Schopehhauer)又继承了父业,主要是通过跟俄罗斯和波兰做买卖,发了点儿财。据说这笔财产里,

还包括两百多幅名贵的油画。

　　等传到第三代,这孩子的父亲亨利希·叔本华(Heinrich Schopenhauer)成为其兄弟四人中的佼佼者。凭着他的才干、毅力、智慧、机巧和组织能力,祖业又有所光大。亨利希以其强烈的个性闻名遐迩:他无所畏惧、谈吐坦然,酷爱自由;他诚恳而又暴烈,冷酷而又顽强——简直可以说是集中了小小荷兰共和国的全部公民特性。他也特别为此自鸣得意。生意上的国际交往,自然而然地使他强烈关切着政治与外交,而他又不能不对其他共和国寄以强烈的同情——这只要举一个明显的例子就够了:当1789年巴士底狱被攻下的消息传来以后,他竟兴奋得立刻兼程赶向奥里瓦(Oliva)的庄园,好让妻子早点儿分享这自由得胜的喜讯!

　　而这位夫人,是亨利希于38岁那年娶的一位比他整整小20岁的姑娘。她叫约翰娜·特罗希诺(Johanna Trosiener)。传记作家们认为,尽管约翰娜在亨利希求婚时甚至没有按习俗要求三天考虑时间就欣然同意下嫁,但是,这桩婚姻的基础却恐怕只有尊敬和友谊,而非爱情。或许,造成这种情况的不仅仅是年龄上的差距——让我们来看看V. J.麦克吉尔笔下的描述:"他的肖像画展现给我们一脸粗大丑陋,却又充溢着活力、骄傲和睿智。而约翰娜却与这一切适成反照,她是罕见的娇小纤弱,虽说或许称不上漂亮,却无疑妩媚可亲。她是一位讨人喜爱的交谈伙伴,一位得人欢心的女主人。他具有铁一般的意志,而她却谦和柔顺。她快快活活,又喜欢寻欢作乐,而他却忧郁寡欢。她的韵华反衬着他的成年,她的稚嫩羸弱映衬着他的见多识广,同时,她的美术与文学趣味也对比着他对政治和讽刺作品的热衷……"[①]这种种的差异,纵使不足以形成婚姻的障碍,恐怕也足以妨碍他们婚后的两心相悦了。

　　我们之所以特别提及了这孩子父母性情志趣的种种不同,目的自然是为了更容易把握这孩子自己的个性特点。这孩子后来曾根据自身经验

---

　　①　V. J.麦克吉尔:《叔本华》,纽约,Brentano's Pub.,1931年,第36页。

断言:一个人的性格源自其父,而心智源自其母。① 我们感到,起码相对于他自己来说,此说的可信性还是相当大的。这问题我们等一下再提不迟。

而眼下,我们想要说的是,恐怕读者们都猜得出来,这孩子的童年时代一定是很幸福的。传记作家们指出,尽管他后来步入了哲学上的悲观主义,但这和他的生活景况是不相干的;而在现实世界上,他差可算是个幸运儿了。这种说法恐怕特别适合于他的童年。他后来这样说过:"孩提岁月,是天真和幸福的时光、人生的天堂,是我们站在残留的有生之年焦渴回眸的失落的伊甸园。"这话我们可以看作他的自况。5 岁之前,他住在父母在奥里瓦的庄园和祖父母的家里。而他家的那所庄园,是一幢白色的高大建筑,它远眺着森林和大海,每当月亮升起的时候,就颇有"水天一色无纤尘、月照花林皆似霰"之妙。这所庄园还有一片英国式的园林,里面鲜花争妍,果实累累,蜂飞蝶舞,泉水淙淙。那里还有一个很大的池塘,里边鱼儿穿梭,轻舟自横。人们都说,他生活中的最初几年是玫瑰色的。而他自己也说:"孩子还没有天地不仁的念头,没有那种万物从本质上来说是严格划一的想法,相反却相信即便无生命的东西也会多少给他让开道路——这或许是因为,由于没有把握世界的本质,他还以为这世界准是他的密友。"

而等到了该受教育的年龄,这孩子的身份就从一位田园诗人,变成一位旅行家了。细心的读者们一定会发觉,直到现在我们都没有交代这孩子的名字(first name)。这当然是一个有意的疏忽,因为只有到了该受教育的年龄,这名字才对他真有意义。亨利希给儿子取名叫阿图尔(Arthur),觉得这样几个字母组合起来,便获得了某种"国际性";在欧洲各主要语言中都不会改变。透过这个名字,我们就可以看出他父亲准备对他施行一种什么样的教育了:为了教会他经商以承继祖业,亨利希看重的,不是书本上的教育,而是实际生活经验的教育。为此,他总是留意给

---

① 托马斯·维特克:《叔本华》,伦敦,Archibald Constable & Co. Ltd.,1909 年,第 3—4 页。

儿子更多的国外旅行机会,说他在这行程中能读到"世界这本书"。还在小阿图尔年仅 9 岁的光景,他就被父亲送到了法国,以致当他回来时,学会了法语,却忘记了母语,觉得这种乱糟糟的声音特别不好掌握。

歌德曾先后写过两部小说:《威廉·迈斯特的学习时代》(*Wilhelm Meisters Lehrjahre*)和《威廉·迈斯特的漫游时代》(*Wilhelm Meisters Wanderjahre*)。这似乎反映了一种传统的教育观念:学习和漫游是两码事,而且"读万卷书"和"行万里路"也必有一个时间之先后。但是,亨利希却对此有独到的主见,他把儿子的学习时代和漫游时代合而为一了。

很多研究者都指出,这种漫游对阿图尔·叔本华的毕生治学风格有着决定性的影响。特·拜莱·桑德斯写道:"叔本华是少数几个可以被不假注解地普遍理解的哲学家之一。他所有的理论都要求直接从事实中引出,由观察来启迪,并且按照世界所是的样子来说明;而且,不论他持什么样的观点,他都坚持诉诸于公众生活经验。这种性格赋予了他一种新鲜生动的风格,而这种风格在任何国度的哲学著述中都极其少见,在德国就根本不可能了。假如要问,除了天生的成分以外,到底是什么环境造成了他的精神习性,答案或许可以在他早期教育的不寻常特点中找到——他熟悉世界甚于熟悉书本,他那童年时代广泛的周游……"[1]确实,当我们看到那些通常被认为不屑一提的声音、性和动物解剖学都进入了他的哲学讨论时,我们就不能不体会到,这位哲学家长着眼睛恐怕首先不是为了读书本的。托马斯·维特克又指出了问题的另一方面:"一般说来,他(叔本华——引者注)不怎么买学术权威的帐。他父亲的让他早早接触世界的那种深思熟虑的计划,给了他某种独立的判断力。"[2]也许,藐视学术权威会被人称之为"狂妄",而独立判断问题也会被人称之为"放肆",可是,若没有一点儿"狂妄"和"放肆",一个人或许可以是种种别的意义上的什么人,却唯独不可以是独辟蹊径的哲人。

---

① 特·拜莱·桑德斯:《〈叔本华:生活的学问〉译者前言》,Dover Publications,2012 年,第 1 页。

② 托马斯·维特克:《叔本华》,伦敦,Archibald Constable & Co. Ltd.,1909 年,第 5—6 页。

不待言,优点总是和缺点连在一起的。这种旅行也给后来阿图尔·叔本华的哲学著作带来了容易招致攻击的一面。另一位研究者 V. J. 麦克吉尔又写道:"在 15—17 岁光景,大多数的哲学家都被或松或紧地限制在学业中,它包括如下的功课:拉丁语和希腊语、数学和科学。而这时,年轻的叔本华却周游世界,从四面八方像蜜蜂一样匆忙地采蜜。他并非首先通过书本知识的折射来了解世界,而是将自己的心灵搁到周围的对象上去,从原物来学习。并且,尽管读书若渴,一般说来他却并不遵循系统的计划,而只是随兴所至。这种只从他自己观察中的随机对象出发的习惯确实作为本色终其一生。……当然,源出于他自己反映的这些零散印象,尽管经过他自身的知识累进和别人的智慧的规范,仍在大体上是自由无羁的。这恰好是他和大多数哲学家的区别所在。而这种区别中既蕴含着他的力度,也包藏着他的不足。别的哲学家可以在学识、逻辑谨严和体系之条理分明方面胜叔本华一筹,但他们中间却无人能在现实感上超过他,或在对人与事物的敏锐洞察方面优于他。然而,即便是他引人注目的洞察和揭示被其魅力绝伦的文风所点饰,我们仍然发现,他的哲学与其自身观察贴得太紧了,并且可能太多地分担了自然本身的矛盾性或单面性。假如我们在哲学中寻求着从实际事实之悲惨中的出路,又因为没有在叔本华的体系中发现它而感到失望,我们便可以归罪于他的早期教育。"①

而有关麦克吉尔所说的这种叔本华之早期教育与其后来的哲学无力从悲惨中拔出这两件事之间的关系,另一位研究者帕特里克·加德纳又有过较详的记述:

"1803 年,他又被父母带到国外长途旅行,此番行程包括在英国的长期逗留。他于此期间到了威姆布来敦(Wimbledon)的一所小学去进行为时三个月的寄读。这学校是一位牧师开办的,清规戒律极严,一举一动都短不了冗长不堪的宗教仪式。整个说来,这种体验似乎在这孩子心灵上烙下了难忘的痛苦痕迹。在他后来对个别英国思想家和作家的成就大表敬意的时候,他也时常带着尖刻的厌恶提及那种伪善的、煞有介事的宗教

---

① V. J. 麦克吉尔:《叔本华》,纽约,Brentano's Pub.,1931 年,第 45—46 页。

信仰的窒闷气氛——它弥漫于英国日常社交的许多角落。

"而到了十六岁那年,叔本华便已显示出一种被其母不耐烦地描绘为'望尽天下不幸'的病态倾向。比如,在从英国回来时,途经南部法国和奥地利,他被下层人民的艰辛生活景况强烈地震动了,而其中又尤以在土伦看到的苦役犯给他的印象更觉没齿难忘:他们被判定了无望的厄运,而又无力从中挣脱……"①

孩子的天性自然是高度紧张和敏感的,并且,也许正因为阿图尔简直如在蜜汁里浸大,他就更容易对人类的自虐(种种干巴巴戒律的自我束缚)和他虐(种种血淋淋的残忍和恐怖)惊骇不已。而叔本华少年时代的这种对于人类罪恶的突出感受,则自然要归咎于其父亲对他施行的这种特殊的漫游式教育。也许,别的哲学家都是在年龄稍大心态稍稳以后才得以接触那些罪恶的,这样他们便似乎可以有较坚强的意志抵御之。

当然,这种教育方式有时也难免越到后来越给父辈带来一点儿意料中的苦恼,因为你既然教会了孩子去独立判断问题,藐视一切成见与权威,这孩子自然有可能首先就忤逆你自己。老亨利希本人就碰上了这种情况。他本来只是无意间阴差阳错地把儿子培养成哲学家的,而从本心来说,他可不愿意叫儿子去做一个一辈子贫困潦倒的学者。作为一个商人,他太知道缺乏固定的进项是什么滋味了!但是,小阿图尔才兴冲冲地从魏玛回来,在那里他刚刚得瞻席勒之风采,父亲此刻的劝告只能是东风吹马耳——他已决意要献身于科学了。

面对"父与子"之间这种千古如是的矛盾,或许是谈生意谈惯了罢,父亲终于作出了一个照我们看来实在是"妙不可言"的决定。他跟阿图尔谈判说:如果你放弃做学者的初衷,我就将答应陪你进行一次漫长的全欧旅游;不过,等回来之后,你就必须老老实实地进交易所做事。我们可以想见,对于一个年仅 15 岁的对外部世界充满憧憬的孩子来说,这种漫游的诱惑力是难以抗拒的。于是,儿子马上屈从了父志。而旋即,父亲履行

① 帕特里克·加德纳:《叔本华》,企鹅版,Baltimore and Harmondsworth, 1967年,第 12 页。

"合同"，带领全家在马背上渡过了两年，其足迹遍及大半个欧洲：荷兰、英国、比利时、法国、瑞士、奥地利和德国。不过，由于对自己的教育方式的实质缺乏自觉，精明强干的亨利希这一回可是大大失算了。继续用周游列国的方式来刺激这个孩子对此世界的好奇心，是绝不可以作为一种谈判筹码去抵挡这孩子对世界进行深入思索的愿望的。结果，此举只算得以油扑火。两代人的裂痕只能越来越深。

不过，亨利希和阿图尔的冲突后来并未如我们可以预期的那样公开爆发——只是这对于这个家庭来说并非什么幸运，而是天大的不幸：亨利希猝然自杀了。究竟是什么原因酿出了这场悲剧：是因为或许偶然在哪笔生意上亏了本？还是由于一次精神病的突发？抑或出于与妻子约翰娜的不和？——没有人知道。我们只确切地知道，尽管大家都很悲恸，但过了不久就都发现，家里一旦没有了宙斯，其他诸神就得到了发展自己志趣的自由。

这不仅对阿图尔意味着自由，而且对年轻的寡妇也是如此。约翰娜一旦获得了选择的机会，马上就决定去过一种渴盼已久的艺术家生涯。她很快就带着女儿赶到了魏玛这座"诗人之城"，并在那里与后来成为阿图尔精神父亲的歌德过从甚密。

我们当然无意多谈约翰娜的具体文艺活动，令人感兴趣的地方只在于：由于这位年轻的母亲获得了自由发展和显露智力的机会，就无疑又给了我们一个分析阿图尔·叔本华精神特性的支点。尽管人们知道，他对自己的母亲从来就是失敬的，但我们还是记得叔本华的那句话：一个人性情源自其父，心智源自其母。

当然，一个人的精神素质绝不可能是其双亲之精神基因的简单组合。不过，哪怕是稍许读过几页叔本华原著的人，顺着我们刚才的分析，都会猛然省悟到他那怒气冲冲却又娓娓动听、狂态毕露却又率真坦荡、灰暗忧郁却又优美畅达的风格，都充分说明了他同时是亨利希和约翰娜的儿子。

叔本华的父亲，是疯狂的激情的化身——他那执著、暴烈、强悍、大胆的性情，越到后来，越显示某种疯狂的迹象：他越来越陷入落落寡合、疑神疑鬼和神经过敏般的无名恐惧。而且，叔本华的家族，也确实有着精神病的病史:他祖母被宣布为疯子,他的两个叔父也一个是白痴,一个是半疯。

而叔本华的母亲,则是明朗和艺术的化身——她对优美大自然的宁静观赏,对文学特别是法国小说的由衷热爱,表现出了另一种迥然不同的审美人生态度。在这里,世界有可能被观察得更冷静与超然,人生也可能在"宁静致远"的沉思中被赋予某种明晰的尺度。只有这样的心态,才可能导致某种文化产品,因为说到底任何一种真诚的写作愿望,都是先行浮现于个人脑际中的宇宙之似可模拟的尺度的自我表现的要求。

阿图尔·叔本华,正是在他的漫游时代,受着其父母心理素质的(先天的和后天的)影响,在性格上得到了完成——而且是哲学式的完成。我们完全可以想见,假如没有亨利希那种疯狂激情的影响,他似乎就无力真诚地潜入到深层的生命冲动之中去,前无古人地体验到人类因禀有自由的冲动而付出的昂贵代价——无端并且无名的痛苦;而假如没有约翰娜那番写作雄心的鼓舞,他又不可能从漫游年代顺利地转向写作年代,而只能毕生被拖入一轮接一轮的冲动之中,无力哪怕片刻自拔出来,把深藏于人生底蕴的那不可名状的痛苦一面点石成金般地升华为一种有价值的哲学体系。

好了,我们在这一节里已拖得太久了。这种性格分析恐怕不太符合时下一般撰写哲学史的习惯。如今的哲学史家们,只把自己的任务看成是依历史顺序对正确和错误的一种形式逻辑上的分类,而且由于全部的真理似乎都掌握在他们自己手中,所以整个哲学史的特色在他们笔下简直就成了一部人类错误史。正因为这样,我们感到,一位叔本华的研究者在他著作一开头所引的话,很值得我们好好品一品——"就我所知的大多数哲学史而言,哲学体系仿佛是一个接一个地自发生长出来的,显示给我们……哲学家和思想者的内在历程,占据着次要的地位,但很明显,这种内在历程可以为我们解开极多的事情。"①真的,如果我们抱着"哲学家也是人"的想法去认识一位哲学家,把哲学史看成是古往今来人们体验自己

━━━━━━━━━━

① 弗雷德里克·考普勒斯顿:《阿图尔·叔本华——悲观主义哲学家》,纽约,Barnes & Noble Books,1975,第7页。

存在状态的一种历史，那么，即便在我们感到没有理由去苟同一位历史上的哲学家的时候，我们也不至于茫然失措地不知道如何去设身处地地体谅他。

现在，就让我们直接来谈叔本华的哲学本身吧。

三、闯入百门之堡

> 有人会说，叔本华有一个十分粗糙的头脑。比如，尽管他经过精制，但这种精制到一定程度时突然衰竭，这样一来，他更粗糙无比了。真正的深度在哪里开始，他的深度就归于灭亡。
>
> ——维特根斯坦：《文化和价值》

叔本华对于自己的哲学是颇为自负的。自炫自耀在他那里确实已被弄到登峰造极的地步：他认为自己的思想，就是人们长期以来在哲学名义下寻求的东西，而且，如果不是天降斯人，人们本来也早已绝望于这种寻求了。他的目空一切可真是"前不见古人，后不见来者"——在他还没有弄哲学之前，这门学科似乎还根本谈不上"研究"二字；而等他的大笔历史性地一落，看来哲学词典上又不再需要这个词了。

尽管如此，后来的哲学史家们在研究叔本华的时候，还总是乐于用"天才近狂"的说法来体谅叔本华，说如果不是他那狂诞乖张的性格作为支点，他的哲学原是不可能大刀阔斧地打破老黑格尔如日中天般的垄断的。

不过话说回来，人们仍然会不由自主地感到叔本华的那种疯疯癫癫的不可一世，简直是有点儿"不怕风大扇坏了舌头"！① 或许，细究起来，这

---

① 叔本华似乎是自觉的装疯卖狂，因为他把这看作是获得哲学成就的必备条件："我曾认识有些人，他们虽不怎么了不得，但确实有些精神上的优越性，而这种优越性同时就带有些轻微的疯狂性，这样看起来，好像人的智力每一超出通常的限度，作为一种反常现象就已有疯癫的倾向了。"（叔本华：《作为意志和表象的世界》，石冲白译，商务印书馆1982年版，第267页。）

种对于叔本华的反感,并非来自他狂妄本身,而是来自他的那种正如维特根斯坦所判定的"粗糙"。尽管粗糙本身也还无可厚非,但是,当人们一旦被他对同时代的哲学家们气势汹汹的破口大骂吊起胃口,而企望在他自己笔下找到更加宏富谨密的思想体系,那就难免因其粗糙而对其僭妄怅怅并且快快了。

正因为这样,现在回想起来,在我一年前撰写《西方的丑学——感性的多元取向》一书的时候,还没有哪一位哲学家像叔本华这样更难引起我的尊敬。我在那本书里提出了关于叔本华哲学体系之逻辑断点的问题:

"严格说起来,意志主义并不是叔本华的发明,奥古斯丁在《忏悔录》中,就曾主张过神学上的意志主义。他曾以人的'存在、认识、意志'三位一体做比方,来证明上帝的三位一体,因而,上帝的意志也就成为不朽、不变、不匮的世界本源了。而在另一方面,英国经验主义哲学中,也有某种心理学上的意志主义的端倪,比如休谟就认为,在大力鼓吹意志的情况下,理性是没有地位的;理性是而且只能是激情的奴隶,它除去效忠于激情之外,别无职责。

"而叔本华之所以被后人公推为意志主义的鼻祖,那是因为,他将上述两种意志主义以类比的方法强糅到一起,从而完整地同时也是潜藏危机地构造了一种形而上学的意志主义体系。"[1]

于是,我曾批评说:"叔本华的哲学体系潜藏着一个深刻的逻辑断点:难道一次类比的小小把戏,就果然得以将奥古斯丁笔下的神的意志(必然)和休谟笔下人的意志(自由)像糨糊一样地粘在一起,使它们和平共处相得益彰了吗?"[2]

当然,这种批评并不应该妨碍我们认识叔本华哲学的内在价值和力度。我们感到,泰勒有一段话把这个问题点得很透:"一个具有高度独创性而且是引人入胜的思想,被它的发明者推到了极端,并且带有某些荒唐的迹象,而这种荒唐的东西到了后人那里又变得一目了然,这几乎是哲学

---

① 刘东:《西方的丑学——感性的多元取向》,四川人民出版社 1986 年版,第 167 页。
② 刘东:《西方的丑学——感性的多元取向》,四川人民出版社 1986 年版,第 170 页。

史的一个规律了。叔本华的哲学也不例外。他的早期作品充满了一个青年思想家的激情,这位青年人能够看到自己基本思想的重要性,却没有估量到它的有限性,因此有不少过头的和空想的假说,这在我们今天只能以谬误看待之。在他的思想中,看来科学、哲学和诗的界限往往被大大抹杀……但是,很难不这样设想,如果叔本华不沉湎于那种他有时也会将其荒唐运用的意志观念,那么他也许会忽略这种观念所暗含的某些有价值的洞见,而这些洞见在许多场合下都来源于他。"①

由此,我们想到了叔本华曾经引来送给康德的那句伏尔泰的名言——"真正的天才,尤其是开辟新途径的天才,他们可以铸成大错而不受责难,这是他们的特权。"②真的,当我们不仅看到了天才也要犯错误,而且还更看到了有时甚至正因其犯了错误才更是天才的时候,那我们是不难拿着伏尔泰的这话再反过来为叔本华进行一点儿辩护的。

这种认识可以支持我们去找到一种对于叔本华哲学的更佳叙述方法。叔本华自己曾经认为:只有借助艺术(而不是科学)才能得到真正的哲学。而正如罗素所说的,叔本华的感召力向来也总是很少在专门哲学家那里,而是在文艺家那里。这就启迪了我们,或许借助于诗人式的跳跃运思可以帮助我们更为直接地得到他思想中最有价值的东西。③ 我们想,即使叔本华复活,他也无法对这种做法表示异议,因为他曾经把自己的思想比做一座"百门之堡",说人们从任何一道门都可以随即进入其思想的核心;这样,当我们为了绕开他的错误以免使读者跟着大受其罪而不选择体系推演这道大门的时候,他也只能苦笑着表示赞同。

不过,有一点必须要说明。我们说他的哲学更容易被直截了当地当成文学来读,并不意味着这种哲学就应当直截了当地被读成文学本身。

---

① D. J. O'Connor. A Critical History of Western Philosophy. New York: The Free Press,1964:366.

② 叔本华:《作为意志和表象的世界》附录:《康德哲学批判》,第 564 页。

③ 西方的哲学史家曾把叔本华的哲学说成是一种显现,而非一种体系。比如我以前看过的一本 Life of Schopenhauer 就执此观点。此书的作者和版本均想不起来了,只记得南京大学图书馆有藏。

正如托马斯·维特克所指出的,有时候,叔本华被认为在文学方面比在哲学方面更为重要,其实大谬不然。他在哲学体系上虽说赶不上别人,但他在哲学的一些基本问题上却比别人抓得更执著。①

而在这些基本的哲学问题中,他的最有价值同时也最有影响的思想是什么呢?我个人同意罗素的下述说法:"从历史上讲,关于叔本华有两件事情是重要的,即他的悲观论和他的意志高于知识之说。"②尽管作为一个英国人,罗素对于叔本华的评价可能偏低,但是,作为一个大思想家,他对后者思想的独到之处还是把握得很准确的。

我们先从他的意志本体论开始。叔本华写道:"对于单是认识着的主体,就它是主体说,这个身体也是表象之一,无异于其他表象,是客体中的一客体。这个身体的活动和行为的意义,如果不是以完全不同的另一方式来揭穿谜底的话,对于这主体也将无异于它所知道的一切其他直观客体的变化,也将是陌生的,不可理解的。要不是(另有方法揭穿谜底)的话,这主体也会看到它自己的行为按已出现的动机而以一种自然规律的恒常性起落,正和其他客体的变化随原因、刺激、动机而起落一般无二。而对于动机的影响,除了(看作)对主体显现的任何其他后果与其原因之间的联系外,这主体也不会有进一步的了解。它会把自己身体的那些表现和行为的内在的、它所不了解的本质也任意叫做一种力、一种属性,或一种特质,但是再没有更深入的见解了。可是实际上,这一切(看法)都是不对的,而应该说这里的谜底已是作为个体而出现的认识的主体所知道的了;这个谜底叫做意志。这,也唯有这,才给了这主体理解自己这现象的那把钥匙,才分别对它揭露和指出了它的本质,它的作为和行动的意义和内在动力。认识的主体既由于它和身体的同一性而出现为个体,所以这身体对于它是以两种方式而存在的:一种是悟性的直观中的表象,作为客体中的一客体,服从这些客体的规律。同时还有一种完全不同的方式,

---

① 参见托马斯·维特克:《叔本华》,伦敦,1909 年,第 1 页。
② 罗素:《西方哲学史》下卷,马元德译,商务印书馆 1976 年版,第 310 页。

即是每人直接认识到的,意志这个词所指(的那东西)。"①

叔本华多次坦率地承认,他的哲学乃是康德哲学的逻辑延伸。比如,在《作为意志和表象的世界》初版序言里,他就说过:"我在很大限度内是从伟大的康德的成就出发的。"②他这种对于人的两种存在方式的论述,也确实令人油然回想起我们在文章一开头所引述的康德《纯粹理性批判》二版序言和《实践理性批判》里的话。叔本华同样也意识到了,人处于必然和自由的鸿沟之间,处于一个二元序列之间。而且,他也像康德那样关切着自由的问题:

"在意志作为人的意志而把自己表现得最清楚的时候,人们也就真正认识了意志的无根据,并已把人的意志称为自由的、独立(无所待)的。可是同时,人们就在意志本身的无根据上又忽视了意志的现象随处要服从的必然性,又把行为也说成是自由的。(其实)行为并不是自由的,因为从动机对于性格的作用产生出来的每一个别行为都是以严格的必然性而发起的……这就是一件怪事的来源,(其所以怪的是)每人都先验地以为自己是完全自由的,在其个别行为中也自由;并且认为自己能在任何瞬间开始另外一种生涯,也就是说变为另外一个人。但是通过经验,后验地,他又惊异地发现自己并不自由,而是服从必然性的……"③

可以说,叔本华在这里所看到的背反,正是全部哲学史所遗留给人们的最大困惑所在。也正因为这样,叔本华那种将人的身体与全部大自然的现象进行牵强比附从而得出"一切表象,不管是哪一类,一切客体,都是现象,唯有意志是自在之物"④的论证,就曾经迷惑了许多哲学史家,以为他确实建立了一种意志主义一元论。泰勒还曾大为倾倒地认定,叔本华

① 叔本华:《作为意志和表象的世界》,石冲白译,商务印书馆 1982 年版,第 150—151 页。

② 叔本华:《作为意志和表象的世界》,石冲白译,商务印书馆 1982 年版,第 5 页。

③ 叔本华:《作为意志和表象的世界》,石冲白译,商务印书馆 1982 年版,第 168—169 页。

④ 叔本华:《作为意志和表象的世界》,石冲白译,商务印书馆 1982 年版,第 164—165 页。

思想的伟大之处,就在于他仿佛轻而易举地就给出了这种彻底形而上学的论证,以为他一举解决了弥合这道鸿沟的问题。①

但我们已经说过,我们并不准备多为那些鸡零狗碎的问题烦神,而只准备直接穿透到叔本华哲学的精华部分。叔本华意志本体论的意义,只有被放在我们在本文第一节所叙述的那种深刻的近代文化背景下,才能凸现出来。在康德为着伦理的理由而给近代文明设定了自由之标,并且明显流露出善大于真、意志高于知识、自由优于必然、实践理性胜于理论理性、人的目的重于自然的无目的的倾向以后,在费希特描述了作为历史起点和动力的人类无意识冲动以及作为历史过程的人类冲动序列之后,叔本华的真正功绩,其实并不在于他如此穿凿地臆想了全部大自然的“现象于外、意志于内”,而在于他以一种意志主义一元论的偏激说法突出地强调了主体意志(即我在《西方的丑学》一书里所说的“休谟的意志”)的重要哲学意义。他说,人“经常有目的和动机,他按目的和动机指导他的行为;无论什么时候,他都能为自己的个别行动提出理由。但是如果人们问他何以根本要欲求或何以根本要存在,那么,他就答不上来下,他反而会觉得这问题文不对题。这里面就正是真正地说出了他意识着自己便是意志,而不是别的。意志的欲求根本是自明的,只有意志的个别活动在每一瞬点上才需要由动机来作较详尽的规定。

“事实上,意志自身在本质上是没有一切目的、一切止境的,它是一个无尽的追求……意志在有认识把它照亮的时候,总能知道它现在欲求什么,在这儿欲求什么;但绝不知道它根本欲求什么。每一个别活动都有一个目的,而整个的总欲求却没有目的。”②

这种人的意志从本质上先于其知识的说法,早在叔本华的博士论文《论充足理由律的四重根》里就出现过了:“所有知识都设定着主体与客体。因此,即便是自我意识(Selbstbewusstsein)也绝非简单的,而正像我

---

① 参见 D. J. O'Connor 的《西方哲学批评史》中《叔本华》一节。但叔本华的这种论证并没有改变问题的实质,参见刘东的《西方的丑学》第四章第一节。

② 叔本华:《作为意志和表象的世界》,石冲白译,商务印书馆 1982 年版,第 235—236 页。

们对所有其他事物的意识(比如知解力)一样,它分为什么被知和什么在知。而今,那被知的东西自我显明:它绝对地只是意志。

"准此,主体便知道,它自己只不过是意志,而不是知识。因为,尽管自我(ego)作为所有表象的必要关联物而制约着它们,它本身却从未成为表象或客体……"①

叔本华的这篇论文是从 1813 年 6 月开始撰写的。也就是说,他是在 1811 年 9 月于柏林大学听了费希特的课以后不到两年就动手写了(而且写得与后者的思想如此相似)。但我们只能把话点到这儿,不能再作进一步的推论了,因为若想达到这种哲学人类学意义上的意志本体论,除了受费希特的影响以外,叔本华确实还有其他的路好走。比如说,他可以独立沿着康德的思路去寻找一个更具有实质性内容的"先验统觉",他也可以顺着充足理由律的四种形式去上溯那个给予一切理性关系以充足理由的最后的"根",②他又可以因为自己"英国哲学家"式的治学风格而直接从对人们心理现象的观察中找到这种类似于弗洛伊德式的结论,同时,他更可能因其亨利希的遗传而直接从自省中谛听到那蕴藏于灵魂最深处的生命冲动的脉跳……

但这一切都无关宏旨。我们甚至可以说,正是由于这般的"条条大道通罗马",更使人感受到那个作为人之形而上本体的意志在近代精神中正呼之欲出!这种思想,在今天的哲学界中已如此深入人心,似乎没有哪一位思想家愿意去反对一种认为主体的生命冲动的意志本原乃是人类全部活动的出发点的主张。而这种主张,又总是和作为意志哲学开山鼻祖的叔本华连在一起的。如果我们能够考虑到,在纯哲学的思辨中,哪怕一丁点儿真正的建树都是极端困难的,那我们就可以借叔本华所带来的观念变革去判定他在全部哲学史中的地位了。

让我们的分析再接着往下走。我们已经说过,费希特的哲学是兜了

①　叔本华:《论充足理由律的四重根》,伦敦,G. Bell & So,1951 年,第 165—166 页。

②　D. W. 哈姆林说:"是四重根是会使人误解的,并没有四个根,而只有一个。不过,有四种充足理由律可以针对不同种类的意识对象而运用的形式。"(D. W. 哈姆林:《叔本华》,伦敦,Routledge,1980 年,第 12 页。)

一个圈子的:为了保证他的"自我"不至于在恶无限中永无止境地成为有限,他先在其体系开端设定了"自我",让它自己设定自己,以便自己回归于自己。而乍一看,叔本华的体系似乎也与此相似:整个世界的意志本体诞生出了作为意志的主体,它由此好像也应该能够在逻辑上保障人类生命冲动的命运。然而,这只是表面上的近似而已。由于叔本华哲学体系上的粗糙,由于他的思路上潜伏着一个我说过的那种逻辑断点,那种高居于其体系顶端的神的意志或者奥古斯丁式的意志(必然),和作为那种宇宙本体之派生物的人的意志或者休谟式的意志(自由),本来就全然是两码事。所以,在叔本华的体系中设定主体生命冲动的宇宙生命冲动,不仅不能保障前者的命运,反而足以将其窒息。

这正是叔本华哲学中的一个难解的关节点。很多研究叔本华的学者都对此大感不解。比如罗素就说:"我们也许料想叔本华要把他的宇宙意志和神说成是一个,倡导一种和斯宾诺莎的泛神论学说不无相像的泛神论学说,在这种学说里所谓德性就在于依从神的意志。但是在这里,他的悲观主义导向另一种发展。宇宙意志是邪恶的;意志统统是邪恶的,无论如何也是我们的全部永无止境的苦难的源泉。"① 然而,罗素就没有想到,叔本华的哲学从根本上说来乃是与斯宾诺莎的哲学不类的。在斯宾诺莎那里,只有一个东西是决定性的和最终的,那就是作为泛神论上帝的实体(必然),而从属于它的所谓人的自由,不过是对这种必然的认识和皈依。而在叔本华这里,问题显然就大不相同:他一方面同样设定了类乎斯宾诺莎之泛神论上帝的意志本体(必然),另一方面却又设定了主体的形而上本质——意志(自由)。这种主体的无意识生命冲动由于从一开始就径直是一种原发动力,遂同样也是一条射线的端点,同样不能被任何东西所决定。由此,叔本华的哲学体系就绝不能凭靠对外部必然的认识而融为一个整体:它注定了达不到天人合一的境界,而只能陷入人神冲突的困厄。

当然,凭着我们在本文第二节中的分析,我们很容易找到理由来谅解叔本华在构造体系方面的疏漏。不过,也许更值得说明的却是问题的另

① 罗素:《西方哲学史》下卷,马元德译,商务印书馆 1976 年版,第 306 页。

一面：他反倒歪打正着了。不待言，由于近代文明的特定要求，我们在康德和费希特的哲学体系中所看到的那种人对自身之无限自由的设定，是反映出了一种传统意义上的自高自大的人道主义精神。而叔本华的哲学体系由于缺少了这种设定，他也就不再能维护那种取代了作为信仰的神的作为信仰的人，于是，先天禀有原发生命冲动的人，就被带入了一个对他陌生而异在的必然世界。这样，他的哲学就在很大程度上具有了属于不再拥有"上帝"、"信仰"、'神圣"一类字眼的现代社会的现代意识。

缘此，我们就走到了罗素所说的叔本华在哲学史上另一个独到之处——悲观论。

关于叔本华的悲观论，自从王国维1904年发表《红楼梦评论》一文以来，已经为我国读者十分熟悉了。王国维写道："生活之本质何？'欲'而已矣。欲之为性无厌，而其原生于不足。不足之状态，苦痛是也。既偿一欲，则此欲以终。然欲之被偿也一，而不偿者什百。一欲既终，他欲随之。故究竟之慰藉，终不可得也。即使吾人之欲悉偿，而更无所欲之对象，倦厌之情即起而乘之。于是吾人自己之生活，若负之而不胜其重。故人生者如钟表之摆，实往复于苦痛与倦厌之间者也，夫倦厌固可视为苦痛之一种。有能除去此二者，吾人谓之曰快乐。然当其求快乐也，吾人于固有之苦痛外，又不得不加以努力，而努力亦苦痛之一也。且快乐之后，其感苦痛也弥深。故苦痛而无回复之快乐者有之矣，未有快乐而不先之或继之以苦痛者也。又此苦痛与世界之文化俱增，而不由之而减。何则？文化愈进，其知识弥广，其所欲弥多，又其感苦痛亦弥甚故也。然则人生之所欲，既无以逾于生活，而生活之性质，又不外乎苦痛，故欲与生活与苦痛，三者一而已矣。"①这大体上正是叔本华之所以执悲观论的理由。② 由此,叔本华对人生给出了他那著名的三个比喻:"欲求的主体就好比是永远躺在伊克希翁的风火轮上,好比永远以垣娜伊德的穿底桶在汲水,好比是水深齐肩而永远喝不到一滴的坦达努斯。"③

由此出发,叔本华空前悲观地解释了西方的悲剧艺术,"他认为,悲剧的肇因不外乎三:一是蛇心蝎肠;二是阴错阳差;而比这前二者更可取的是,不幸仅仅是由剧中人的地位与关系造成的。为什么这第三种悲剧更重要呢?叔本华回答说,因为它不是将不幸视为例外或异常,而是油然自发的、从人的作为和性格中产生出来的东西。因此它几乎是被当成人的本质上要产生的东西,故更可怕。'我们看到最大的痛苦,都是本质上我们自己的命运也可能干出来的行为带来的,所以我们也无须为不公平而抱怨。这样我们就会不寒而栗,觉得自己已到地狱中来了。'由此他断言,悲剧的真正意义在于它是一种深刻的认识,省悟到剧中的主角所赎的不是他个人特有的罪,而是作为生存意志的本质上的原罪,宛如加尔德隆(Calderon)所说:人之大孽/在其有生。"④

正因为这样,叔本华最看重的悲剧人物之一,便是歌德《浮士德》第一部中那位自愿放弃生命的葛丽卿——

> 如果有坟墓在外,
> 死亡在等待,那我就来!
> 从这儿走进长眠的棺材,

① 《王国维遗书·静庵文集·红楼梦评论》,上海古籍书店 1983 年版。
② 参见《作为意志和表象的世界》,石冲白译,商务印书馆 1982 年版,第 273—274 页。按:但叶嘉莹指出,王国维完全以叔本华哲学来解《红楼》,却大谬矣:"东方佛教乃是认为人人皆具有可以成佛的灵明之性,这才是人性的本质,至于一切欲望烦恼则是后天的一种污染。所以佛教的说法乃是'自性圆明,本无欠缺',其得救的方法只是返本归真,'直指本心,见性成佛'。这与叔本华把宇宙人生一切皆归于意志之表现的说法,实在有很大的不同之处。"(叶嘉莹:《王国维及其文学批评》,广东人民出版社 1982 年版,第 181 页)此说甚是,因为正如本文所述,叔本华的意志哲学只能在近代西方的文化背景中产生。
③ 叔本华:《作为意志和表象的世界》,石冲白译,商务印书馆 1982 年版,第 274 页。
④ 刘东:《西方的丑学》,四川人民出版社 1986 年版,第 175—176 页。

多一步我也走不开！①

叔本华认为，在这种悲剧中，"前此那么强有力的动机就失去了它的威力，代之而起的是对于这世界的本质有了完整的认识，这个作为意志的清静剂而起作用的认识就带来了清心寡欲，并且还不仅是带来了生命的放弃，甚至带来了整个生命意志的放弃。所以我们在悲剧中看到那些最高尚的（人物）或是在漫长的斗争和痛苦之后，最后永远放弃了他们前此热烈追求的目的，永远放弃了人生一切的享乐；或是自愿的，乐于为之放弃这一切。"②

这种作为主体欲求之本源的生命意志的自暴自弃，也许与其看作是东方佛教的影响，还不如看作是受亨利希自戕之鬼魂的勾引。但这问题我们还是留给读者自己去判断的好。然而不管怎么说，叔本华的这种悲剧论毕竟是前无古人的——"他在为人生而号啕，却并不是像屈子那样去哀吾生之长勤，恐美人之迟暮——他是道道地地的痛不欲生！"③由此，他就像后来的卡缪一样，以对自杀问题的突出，把那个究竟人们何以堪活的问题尖锐地提了出来。

后来的哲学史家，看到了叔本华的生活行为和他的哲学主张大相抵触的种种方面：他的贪口腹、恋女色、畏死亡；他账本上的那句"老妇死，重负释"④；还有更可笑的，他竟为了一点区区的红尘俗名而雇用通讯员来搜求自己声望的证据……很多人对此提出了批评，认为叔本华对自己的论调也信得不真诚。也有很多人对此提出辩护，认为那种希望把一位哲学家的思想和行动强行划一的观念太过迂腐。其实，从哲学的观点来看，这些都并不重要。重要的是，借助于他的悲观论，叔本华确实空前惨烈地看到了人之有限生涯中痛苦的一面；而且，也许正由于他看到了这一面，所以他循着那种因宿命得来的生命意志冲动而不由自主地对那种浮世欢

---

① 歌德：《浮士德》，董问樵译，复旦大学出版社 1982 年版，第 273 页。
② 叔本华：《作为意志和表象的世界》，石冲白译，商务印书馆 1982 年版，第 351 页。
③ 刘江：《西方的丑学》，四川人民出版社 1986 年版，第 176 页。
④ 参见罗素：《西方哲学史》，下卷，马元德译，商务印书馆 1976 年版，第 310 页。

娱的无法不追求,就更足以加深他的痛苦,同时也更足以证明他的哲思的
深度。

当然,这些只是问题的一方面。叔本华于此处的失足在于:他把人类
生命意志冲动的作用看得太消极了。他囿于这种生存意志在其中欲火中
烧四处碰壁的有限现实世界,却没有看到正是这种生存意志的冲力所带
来的无限可能世界。于是,意志这种在费希特的哲学中对自由的最大保
障,反而在他那里演成了一种可怕的宿命。于是,主体因禀有生命冲动而
对于自身行动的选择自由,反而在他那里变作了一种前定的原罪。

汤用彤曾经对费希特和叔本华在这方面的情况进行过比较:"费希特
亦主意志之说,但费说之结果则为乐观。彼亦以此世界既属有限,意志无
限,则不应以意志而屈服于现象世界之下。应鼓起勇气,战胜物质,而后
归入精神。人生最后之目的,当如是也。但叔氏一生潦倒,厌世极深,故
其说亦不及费氏之强毅。"①其实,说叔本华"一生潦倒"是不确切的,"潦
倒"的倒是费希特。可如果我们想到这一点,就更会体验到叔本华这位意
志哲学家竟是何等地缺乏意志了。

一个善恶并存的世界,必然使人哀乐共生。因此,叔本华所看到的那
种源于生命本原的无端的痛苦,总会像影子紧跟光明一样伴随着不断有
所追求的人生。从这一点来说,他确实是强有力地加深了我们对自己的
认识。不过,"作为一种'佯谬',它也许可以怀疑人类追求自由的最终可
能(尽管它也没有任何可靠的逻辑来否决这种可能),但是,如果人类真正
要照它所宣扬的处世态度去生活,人类就已经丧失了这种可能。"②

因此,让我们对这位没有意志的意志哲学家宣布吧——也许我们所
曾感受到的人类痛苦和悲怆比你还要多,但我们还是要意志坚定地走向
那无限的可能世界!

此刻,我想起了我为一到黑夜就拼命啼哭的女儿所写的《摇篮曲》。

---

① 汤用彤:《汤用彤学术论文集》,中华书局 1983 年版,第 134 页。译名为取一致
有所更动。

② 刘东:《西方的丑学》,四川人民出版社 1986 年版,第 259 页。

就以它来结束这篇文章罢：

> 抱着你，像抱着一只神妙的独弦琴
> 单纯的琴声里有无限的音程
> ……
> 你的琴弦很长很长
> 就像黄河
> 从远古牵来一条敏感的神经
> 这触角一样的生命呵
> 在晃悠悠的摇床里
> 感受着风外婆的抚弄
> 曲曲弯弯
> 战战兢兢
> 穿越过一道道险峻的山岭
> 盘旋过一片片重叠的荒冢
> 让一腔撞击着血管的瀑布
> 向着远方的苍溟
> 轰然发出
> 悲壮而空灵的
> 九曲回肠的
> 高山流水声！
> ……

（此文曾作为一个章节收入周国平主编的《诗人哲学家》一书，上海人民出版社 1987 年版，第 164—196 页）

"现实主义"可能吗？

一

　　在我们重新挑起卢卡契和布莱希特争论过的老话题之前，我劝诸位还是先低头看看大家脚下站齐了没有。过去，人们曾进行过许多虚掷热情的论辩，到头来都因为其实从一开始就缺乏起码的对话基础而不了了之。他们就像一群运动场上的外行，不论怎样在跑道上卖劲比赛，但由于并没有一条共同的起跑线，所以也就注定得不到能让彼此信服的竞争结果。

　　我之所以开宗明义地强调这一点，是因为眼下将要被我们重新认识的"现实主义"，几乎可以说是所有美学概念中最含混不清和弹性十足的。仅就刚刚过去的 40 年而言，它在经过了种种随心所欲的发挥之后，几乎既可以容纳《红旗歌谣》中的吹牛比赛，又可以容纳报告文学中的写实镜头；既可以概括某些样板戏夸诞的漫画笔风，又可以概括伤痕文学郁悒的感伤情调。在这样一种几乎令人绝望的理论混乱状态中，如果我们不先看看脚下再走，就准会掉到一个巨大的陷阱底下，徒劳地兜来兜去。

　　首先需要界定的是：我们必须明确地认识到，我们是在讨论一个纯粹的美学问题。照我看来，如果不这样做，大家就有可能无穷后退地把话题越拉越远，重犯过去在讨论"现实主义"时所犯下的两个基本错误：第一，把一个本属于美学的专门问题偷换成"理性有没有优先性"这样一个更广阔的哲学问题。而随着论题外延的悄悄扩大，许多专属于美学的特定内涵也就抽空了。我认为，正是基于这样一次偷换，卢卡契才在进行实际文学批评时不自觉地把理性夸大为一部伟大作品的充分条件，从而无视和贬斥他那个时代的第一流作家，抬高和溢美二流的甚至不入流的作家。第二，又把"理性有没有优先性"这样一个哲学问题偷换成"被视作正统的理性有没有优先性"这样一个严峻的政治问题。由此，一切不符合现行政治标准的独立思考都很容易被归并到"非理性"之列；而"理性主义"之最基本和首要的精神——"怀疑一切"就因而遭到了泯灭。然而，从长远的观点看，一个批评家无论怎样借助于政治权威，也不可能把自己变成"理性的化身"。比如，某些过去被正统批评家们指责为越轨犯戒的作品，如索尔仁尼琴的《古拉格群岛》，其实并不乏真正经得起历史洗汰的理性沉思；倒是一些过去被他们看成是循着理性法则写成的"遵命文学"，如肖洛霍夫的《被开垦的处女地》，如今读起来反像是充满了非理性的热昏。有鉴于此，我认为，如果我们不从一开始就下定决心站在美学的立场上一步不退，那我们的讨论就难保不因思想方法上的犯规而一无所获。

其次需要界定的是，我们必须明确地认识到，我们的话题是从一个"最右的左派"和一个"最左的右派"那里接过来的，因此，这个美学问题就只能被看作是马克思主义理论体系内部的一个特定问题。众所周知，早在文学家从画家那里把"现实主义"这种提法未加澄清地移借过来之前，它的意味就是相当含混的。比如那位被公认为"现实主义"画风之开山的库尔贝，就曾在其1855年举办的个人画展"前言"中坦率地承认——他并不想搞清这个被"强加"于他的名称"到底在多大程度上是正确的"。正因为这样，如果我们打算用归纳的方法去萃取文坛上五花八门的"现实主义"作品的共同点，并借此总结出一个与所有的文学现象丝丝入扣的关于"现实主义"的定义，那我们势必会因为找到了一大堆相互矛盾的特征而左支右绌。我想，如果我们能够自觉地避开这条死胡同，只把"现实主义"问题规定为马克思主义系统内部的问题，事情就会单纯得多，就有可能获得明确的解决。这是因为：不管"现实主义"这种说法本来在流行过程中多么含混不清，一旦马克思主义的创始人把它当作一个确定的美学概念接过来，他们就仍然有可能对之进行一次潜在的阐释，仍然有可能或许并非完全自觉地对之进行清洗和过滤；他们身后的深远文化背景和他们心中的总体价值取向，使得他们即使没有完整地解释过这个美学概念，也仍然有可能把它当作整个哲学推演的一个固定环节来使用。这样，既然我们还有理由假定"现实主义"概念至少在马克思主义理论体系内部仍有可能具备确定的外延和内涵，那么我们就同样有理由假定：只要我们能够从总体上把握住德国古典美学及其继承者的运思方向，并且在此基础上对那些早已被人背熟了的零星说法进行深层地阅读，就有可能起码先不加评判地把这个美学概念在一个特定思想系统中的意义和地位演绎出来。

不知道诸位能否接受我先行限定的这个进行共同讨论的出发点？如果不能，底下的话就请不必劳神看了。

二

如果我们同意把"现实主义"问题处理为一个马克思主义美学的内部问题，那么接下来立刻就会碰上这样一个叫人头疼的问题：究竟对"现实主义"应该从广义上还是从狭义上去理解？或者更详明一点地说，究竟应该把它理解为一种高度概括地肯定了人与自然，乃至文艺与现实之审美关系的抽象原则呢，还是应该把它理解为一种要求作家们无论打算暗示何种理念也必须把它还原得或者幻化得类乎生活现象本身的具体风格？由于这一广一狭两种看法大体上反映出了变革或者维护某种文学传统的不同倾向，所以它们在充满内部张力的文艺圈子里也就总是能够找到各自的拥护者。近年来，我不断看到或者听到有人主张对这两种定义兼收并蓄，似乎这种和事佬式的结论已经成为长期相持不下之后的必然结局。不过，我却要说，过去争执的终点只能被看成是我们这一次讨论的起点，因为若从学理自身去检讨，无论是对"现实主义"的广义解释还是狭义解释，都还摆脱不了一些悬而未决的根本性疑难。

我们先来看前者。不待言，如果我们先入为主地接受了它，我们就必须投加罗蒂一票，承认"现实主义"就其本质而言是"没有边际的"；它甚可以说是任何一位作家都在劫难逃的宿命,因为绝不可能有谁完全向壁虚构出"非现实主义"的作品来。这样,正像奥尔巴哈在《摹仿》书中所追踪的那样,自荷马迄今的各种文学流派都只是在或近或远地围绕着"现实"这根主轴打转儿。初看起来,由于这种"没有边际的"外延已经不可能再包含任何特殊和具体的规定性,所以它似乎令人欣慰地不再会构成对写作自由的任何限制。不过,如果深究起来,就很容易发现,这绝不意味着问题的真正解决。只要我们从这个空荡荡的定义顺势一推,就马上会得出一些明显有悖于常识的结论。比如,我们势必要说,不仅是"素朴的诗",而且是"感伤的诗"(席勒),不仅是"镜",而且是"灯"(阿布拉姆斯),都该被划归于"现实主义"的门庭之下;甚至,我们还势必要承认,就反映时代精神之深而言,弗朗茨·卡夫卡竟然比托马斯·曼更"现实主义",凡·高竟然比库尔贝本人更"现实主义"。进一步说,更叫人难堪的当然还不在于这种理论跟实际难于沟通,而在于它本身就难于自圆。人们不禁要问:设若果然如此,马克思主义究竟打算借"现实主义"这个大而无当的概念来指什么呢?是用它来代替全部的文学现象本身吗?这样的话,"现实主义"不就成了一句最空洞无聊不过的废话吗?毫无疑问,坚持对"现实主义"进行广义解释的人,实际上是把它理解成了马克思主义的"发昏章第十一"。他们不仅没有取得任何理论上的透彻性,而且还会在实际中造成这样一种弊端:不自觉地把文学的认识功能夸大为判定一切文学成就的唯一尺度,从而错误地把批评家的全部注意力都引向文学与外界的关系问题。缘此而来的必然恶果是:美学的自身要求被取消了,而哲学家、历史学家和社会科学家们在判断一部作品成功与否方面无疑享有比任何文艺专门家更大的发言权。

　　幸而,上述缺憾看来总还是部分地得到了狭义定义的解读。显而易见,在后一种对于"现实主义"的较为严格的解说中,包含着对作品风格与形式的明确限定和要求。它确实具备了某种美学上的特定内涵,因为它不再只计较作家们"说了什么",而在关注着他们"怎么去说"。它把作家的书房看成是一间社会研究家们在其中冷静地依照某种定律还原生活直观风貌的实验室。因此,它主张严守生活本身的素朴形式,主张以一种不露匠心的、惟妙惟肖的笔法去形象地言明生活固有的内在逻辑,主张造成一种足以使读者误认为那就是生活本身的艺术幻觉,从而使他们潜移默化地以一种"艺术的掌握方式"去对"具体的真理"心领神会。从某种意义上说,这正是文学中的"斯坦尼斯拉夫斯基体系",而非"布莱希特体系"。我想,正因为有了这种明确的形式限定,卢卡契的确就有自己的理由去反对布莱希特的表现主义艺术倾向;而布莱希特把他的本意上是要造成某种"间离效果"的作品硬说成是"现实主义的",也的确会造成人为的理论混乱。然而,紧接着的问题却是:为什么布莱希特要被迫扰乱阵线,硬往自己头上贴一个风马牛不相及的标签呢?难道不正是因为"现实主义"这个口号已被马克思主义赋予了某种神圣性和排他性吗?于是,我们就有权追问:究竟有什么理由把一种文学风格夸大为唯一的文学风格呢?同时,我们还不禁要模仿马克思本人针对普鲁士新闻检察官的口气质问——你们并不强迫音乐照抄鸟叫,并不压制建筑仿造蜂房,却为什么偏偏要在艺术的文学样式上漠视和扼杀人类对于形式感的变化要求和创造活力呢?在这种诘难面前,我们就必须有勇气承认,坚持从狭义上去理解"现实主义"的人,简直就把马克思主义看成了一种审美趣味上的偏执狂。他们不懂得:文学只不过是一种构成语言的艺术,并不属于第一信号系统;因而,正像茵加登在《文学的艺术作品》中所分析的那样,文学作品在得到读者的主观条件相配合之前,并不具备明确的"图式化观相";或者说,它并不具备克拉考尔在《电影的本性》中所描述的那种摄影胶片跟未经更动的现实之间的近亲联系,因此既不可能也无必要亦步亦趋地复制直观经验本身。正因为这样,我只能这么说,如果一位专业的批评家在分析一部文学作品时竟跟一般大众看电影时一样,只会一一对照地验证艺术和生活在每一个细节上是否相符,面对其中有否创造性的美学成就了无所知,那实在也是粗糙和麻木得够可以了。

好了,既然我们已经发现以往论辩的结局实不过是一种让人进退维谷的困境,那么,就让我们尝试着另辟蹊径罢。

三

我先提这样一个问题：我们说得清"现实主义不是什么"吗？

乍看上去，这问题提得有点儿怪。但实际上它却是我们一步步去限定和分辨一个思考对象的开始。只不过，这个问题恐怕并不很容易回答，因为过去被认定为文学之"党性原则"的"现实主义"，其实是跟种种"错误主义"交错与兼容的，并不像阶级斗争那样壁垒分明。

此话怎讲？且让我们具体地分析一下。

首先，就同样都要求"写实"这一点来说，"现实主义"和"自然主义"的确是相通的，而且或许这就是法国文艺家总是倾向于将这两个概念互换使用的原因。也许，有人又要提出"本质真实"与"现象真实"之分野来割断这两种艺术倾向的微妙关联。但我却觉得，人们过去似乎借着区分两种哲学观念而把两种文学现象之间的区别夸大了。其实，"自然主义"的主要动因，恰恰就在于从纷繁的物象中梳理出某种规律性的恒常关系来，只不过它为了以科学的精确性来追踪一个不受观察主体干扰、不受作家意志影响的社会历史进程，而更强调立场的客观性罢了。在文学批评的实践中，谁要是非把这种对规律的寻求跟对"本质真实"的描写判然划开不可，或者更具体一点儿讲，谁要是非把巴尔扎克的"人情风俗史"说成是"本质真实"，而把左拉的"实验小说"说成是"本质虚假"不可，那他不仅需要有一身强词夺理的好功夫，而且还需要不怕麻烦地随时准备提供捉襟见肘的补充性辩解，比如说左拉在实际写作中倒向了巴尔扎克一侧，等等。

其次，在另一方面，就同样都以人生的理想为出发点和最后指归这一点来说，"现实主义"又和"浪漫主义"的确是相通的。司汤达在他的《拉辛与莎士比亚》中大张旗鼓地维护"浪漫主义"，勃兰兑斯在他的《十九世纪文学主流》中把巴尔扎克归类于"法国的浪漫派"，这恐怕都不能单纯归咎于措辞失当。问题的关键在于：只要作家们还感到有必要超越现实生活而升入理想境界，那么，到底是直接讴歌这种理想本身，还是从这种理想出发而批判性地切入现实生活,终归都是派生的和次要的问题,终归都属于文学风格流变史中的一些细小波折。正是在这个意义上,我愿意像黑格尔一样,把整个西方近代文学都称之为"浪漫主义"的,以区别于其价值理性全破灭的西方现代派文学艺术。我想,在这样一个总范畴下,如果有人问我:"现实主义"可否被定义为一种隐讳和含蓄的"浪漫主义"? 可否被视作一种悄悄地将价值理性糅进直观经验,以利于对读者进行潜移默化的高超的"浪漫主义"? 我只能点头称是。

同样,我们还可以说:就共同要求现象世界和本质层面相契为一这一点而言,"现实主义"完全可以被看作是"象征主义"的一种;就共同要求作家的主观情结必须有效地疏导和宣泄向笔端这一点而言,"现实主义"也可以被看作是"表现主义"的一种;甚至,就要求作品的形式必须具备一种脱离人工制作痕迹的幻觉这一点而言,"现实主义"竟又可以被看成一种特定的"形式主义"(在这个意义上,卢卡契和布莱希特之争,实不过是"形式主义者"与"表现主义者"之争)……

写到这里:我仿佛已经预先听到了对我的抗议声。但请注意:我在上面并不是故意要把水搅浑的;恰恰相反,照我看来,对于"现实主义"这个美学概念的真正清晰的界定,刚好可以从上述那种犬牙交错水乳交融的混沌状态中脱颖而出。更明确一点儿说,正是由于对"现实主义"的种种要求实际上贯穿和渗透于各种具体的文学流派之中,本来作为文学史中的一个实际流派的"现实主义",才有可能在马克思主义美学的理论体系内部上升为一种具有普遍性的"否定原则"。从而,从本质上说来,"现实主义"这个口号就不再意味着对任何一种具体文学风格的肯定,而是意味着从一种理想文学形态出发的对于全部现存文学现象的矫正和否定。

只要我们一着手回答本节一开始提出的"现实主义不是什么"这个问题,这一点就会昭然若揭了。首先,我们看到,尽管同样要求"写实",同样要求寻求某种规律性的东西,但"现实主义"却并不等同于"自然主义"。它坚持认为:在文学家的视野中只能出现人文的世界,只能出现人化的自然,因此,那种冷眼旁观人类命运的"价值中立"态度,就既不可取,又不可能。同时,经验材料也不可能不分巨细地被罗列出来;它必须依照人类生存的要求而在作家的写作活动中被重组为一个轻重缓急的序列；在这个意义上，那种被称为"客观规律"的东西之所以能够在文学作品中得到演示和澄清，恰恰是因为文学活动从本质上说来不可能以一种无关痛痒的纯粹实证态度去破坏人类经验自身结构的内在规定性。其次，我们又看到，尽管同样在高扬理想，尽管同样借向往中的支点高蹈于龌龊的现实之上，但是作为一种理论形态的"现实主义"却仍含有"浪漫主义"一词所未能道尽之意。也许，正是因为太热爱"自由"了，所以它才不敢把"自由"理解为想入非非的权利，正像老浮士德为欧福良的越跳越高而深感忧虑一样。人类越正视必然律，就越有可能化解它的外在性和异在性，就越可能把它从冰冷的索链变成一架登天之梯，就越有可能得到"客观的合目的性"。正是在这个意义上，"现实主义"的审美理想从本质上来说仍然坚守着古代的"原则同格论"，只不过它更强调以普罗米修斯的精神去争得天人之间的最终和解罢了。因此，正像"自我"在费希特那里必须受到"非我"的限定才能够向前发展一样，在"现实主义"看来，通常意义上的"浪漫主义"所带有的那种主体精神自我吹胀的片面倾向，就只能产生歌德所说的那种"自我毁灭的天才"（拜伦），就形成不了现实进取的坚韧张力。再次，我们又看到，尽管同样寻求本质与现象、规律与细节的统一，但"现实主义"又在对通常意义上的"象征主义"给予矫正。它提倡真切可辨的描述，而不赞成神秘莫测的隐喻；因为后者既割裂了经验世界的完整性，又带来了超验世界的多义性，从而使得文学创作活动不像是在竭力解答那永恒的司芬克斯之谜，倒像是越来越复杂地一再重提它。复次，我们还看到，尽管同样重视对主观情结的释放，但"现实主义"又对通常意义上的"表现主义"给予否定。它不赞成纯粹为了宣泄而信笔涂鸦，不赞成为了凸出理念而倒错经验的序列。照它看来，"写意"和"写真"本可以属于同一个创作过程；水银泻地般地扑向大自然，既意味着主体精神的弘扬，又意味着钻进天道深处。最后，我们也看到，尽管同样关注形式的构成，尽管同样认为艺术问题的解决最终必然落实在形式上，但"现实主义"却跟通常意义上的"形式主义"迥然有别。它反对纯然"为形式而形式"，而提倡创造一种类乎克莱夫·贝尔所说的"有意味的形式"。或者说，它把现实世界和艺术世界看成是两个有赖于相互交流才得以存在的非闭锁系统，而不像塞尚那样把艺术世界看成是一个能够完全独立自足的实体。因此，就美学所关切的重心而言，问题的关键首先还不在于纯粹对形式的变异会使人们在现实层面失掉什么，而在于这种做法恰恰会使艺术本身丧失真正富于生命力的形式……

经由上述界定，我们发现，作为一种"否定原则"的"现实主义"概念，原来具有极其严格和确定的内涵。这种内涵是如此的丰富多样，以至于和加罗蒂的解释正好相反："现实主义"的外延并不是趋向于无穷大，而是趋向于无穷小。或者说，它只是一个"点"，一个随时随地修正任何偏颇的一切艺术的"趋中点"。它把现象拉向本质，又把理性拉向感性；它把真实拉向真诚，又把人工拉向天成；它把认知拉向理想，又把想象拉向现实；它把摹仿拉向表现，又把写意拉向写真；它把经验拉向超验，又把理念拉向生活。一句话："现实主义"把艺术看成是一种不断需要重新寻找的困难平衡，因此，它不是在提供一个一贯正确的不变写作模式，而是提供一个用以调整失衡状态的晷表。正像马克思主义经济学提供了让一切商品的价格循此上下浮动的价值规律一样，马克思主义美学也提供了一个让所有风格和流派的艺术倾向最终要向它摆正的理想坐标；因此，也正像虽然没有任何商品的价格完全与其价值相符却并不影响价值规律的存在一样，即使我们翻遍了文学史也找不到一个完全符合"现实主义"的范例，也仍然能够感受到，从文学史发展的长时段来看，这个标准无处不在起作用。

我认为，上述思想一直潜藏在《巴黎手稿》中有关"自然主义——人本主义相统一"和"眼睛直接成为理论家"的基本命题中，而我在这里的贡献只不过是借着逻辑的力量把它从隐性逼成显性罢了。有必要说明的是，我之所以有意不在上述推演中依循惯例去具体地讨论马克思后来的哪些零星说法，是因为我认为只有这样才能使我摆脱因具体论说环境和特定论述对象所导致的细小纠葛，从而直指整个思想系统的"原教旨"。我想，只有等到业已把"现实主义"概念的确切所指思考出来的现在，我们才更容易理解马克思主义为什么要强调希腊艺术"不可企及"的典范意义、"莎士比亚化"以及"典型环境中的典型性格",我们也才能更全面地把握诸如"伦勃朗的色彩"之类的思想片断。不过,既然这工作眼下已变得并不困难,我就把它留给读者们去自行处理了。

四

我在这里宁可再挑选几个更难处理的问题来讨论。因为照我看来:如果这些问题不能被说透,马克思主义关于"现实主义"的命题就总是显得不那么有道理。

首先,我们必须回答:既然并不存在大量文学作品的实际例证作为归纳的基础,那么马克思主义又怎么想得起来把"现实主义"这种流行说法改造成为事实上的"理想主义"呢? 这是否纯粹的"天方夜谭"?

我认为,若从自希腊理性主义以降的整个西方美学的强大文化传统着眼,不管"现实主义"这个趋中点在实践上如何叫人难以把握,它在理论上却绝不是空穴来风。它所提出和想解决的问题,其实并不是马克思主义美学的独特问题,而是整个西方文化内部所一直需要克服和消解的固有难题。在这里,一切都还得上溯和归咎到始作俑者柏拉图。自从柏拉图借着思想上的"助产术"在头脑里分娩出了一个照他看来更为真实的理念世界以来,整个西方的性灵就一直在他所给定的这种"本体"与"现象"的二元坐标系中运思。人们一直在判然分裂的窘境中不安地踟蹰着,一再地重新发现自己实不过是一种处于兽性与神性、现实与超越之间的动物。缘此,他们势必不约而同地希望找到一个能够衔接这个二元世界的中介环节,而艺术也就经常被他们看成是完成这个困难任务的最终桥梁。亚里士多德在《诗学》中之所以要把诗看成是比历史更高和更真实的东西,康德在《判断力批判》中之所以要把美学看成是现象界的认识论跟本体界的伦理学之间的摆渡,席勒在《美育书简》中之所以要把"游戏冲动"看成是"感性冲动"和"形式冲动"二者的合题,歌德在《格言与感想集》中之所以要求诗人们"在特殊中显出一般",黑格尔在《美学史讲演录》中之所以把美定义为"理性意蕴的感性显现",都只不过是一次又一次地试图以艺术来回答柏拉图所遗留下来的千古疑案。而马克思主义有关"现实主义"的美学命题，其实也正是这场绵延几千年的思辨运动中呼之欲出的东西。按照这种设计，艺术不再是瞬间的迷狂，而是永恒的澄明；不再是"与真理隔着三层"，而是理性之神的下凡；不再是对必然律的决死抗争，而是跟大自然的会心和解；不再是对彼岸世界的神秘超越，而是对此岸世界的重新确认。正是借助于艺术，过去需要冥思苦想的自然法则可以变得历历在目，过去显得疏而不漏的潜在劫运如今变得伸手可掬；同时，也正是借助于艺术，过去嫌外在规律束手束脚的人类可以变得耳顺心聪，过去被判罚在现象界服苦役的人类可以感到从心所欲……一句话，正是借助于艺术，过去传说中的三个灰发无牙的摇纺车的老太婆可以变成帕提农神殿的三个媚态十足的少女身躯，过去只敢匍匐在西奈山下的羊群可以变成屹立于佛罗伦萨的大卫。当然，不管我在这里写得多么诗兴大发，我也没有忘记，由于"现实主义"的美学原则更强调直面人生，所以它在其展开过程中总不免要沾染一层悲剧的色彩。不过，即使如此，从更深层的企求来看，"现实主义"之所以要调动艺术的认知功能，又是因为它认为只有这样才能演示出生活中真正合理的东西，从而接引得尚不合理的现实向着更本真的理想靠拢。正因为这样，我认为，完全没有必要像卢卡契那样害怕别人把"现实主义"说成是"古典主义"。因为就其乐观地期待着人类的先验价值和经验现实携手为一这一点而言，"现实主义"确实没有背弃古代的信仰；而就其固执地要求对艺术中的各种对立的因素必须"执两用中"这一点而言，它也确实接近于黑格尔所谓理念内容与感性形式最为平衡的"古典主义"。

接下来，我再提一个问题：既然连提出这种审美理想的人都只能从否定的角度去约略地推断，而不能从肯定的角度去确凿地描画"现实主义"的美学风范，批评家们又当如何运用这种批评标准呢？这会不会使得批评活动本身沾染上很大的随意性呢？

提出这个问题当然不是无的放矢的。坦率地说，"现实主义"这个口号在过去几十年间之所以会逐渐引起人们的普遍困惑甚至厌倦，正是因为这个问题并没有得到重视和解决。由于"现实主义"的理想尺度贯穿于又超拔于任何一种现存的文学风格流派,所以它在实践过程中就往往演变成为对于一切既成尺度的取代和破坏。似乎所有的人都可以利用它确实曾经有保留地肯定和发扬过的某种艺术倾向,去反对它也确实曾经在某种程度上加以否定和遏止的另一种艺术倾向。就这样,"现实主义"简直被糟蹋成了一杆任何人都可以信手拈来掷向对方的投枪,一种总是显得对自己最为宽容、对别人最为苛刻的批评标准,一场既在肯定一切、又在否定一切的模棱两可的玩笑。究竟是应该按照生活本有的样子去"写真实",还是应该按照它应有的样子去"写本质"? 究竟是应该忠实于自己对艺术形象之间关系的体会和想象,还是应该恪守某一本教科书上的似应"有放皆准"的抽象逻辑? 究竟是应该抓住偶然和个性来获得"典型化"的艺术效果,还是应该抓住必然和共性来达到它? ……人们在带着各自先入为主的倾向性喋喋争辩了多少年之后,似乎终于兴味索然地省悟到,除了乞助于政治权威的最终裁决之外,真的就再也不可能找出源自理性本身的评判结果了。当然,从理论上讲,他们也并不是不知道要以某种"辩证的"态度来化解上述矛盾,然而在实际操作中,他们却一直在为无法确切地把握那种理想的"居中状态"而苦恼;而这就更会使他们反过来抱怨"现实主义"这种标准是多么缺乏严格的规定性。

面对这种普遍的困厄,我必须大声地提醒:实际上,出毛病的并不是"现实主义"这种标准本身,而是人们运用它的方法。首先,我们必须记住——"现实主义"毕竟是马克思主义为文学作品提出的"最高标准":正因为它是"最高标准",所以它才会成为适用于全部现存文学现象的普遍性否定原则;但也正因为它是"最高标准",所以它在整体上表现出不宽容的同时又会在局部上显示出极大的耐心。反正只要不是由上帝亲手写成的作品,我们就总是能够基于它而找到理由对之嫌好道歹。所以,如果人们只顾着利用"现实主义"的严格要求来相互指摘,这种最高标准就一定会被弄成使得人人动辄得咎的口实;反之,如果我们把它理解成为不应该要求别人完全做到而自己却应该力争做到的事情,这种伟大的尺度就可以转化成为文学创作的内在动力,而不是外来阻力。正因为这样,我们必须对批评家们说:"现实主义"的批评标准必须慎用,绝不要把它当成足以保证自己永远唠叨大实话的套语，以掩盖你实际鉴赏力的迟钝；除了说人家在哪一点上还超不过菲迪亚斯或者莎士比亚之外，你确实就再没有什么可说的了吗？——如果真是这样，那么，要么被批评者是个天才，要么批评者本人是个傻瓜！

另外，我们还必须记住——"现实主义"毕竟又是马克思主义替全部文学史提出的"最后标准"。这是一只专等到黄昏才起飞的猫头鹰：它对于整个文学发展历程的矫正，并不急于求成在哪天早上，因为人们往往需要在偏离它相当长一段时间之后，才会在明显的失衡状态下不约而同地感觉到向处在相反方位的那个"趋中点"复归的必要。问题的关键在于：不管人们一开始会在什么样的"文艺偏至"运动中泥于现实或耽于理想，但只要他们还在柏拉图的二元坐标系中运思，那么，向"一"上升的终极冲动就终归会把他们拉向最初被他们遗忘的平衡重心，否则他们就将越来越丧失艺术上的可能性。这才是"现实主义"标准的强韧力量所在。正因为这样，一代人甚至几代人对它的肆意歪曲或者明显背离，都并不能使我们丧失对于它的理论信心。试想一下：一旦借着"现实主义"的各种要求而打起来的"语录仗"成为过眼云烟，我们终于发现，那些盗用它的名义而伪造出来的极端艺术偏颇，非但没能够败坏这个标准，而且到头来也照样受到了它毫不留情的否定，这难道还不能雄辩地说明问题吗？与此同时，我还想说，如果我们能够记住"现实主义"是全部文学史的"最后标准"，我们也就不至于再为无法严格规定一种绝对不偏不倚的审美平衡状态而焦躁不安了。那正是因为：我们不仅没能在迄今为止的文学发展历程中见到过它，而且也不可能在可以想见的将来亲眼目睹它；否则，文学史就走到它非停止不可的最后了，艺术家就再也没有继续上升的动力了，我们也就已经成为康德所说的那种具有"理性直观"的神明了。只要文学史还有活力，还在发展，"现实主义"的终极标准就只能是这样"仰之弥高，钻之弥坚，瞻之在前，忽焉在后"，以否定的方法规定着向它不断逼近的行程。

说到这里，一个新的问题又很自然地冒了出来：既然"现实主义"并不意味着一种可以在当下兑现的现实可能性，那么，坚持这种乌托邦式的空想还有什么意义呢？

　　这个问题很容易使人联想到我在一开始为这篇文章所取的初看起来充满贬义的题目——"'现实主义'可能吗?"的确,要想把这个问题一口咬定,那实在是显得太独断了,那等于在说:有这样一个造物主,它在让我们相当走样儿地"分有"了它的神性之后,又远远地弃绝了我们;不过,幸亏我们还能够自己创造出神迹来,以证明上帝的全知全能和无所不在。难道还有比这更异想天开的吗? 然而,即便如此,我仍然坚持认为,我们并不因此就有充分的理由把这个问题一口否定。只要人类不甘心永远停留在目前这种天与人、外与内、灵与肉、体与用、他与我的判然分裂和剧烈冲突状态之中,那么,他们就一定会对那个"显微无间"的中介点心向往之,一定会不断地重新提出类似于马克思主义借"现实主义"这个命题所表述的东西。从这个意义上讲,我并不认为提出"'现实主义'可能吗"这样的问题就会把这个美学原则排斥于人类的理性事业之外。实际上,若从人类发展的长期过程来看,乌托邦式的理想往往比历史在其每个瞬间所表现出来的现实性更为强大有力。因此,我认为,"'现实主义'可能吗"这样一个问题,正是所有的文学艺术家都应该不断向自己提出的永恒诘难。有了它,人们才不致失去希望和祈求,才不致失去成为伟大艺术家的可能性和动力。有了它,我们才会不断地得到寻找生存意义的崭新作品,从而艺术也才会成为值得我们永远珍爱和重新灌注心血的东西。

　　(本文是笔者为1990年3月于歌德学院北京分院召开的有关现实主义问题的国际研讨会所写的书面发言,后发表在香港《二十一世纪》杂志1990年12月号上)

艺术究竟是怎样流变的？

——述评《艺术与人文科学——贡布里希文选》

一

大约在一年多以前，外国文学研究所的同事们曾应鲁迅文学院之邀去为作家班的同学开几个理论讲座，而分派到我头上的题目则是"黑格尔美学"。碍于情面答应下来之后，我竟非常沮丧地发现，其实此项任务并不容易圆满地完成。因为，尽管黑格尔的美学自有其内在的推演逻辑，并在思辨的意义上不失为一个相当完整的体系，但如果就听众的知识准备而言，它却自然而然地要被划分为完全断裂的两大部分，而这必然就会使我的讲课效果左支右绌：对于前一部分即《美学》第一卷里的内容，大家大概早已在种种美学概论课或文艺学概论课中听得太耳熟了太腻味了，所以，除了告诉他们并不是黑格尔照抄了我们的老套而是我们照抄了黑格尔的天条之外，恐怕就很难再传达给同学们什么值得注意的信息；而对于后一部分即《美学》第二卷、第三卷里的内容，大家则很可能被黑格尔用来构筑其体系的、机械得难免有点儿滑稽的三拍子舞步弄得头晕目眩，觉得这里面除了徒逞辩才的智力游戏和强词夺理的削足适履之外，并不存在任何有价值的东西。

这件事给我的印象很深，我觉得它相当具有代表性，惟妙惟肖地对应着国内理论界的某种困境：尽管相形之下人们在过去对于黑格尔的美学思想给予了最大程度的重视，甚至把他本人的古典主义趣味和偏爱扩展成了适用于一切艺术的批评标准,①却仍然不由自主地要忽略他在《美学史讲演录》里所涉及的大部分内容。其所以造成这种情况,乃是因为大家过于急躁地希望从这位作为马克思主义之主要精神先驱的哲学家那里寻找到现成在手的真理,以便轻而易举地抓住一成不变并且有放皆准的美学法则;因此,鉴于黑格尔在后两卷书中暴露出了明显的牵强和疏漏,不能向人们提供一种有效解释艺术风格流变史的理论框架,就只有被羞于启齿地撇弃了。人们似乎懒得这样来开动脑筋:由于黑格尔偏偏是在后两卷书中才表现出了其强大的历史感和对于各种艺术形态的敏锐洞见,所以,即使是那些他失足掉入其中的陷阱,也足以激发我们的灵感,从而帮助我们在思想上不断地有所进境。

　　当然讲课的事好歹还是对付过去了。不过后来当我阅读贡布里希的时候,却还忍不住要一再地回想起人们对于黑格尔的这种忽略,因为正是那位 19 世纪的古典哲学家,构成了这位 20 世纪的艺术史家在其思想深处与之交锋的对立一极。在提到那个使他有点儿尴尬的黑格尔奖时,贡布里希在断然声称自己绝不是一个黑格尔主义者的同时,却又简直有点儿遗憾地承认,其实只有黑格尔(而非温克尔曼)才真正堪称"艺术史之父"。②这确实再鲜明不过地显示出了老黑格尔在艺术史这门学科中的独特地位——既是开山,又是靶子。或者我们毋宁这样说,由于任何一门学科都只有在形成了内在紧张之后才能获得发展的动力,所以,开山的主要作用其实也正是靶子:前者意味着我们相信,设若没有像黑格尔这样一位开拓者,或许我们就至今还不曾拥有艺术史这门学科;后者则意味着我们认为,设若没有对于黑格尔之失误的不断修正,或许我们也就无从展开艺术史这门学科的自身历程,而且也就不足以回过头来度量一下它到底获得了多大发展。所以,从学术史的角度来看,具有讽刺意味的是,与那种试图从黑格尔的书中简单地剥离出"合理内核"的做法恰成反衬,其实也

---

　　①　这种看法缘于我本人对"现实主义"理论的释解,参见刘东:《现实主义可能吗?》,载于《二十一世纪》杂志(香港)1990 年第 2 期。

　　②　《恩斯特·贡布里希爵士的自传速写》,载曹意强、洪再新编:《图像与观念——范景中学术文选》,岭南美术出版社 1992 年版,第 93 页。

许倒是黑格尔的某些"错误"才成了这门学科的思想背景和发展动力。这一层意思，正如贡布里希在其获奖演说词中所云："我也认为，艺术史应该从黑格尔的权威中解放出来；但是，我又坚信，只有在艺术史真正弄懂了黑格尔的压倒的影响的时候，这种解放才成为可能。"①

正因为这样，在叙述贡布里希本人的艺术史见解之前，我们就有必要先来清理一下家藏，简要地看一看黑格尔的艺术哲学在这方面究竟给我们留下过什么样的遗产。在这里为着叙述的简捷，我只能开门见山地提请大家注意以下的关键要点：尽管莱辛早在黑格尔之前便在《拉奥孔》中挑明了诗与画的区别，尽管康德、谢林等人也早在黑格尔之前便提出了种种的艺术分类原则，但是，由于黑格尔从其体系的推演要求或者精神的成长要求出发，首次线性地并列出了当时人们所拥有的各种艺术形态，并且根据其各自的固有特点而突出了它们之间在表现能力方面的差别，便使得我们完全有理由在此借用刚刚引征过的一个比喻，把黑格尔不仅说成是"艺术史之父"，而且说成是"艺术类型学之父"。关于这一点，正如鲍桑葵在他那本有名的《美学史》中所讲的："黑格尔就凭了他的具体的分类原则，简单地讨论了各门艺术作为人类活动——这种人类活动依靠大体上具有物质性的手段产生了一定效果——所具有的能力和条件。这种具体的划分原则的意义就在于，他没有把自己束缚在任何抽象的原则上，因此可以让每种艺术都自由地保持自己的充分个性……这样，黑格尔就从每门艺术的整个表现能力和它看来特别适合于体现的任何内容或意义之间的吻合着眼，仔细地研究了每门富于个性的艺术的性质。"②

如果我紧接着这样说：正像哲学家要凭着抽象语言去运思一样，文学家也要用具象语言去想，建筑家也要用建材去想，音乐家也要用音符去想，电影导演也要用镜头去想，雕刻家也要在大理石上想，画家也要在画布上想，戏剧家也要在剧场上想，舞蹈家也要在动作中想……那么，读者

① 贡布里希：《黑格尔与艺术史》，《国外黑格尔哲学新论》，中国社会科学院哲学研究所西方哲学史研究室编，中国社会科学出版社 1982 年版，第 405 页。

② 鲍桑葵：《美学史》，张今译，商务印书馆 1985 年版，第 454—455 页。

们会觉得我不过是讲出了一个非常浅近的老生常谈。然而,如果我紧接着又提出一大堆让人百思不得其解的问题:到底什么是文学性、建筑性、音乐性、电影性、雕塑性、戏剧性、舞蹈性……只怕读者又会觉得我太爱提古怪玄奥的抽象问题。可是,这一浅一深的两个层面却是紧紧相连和必然生发的。而且,更加玄奥的问题其实还不止此。众所周知,现代哲学之最重要的命题和最深刻的发现之一正是——语言乃是存在的基本方式和基本界限。所以,设若我们能够由此前提出发,基于符号形式的多元分化,在一门"语言类型学"的内部来划定存在方式的种种复杂界限,那么我们就将会对于五光十色的人类精神视野有更进一步的认识和开掘。当然,那会牵涉一个更大的问题,我们在此处不遑详论,而只能在本题的范围内来就艺术谈艺术,看看黑格尔似乎于无意中创立的"艺术类型学"究竟能否有助于推进我们对于艺术现象的认识。说到这一层,则又必须澄清一点:过去人们总是把语言和意义的关系看得太"二元论"了,似乎以为有一种先于语言的意义前定于人们的头脑之中,有待于他们千方百计地调动各种各样的符号去传达它。《周易》上所谓"子曰:'书不尽言,言不尽意,然则圣人之意,其不可见乎?'子曰:'圣人立象以尽意,设卦以尽情伪,系辞焉以尽其言,变而通之以尽利,鼓之舞之以尽神'。"[1]正是最典型地代表了这种意见。然而,现在看来,对于那样一个超出任何语言界限之外的"自在之物",我们实在应当借着奥康姆的剃刀把它排除到认识之外去。事实上,任何的一种创造活动都必然是"写着想着——想着写着"的反复回馈过程,都是借助于语言实验活动而不断敞开幽暗之境的过程,而绝非单纯是在为一个业已确定的意义寻找某种合适的表达方式。缘此,当爱因斯坦说"我的铅笔比我更聪明"的时候,他事实上是在说,他所运用的那一套符号系统的内在逻辑会把他不由自主地接引到连自己原先也未曾料到的一层洞天中去;而无论是他所借助的非欧几何学还是他所创立的广义相对论,也都正是人们跟随着抽象语言的自有理路而不期然发现的未知天地。艺术家的情况也是一样:每一种艺术介质的基本特点,都会派生

---

① 　《周易·系辞上》。

出一个特定艺术门类之不可能与其他艺术门类完全通约的自身特征，都会导致它无法克服的先定限制，也都会拖着艺术家情不自禁地跟随它的内在逻辑走，去看看这种语言的万花筒究竟会变幻出什么样的神来之笔来。正因为这样，在没有发明蚀刻画之前，画家心中的图像就只有跟着在铜板上硬碰硬的刻刀走；而在无意间发明了一种剪接方式以后，电影导演的视觉便可以跟着蒙太奇的跳跃而大跨度地飞翔；正因为这样，才引发了莱辛去写那本有名的《拉奥孔》，才使得钱锺书可以顺着莱辛的思路再去补述许多有关"诗画相分"的例证。① 正因为这样，当看到一座建筑物的宏大正立面其实不过是在结构上撒了一个弥天大谎的时候，我们才会感到那位蹩脚的建筑师大概是把他的建筑弄成了雕塑；或者当看到一尊雕像简直要把脚趾头都调动起来表现思想的时候，我们才会感到某种艺术类型在一旦超出其界限时是何等的力不从心。也正因为这样，无论导演们怎样挖空心思地想把哪部文学名著搬上银幕或舞台，都会发现自己终究是吃力不讨好；反之无论观众们怎样费尽心机地想通过脚本来了解哪部歌剧的内容，都会感到它是那样的味同嚼蜡。所以，我们千万别把所谓"诗中有画、画中有诗"之类的套话说得太顺嘴了。实际上，每一种艺术都是一种特殊的语言形式：一方面，它只能告诉我们那么多；而另一方面，其他艺术类型却又永远不能告诉我们那么多。

进一步说，又正因为每一种艺术类型所使用的语言形式的特殊性，以及由这种特殊性所规定的该类艺术的内在走势，才导致了它相对独立于其他一切精神存在形式的独特进程，才从根本上回答了贡布里希在《艺术与人文科学》一书中所想要追询的问题——"为什么美术会有一部历史"，②也从而才在根本上奠定了艺术史作为一门独立的人文学科而存在和延续的理由。③ 梅洛-庞蒂曾经这样讲："必须承认在说话的主体那里，

———————

① 参见钱锺书：《旧文四篇》，上海古籍出版社 1979 年版，第 26—49 页。

② 范景中编选：《艺术与人文科学——贡布里希文选》，浙江摄影出版社 1989 年版，第 6 页。

③ 参见潘诺夫斯基的《作为人文学科的美术史》一文，潘诺夫斯基：《视觉艺术的含义》，傅志强译，辽宁人民出版社 1987 年版。

思想并不是一种再现,就是说,思想并不明确设定一些对象或关系。说话者在开口说话前并不思考,甚至在说话过程中也不思考,他的话就是他的思想。"①这种说法,以及我们所熟知的海德格尔所谓语言本身言说而人只不过在聆听此种言说的看法,都启示了我们:在语言的潜能中原本就蕴涵着并不因个别主体的意志而变易增减的能指领域。而设若我们把此种原则贯彻到分门别类的种种艺术形态之中,则又不难顺势看出:每一种艺术的语言类型都先定地蕴涵了为它本身独有的可能世界,有待于艺术家们去开敞去澄明。由此,各种艺术门类之间的不可通约性,就必然导致它们各自具有本身的富于张力的有机传统,从而形成了它们内在的变化过程。在其有名的《艺术发展史》中,贡布里希曾经如此绘声绘色地描述了一位画家的创作过程:"在事关形状的协调或者颜色的调配时,艺术家永远要极端地'琐碎',或者更恰当地说,要极端地挑剔。他有可能看出我们简直无法察觉的色调和质地的差异。……他不仅需要平衡两三种颜色、外形或味道,而且还需要耍弄不知多少种。他的画布上大概有几百种色彩和形状必须加以平衡,直到看起来'合适'为止。一块绿色可能突然显得黄了一些,因为它离一块强烈的蓝色太近了——他可能觉得一切都被破坏了,画面上出现了一个刺耳的音符。他必须从头再来。这个问题也许能使他痛苦不堪,他也许要用多少个不眠之夜去为之苦思冥想;他也许整天伫立在画前,尝试在这里那里添上一点色彩而后又把它抹去,尽管你我也许未曾察觉二者之间有什么差异。然而,一旦他获得成功,我们就觉得他达到的境界已经无以复加,已经合适了——那是我们这个很不完美的世界中的一个完美的典范。"②我们完全可以想见:恰恰是由于视觉艺术语言所具有的这种实验性、主动性、发现性、自足性,才使得视觉艺术史有理由成为"不是一部外部增长的历史,而是一部对符号不断延伸和修饰的历史"。③

---

① 梅洛-庞蒂:《眼与心》,刘韵涵译,中国社会科学出版社 1992 年版,第 15 页。

② 贡布里希:《艺术发展史》,范景中译,天津人民美术出版社 1992 年版,第 13 页。

③ 范景中编选:《艺术与人文科学——贡布里希文选》,浙江摄影出版社 1989 年版,第 41 页。

　　贡布里希公正地指出，尽管黑格尔为了使艺术事实适应于他的思辨体系而对之进行了任意的假定和裁剪，使得他笔下的艺术史并非以达到客观性为目的，然而，"黑格尔却仍是致力于从其对某一精神内容的独特表现来检验每一种艺术形式，这便把它导向对画家的艺术手段以一种透辟深入的方式去描写，这种境界在艺术史中无论以前或以后，都并非经常能够达到的"①。不过，我们也同样应当公正地指出，黑格尔借助于对比各种艺术类型的表现力而达到的对于绘画性之本质特点的洞见，绝不是他当初的本意——在《精神哲学》的第一卷中，他只不过是顺便构筑了一排绝对精神借之向上攀援的阶梯而已。正因为这样，如果由这位"艺术史之父"于无意间开创的此种人文学科真正想要立稳脚跟，使自身成为一个相对自足的知识领域，它就必须对黑格尔进行彻底的清算和挣脱。在知识的进程中，哲学家一向都是悲剧的主人公，注定要替渴望突破自身局限的人类受苦受难；而且经常的情况是，他们简直就像是莎士比亚笔下的李尔王，在把自己的领地一块块地分给亲生骨肉之后，却又无家可归地站在旷野中悲怆地大念"雷电颂"。

二

　　也许再没有哪个时代会比我们这个时代更需要一门真正的艺术史了，因为历时性的文明进程已经在我们这里被压扁成为共时性的文化空间，越来越便捷的信息载体和通道已经把各种各样的文明遗踪直观地并列在我们的视界之内，使我们就仿佛是置身在北京新近落成的世界公园里一样，面对着风格各异的造象博物馆，不能不油然生发出一种想要把如此千姿百态的艺术作品借着历史的针脚缝合起来的求知冲动。

　　毫无疑问，艺术史家正是准此而应运而生的，他们的天职恰如绘制"赫罗图"的天文学家，要在空间的分布中看出时间的运化来。不过，和常

---

　　①　贡布里希：《黑格尔与艺术史》，《国外黑格尔哲学新论》，中国社会科学院哲学研究所西方哲学史研究室编，中国社会科学出版社 1982 年版，第 412 页。

人不同的是,他们却不可能根据时下流行的品位来判定作品成就的高下,也不可能根据哪种被视作天经地义的批评标准来推绎艺术的进步(或至少在未来的时间向度中指望和臆度这种进步);或许,在艺术博物馆里伫立和流连得越久,对那些古往今来的造象杰作打量和揣摩得越深入和着魔,他们就越能体验到它们各自的不可替代的魅力,从而也就越不敢断言在它们中间必然存在着某种线性的上升。职业的习惯使得他们倾向于设身处地地去理解,而不是独断僭妄地去裁判,更不会以自己对于审美本质的先入概念来为古代的艺术家立法。在他们那里,各种风格的造象作品毋宁说更像维特根斯坦意义上的具有亲族相似性的一组游戏的产物,故此他们或许更乐于说它们所遵循的游戏规则只是在不断的摸索修正中趋于流变,而绝不敢一口咬定这种流变就注定属于义无反顾的上升或进步。他们觉得,艺术史的脚步正像穿过了一排各不相同的房间,人类从这一间走到那一间,一定会得到某些新鲜的感受,却也一定会失掉某些原有的愉悦。正因为这样,贡布里希才在其《艺术发展史》中提醒我们:"我们决不能忘记艺术跟科学完全不同。艺术家的手段,他的技巧,固然能够发展,但是艺术自身却很难说是以科学发展的方式前进。只要某一方面有所发现,其他地方就产生新的困难。"①

那么,从作为一门独立人文学科的艺术史的立场出发,究竟应当怎样来看艺术的这种流变呢? 我们看到,正是在这个问题上,即使是在他的难免有些客套的受奖演说辞中,艺术史家贡布里希也不得不严格挑明他和哲学家黑格尔的原则区别。他指出,尽管黑格尔怀着强大的历史感而正确地看出"完成了的表现形式也是一种发展的结果",因而后世的艺术史家们也决不应当放弃寻找艺术作品之间联系的努力,但是引起他顾虑的,却并"不是认识到建立联系之难,倒是这种联系很古怪地常常显得过分容易"。② 而就此问题,在另一篇演说中,贡布里希又回顾了自己在维也纳

---

①　贡布里希:《艺术发展史》,范景中译,天津人民美术出版社 1992 年版,第 142 页。

②　贡布里希:《黑格尔与艺术史》,《国外黑格尔哲学新论》,中国社会科学院哲学研究所西方哲学史研究室编,中国社会科学出版社 1982 年版,第 415 页。

大学就读时是如何逐步摆脱了德沃夏克之《作为精神史的艺术史》的影响
的——"尽管我在那里并没有什么惊人的发现，但我学到了很重要的一
点，即过去的世界并非由抽象概念居住着，而是由男人和女人们居住着。
我发现，很难认为这些人都具有德沃夏克和其他一些人认为手法主义风
格表现了的那种精神困惑。"①艺术史要从哲学家那里解放出来，成为一
门独立自主的学科，就必须把立足点从玄思转变为经验，从推断转变为认
知。换句话说，它必须旗帜鲜明地主张：唯有艺术史所基于的事实本身才
是完备而永恒的经验实体；相反，任何试图描述它的体系都必须充分意识
到自身的不周全性和暂时性，都必须在这些事实面前不断地完善、修正和
扩充自己，而不是把自家的哲学全书当成一本具有无限透支权的支票簿，
强要用自己的理论框架来买断所有的经验事实。正是出于研究出发点的
这种根本转移，贡布里希所关心的便是真正从画廊和博物馆中化生出来
的艺术史，而不是从哲学体系里演生出来的艺术史；他要探求的便是可以
在作品表象中真切感受到的艺术效果，而不是据说潜藏在其内部的只能
凭靠凭空揣测故而人言言殊的理念内容。他所以一再地表白，他想要弄
清的，只是在艺术的过程之中，在某人用某种东西画出某种东西来的时
候，实际上发生了什么，无疑正是出于这一层考虑。

贡布里希的上述说法，不仅针对着黑格尔，也针对着他那些艺术史的
同行，特别是针对着那些跟他一样立志研究图像学的同行，以期把这门同
样也是脱胎于神学研究的释义学（即圣经释义学的同胞兄弟——圣像释
义学）从过于任意的主观联想中纠正过来。沃尔夫林在其《艺术风格学》
中曾经这样表达他在方法论上的信念："吕内瓦和丢勒虽然是同时代人，
但是他们属于不同的想象类型。不过我们不能说这种不统一最终破坏了
风格发展的意义：从更大的范围看，这两种类型又统一于一种共同的风格
中，即我们一眼就能清楚地看出把这两个代表那代人的画家结合在一起
的要素。把这种与最强烈的个人差异并存的共性归纳为抽象的基本概

①　范景中编选：《艺术与人文科学——贡布里希文选》，浙江摄影出版社 1989 年
版，第 5 页。

念,这正是本书的基本意图。"①而这种研究纲领一旦被推向极端,就会导致阿道夫·卢斯以为完全可以借一管而窥得全豹的独断自信:"即使一个绝种的民族除了一颗纽扣之外没有留下任何别的东西,我也能从这颗纽扣的形状上推断出这个民族的人们是如何穿戴、如何建房、如何生活以及他们有什么样的宗教、艺术和精神状态。"②由此我们自不难想见,一旦这种无端的臆断泛滥成灾,由潘诺夫斯基所提倡的作为"一种从综合而不是从分析中发展来的解释性方法"③的图像学,就一定会因为太过放纵天马行空的想象力而败坏了自己的名声。对于此种似乎使大家离艺术史事实越来越远的研究方法,学风严谨的贡布里希批评道:"我对新奇的图像学颇感兴趣,这是一种将文字与图像相对照的学科。但是,尽管我很喜欢这一学科,我同时发现,它在一定范围之内也会导致不负责任的主观主义,阻碍我们与历史真实的联系。"④正是出于这一层考虑,为了破除种种由解释的随意性所建立的他所谓的"过分容易"的联系,贡布里希便"严格地界定了作者的意图意义和理解者事后所赋予作品的意味,并把图像学的中心任务规定为是重建艺术家的创作方案,是依据原典和上下文,恢复作品的本义。"⑤在是否尊重文本结构自身的客观性问题上,我们看到,贡布里希似乎更贴近释义学中主张"我注六经"的贝蒂,而不是主张"六经注我"的布尔特曼。

　　不过,既然种种时弊源出于同一个病根,贡布里希就注定要将其批判的锋芒主要对准他心目中的那位"艺术史之父",因为在他看来,"十九世纪艺术史学研究的历史(及其在二十世纪所产生的结果),可以大体上被描述为是一系列企图摈除黑格尔形而上学理论中较为繁杂的部分而不想

---

① 　沃尔夫林:《艺术风格学》,潘耀昌译,辽宁人民出版社 1987 年版,第 13—14 页。

② 　转引自贡布里希:《论风格》,《艺术与人文科学——贡布里希文选》,浙江摄影出版社 1989 年版,第 95—96 页。

③ 　潘诺夫斯基:《视觉艺术的含义》,傅志强译,辽宁人民出版社 1987 年版,第 39 页。

④ 　范景中编选:《艺术与人文科学——贡布里希文选》,浙江摄影出版社 1989 年版,第 5 页。

⑤ 　范景中:《〈象征的图像〉编者序》,《图像与观念——范景中学术文选》,岭南美术出版社 1993 年版,第 305 页。

牺牲他的一元论幻想的尝试"①。由此,在解释"艺术究竟是怎样流变的"这个艺术史的核心问题时,尽管贡布里希并不像黑格尔那样企图开出一帖包医百病的神丹妙方,但由于他必须自觉地跟黑格尔那种包罗万象的思想体系划清界限,所以在我看来,他的学说在一些思考方向的主要关节点上还是大致形成了与黑格尔一一对应的不同网络。且让我们尝试着先对此作一番简要的归纳,然后再来看看它们会对我们有什么样的方法论启示:

首先,和黑格尔不同的是,贡布里希并非把艺术史看成是从属于哲学体系的,而是把它看作与其他的独立人文学科并立的;由此而决定了:在他看来,它的推论方法就一定要侧重于归纳,而不是演绎,它的研究方法也就一定要侧重于考辨,而不是玄想。在回答下述问题——"您对艺术史界目前的倾向,即学者们依靠一般性的文化分析理论的趋向,有什么看法"的时候,贡布里希坦言直陈:"我一向怀疑笼统的概括。我的第一个反应是任何称职的学者会作出的反应:'难道我不知道某种例外吗?真是那样吗?'"②毫无疑问:若从本心出发,他的注意焦点一定会投向关注着具体个案的"学识",而非将概括当成本性的无所不包的"科学";而且他所渴望采用的证明,也是提出真正能被法庭接受的那种确凿的证据,而不是常常要靠自信来填补史料的任意推断。但由于这不免要碰上一些研究方面的困难,因为"我们想要知道而又永远无法知道的东西是如此之多,而我们能够确定的东西又是如此之少",③所以,当发现从前人的残迹中找不到严丝合缝的证据的时候,贡布里希也不得不承认,"在重建过去时代的工作中,你能容忍多少自由想象是脾气问题,而不是方法问题。学者得像耐心的修复工作者一样,从我所说的那些最基本的事实着手工作——我

---

① 范景中编选:《艺术与人文科学——贡布里希文选》,浙江摄影出版社 1989 年版,第 95 页。

② 曹意强、洪再新编:《图像与观念——范景中学术文选》,岭南美术出版社 1992 年版,第 88 页。

③ 范景中编选:《艺术与人文科学的交汇》,《艺术与人文科学——贡布里希文选》,浙江摄影出版社 1989 年版,第 1—18 页。

希望这些事实现在已经搞清楚了——细心地用假设和推理,或者说,用受控想象来填补其中的空白"①。甚至,为了使艺术史的研究不至于在彻底的认识怀疑论和文化相对论中遭到完全毁灭,贡布里希还必须反对这样一种照他看来是完全错误的假设——"认为理解是一种要么是全部理解,要么什么都不理解的活动"②。但即使如此,他仍然清楚地意识到了这门学科所无法避免的限制,认为艺术史研究的本质唯不过在于——"尽管人文科学者知道自己不可能全部理解,他仍然会很高兴地利用这一次能够突破他的局限、扩展他的想象性移情的机会。如果他运气好的话,他甚至可以把他的学生引出他们的小自我和小世界,并使他们相信,人的心胸确实可以得到开阔。"③我想,对于收入《艺术与人文科学》这本论文集中的许多艺术史的个案分析,我们都应该作如是观。也就是说,他只是把自己的研究成果当成一种对于若干永恒难题的试探性回答,而绝非像黑格尔那样自信可以一劳永逸地对此给出最后的定论。

其次,和第一点紧紧相连,与黑格尔不同的是,贡布里希不想从艺术史的外在动因出发来解释艺术的流变,而想从艺术史的内在张力出发来解释它;由此而决定了:他的着眼点更是落在反映于艺术形式表象中的技巧手法的有机突破上,而非落在被贯入作品之中的理念内容的推动作用上;更其偏重于从如何不断克服由绘画性本身所规定的难题入手来观察艺术的变迁,而非偏重于借艺术家所遵循的视觉程式之外的因素来解释风格的更迭。无论如何,作为一位眼光敏锐的艺术鉴赏家和严格意义上的艺术史家,贡布里希所渴望完成的只能是一部触目可及的视觉艺术史,而非隐秘虚幻的精神漫游史。他这样写道:"对我们来说,重要的并不是许多艺术或伪艺术都是衍生的,而是,从某种程度上说,所有艺术都是衍

① 范景中编选:《艺术与人文科学的交汇》,《艺术与人文科学——贡布里希文选》,浙江摄影出版社 1989 年版,第 1—18 页。

② 范景中编选:《艺术与人文科学的交汇》,《艺术与人文科学——贡布里希文选》,浙江摄影出版社 1989 年版,第 1—18 页。

③ 范景中编选:《艺术与人文科学的交汇》,《艺术与人文科学——贡布里希文选》,浙江摄影出版社 1989 年版,第 1—18 页。

生的……我认为正是这个事实解释了艺术为什么会有一个历史或一种风格，为什么艺术不同于没有历史或风格的知觉或梦幻。因此，十八世纪的所有风景画或所有二十世纪的梦幻画之所以彼此之间具有如此多的相同点，足以使我们艺术史学者大致说出它们的制作时间和地点，这并不是因为存在某种支配知觉或梦幻意象的神秘意识流或集体精神，而是由于一个明显的事实：出于同一根源的条件符号趋向于具有某种家族相似性。"①毫无疑问，正是为了解读反映在一组组绘画艺术作品中的家族相似性以及它们的沿革历程，从而在视觉艺术内部来解释"艺术究竟是怎样流变的"，贡布里希才写下了他最重要的著作《艺术与错觉——艺术再现的心理学研究》（该书的主要论点在其《艺术与人文科学》一书中以精巧的撮要形式概述在他的名篇——《木马沉思录》之中）。公正地说，贡布里希所由之出发的作为所有再现性艺术之基本规则的"绘画性"，早已被黑格尔一语道破过了："仍保留空间关系，只取消三度空间中的一度，使面成为它的表现因素。"②而这也就意味着，至少对黑格尔当年所曾见过的绘画作品来说，画家所面临的永恒难题在于：他们必须在二维空间中制作出使人足以看到三维空间的错觉。我们看到，正是由此前提出发，贡布里希又进一步作出了两方面的贡献。其一，他借助于丰富的艺术史素材和大量的心理学报告而提出，果真要想形成这种作为错觉的绘画效果，就不能依靠拉斯金所谓的保留着纯粹视觉的"纯真之眼"，而必须要依靠由画家和观众共同遵守的、借学习过程而于后天建立的基本游戏规则——视知觉的图式或概念性的物象。他写道："跟文化和舆论一样，一种风格也要建立一个关于预测的视野，一种心理定向，借以用过分的敏感性记录下偏差和矫正。我们的心灵在觉察各种关系时记录着种种倾向性。艺术史充满了只能用这种方式来理解的种种反应。"③准此，他就经由对于视知觉本

　　① 范景中编选：《艺术与人文科学——贡布里希文选》，浙江摄影出版社 1989 年版，第 41—42 页。

　　② 黑格尔：《美学》，第三卷上册，商务印书馆 1979 年版，第 230 页。

　　③ 贡布里希：《艺术与错觉——图画再现的心理学研究》，浙江摄影出版社 1987 年版，第 69 页。

身的经验分析而解释了在共同的文化熏习氛围之内的作为一种风格惯例的心理学基础。其二,在上述的共时性分析的基础上,贡布里希又引入了历时性的维度,从而同样从视知觉本身的角度解释了绘画风格的流变过程。受卡尔·波普尔的影响,他把这种变化描述为由无意间的"试错法"而导致的在客体的映照下不断调整、修正着传统图式的"制作——匹配"进程:"所有的艺术家毕竟都学习前人的艺术,因此,每一个艺术家都是从一个基线开始,当然有些艺术家永远也没有超越这条基线,他们只不过做一些早已试验好的事情,而另外一些却出于某种原因——可能是外在的压力——引进了一些变化或变迁,它们生效了。我想我们可以建立这样一种理论……根据这种理论,我们可以说有一种'非有意的'艺术创作。当然这可能有点夸张,但毕竟在许多种艺术风格中,如古埃及和拜占庭,艺术家只是工匠,传统却很坚固,不过仍然还有向某一特殊方向漂移的动向。"[①]有的论者诘难说,贡布里希的上述公式"至多只是在再现艺术的范围内有效,对于从再现艺术到现代艺术的革命性转折恐怕就难以说明了。"[②]不过,我们在贡布里希的另一篇文章《心理分析与艺术史》中却发现,他又曾尝试着借助于"在所谓审美活动和回归快感之间存在着某种必要的平衡"的公式,来说明人性中要求心理满足的重新分配的倾向是如何造成现代艺术的风格变化的。[③] 这种提出了艺术史中始终存在一种构成了内在驱动力的"原始性偏爱"的假设,也同样非常富于趣味和启发,读者们不妨找来领教一番。但必须说明的是:我们应当体会到,在贡布里希的心目中,无论他提出的哪种作为具体结论的描述框架都并非不可更改的,而唯有贯穿于这种解说之中的研究纲领才不能更改,那纲领正是——必须基于心理学的实验和艺术史的事实本身来解释一切,而绝不可以将之归咎于任何超验的和神秘的东西。

复次,和上述两点相联系,与黑格尔不同的是,贡布里希并非把艺术

---

① 贡布里希:《我从卡尔·波普尔那里学到了什么》,《图像与观念——范景中学术文选》,曹意强、洪再新编,岭南美术出版社 1992 年版,第 107 页。

② 周彦:《图式与修正》,《读书》1988 年第 5 期,第 117 页。

③ 范景中编选:《艺术与人文科学——贡布里希文选》,浙江摄影出版社 1989 年版。

史的流变看成是由某种单一的起始因素及其所蕴涵的超然于现象界之上的先定本质和逻辑所派生的，而是把它看作由所谓"情境逻辑"的"复合张力"所共同导致的；由此而规定了：在任何一个发展阶段，都决不允许借某种整齐划一的抽象精神来淹没充满着个性特征的各种艺术形态的多样性；同时，在整个的艺术沿革进程中，也并不存在真正足以支持某种历史决定论的理由去封闭充满着发展或然性与选择可能性的开放机遇。有人在述评贡布里希文章中写道，在回答"艺术究竟是怎样流变的"这个问题时，"德奥的理性精神和哲学传统使他长于思辨"，显示出他与"德奥民族有着血缘和文化背景上千丝万缕的联系"，[1]我想这种评论大概主要是针对贡布里希提出的视觉"格式塔"与康德之先验构架的某种相似性而言的。不过，若就其主要的治学倾向而言，则恐怕我们与其说贡布里希是欧陆学统中的传人，毋宁说他更多地受到了英美学统的影响；因此，即使他在卡尔·波普尔的意义上提出了一些有待于证伪的假说式解释框架，也不能说他最突出的特点是"长于思辨"。还是让我们来读一读他本人是怎样表白的吧：在回答"关于您在历史上的确发现了的那些主导风格和主题，您的观点和黑格尔的观点到底有什么不同呢？"这个问题时，贡布里希把自己与德国思辨哲学的区别挑得非常鲜明——"黑格尔认为，人类文化中所有这些分支的整个历史都可以在任何一点上的开端处用逻辑的方法演绎出来，他认为每个时代都有一种本质或精髓，在法律、宗教、艺术、社会、道德等各种领域表现出来，如果你深入挖掘艺术，你就会发现艺术中表现了这种精神……但是我并不相信那一套。我是位个体主义者。我相信人们无疑相互影响；的确有运动这种东西，也的确有情境的逻辑、发明的逻辑、群体公式的逻辑等东西，这种逻辑解释了不同的人为什么能做出相同的事。但我不会说，一样事情源于另一样事情是出于逻辑的必然性，就像黑格尔试图论证的那样。"[2]这里所涉及的问题已经又比上一段递进

---

①　周彦：《图式与修正》，《读书》1988 年第 5 期，第 117 页。

②　贡布里希：《我从卡尔·波普尔那里学到了什么》，《图像与观念——范景中学术文选》，岭南美术出版社 1992 年版，第 101 页。

了一步,即不再仅仅从视知觉内部而是从整个文明的外部环境来探讨艺术的流变原因了。但即便如此,我们仍不难看出,既然他已经提出了所谓"情境的逻辑",就必然意味着,贡布里希决不会像黑格尔那样认为,只要有了《逻辑学》的第一个范畴,就统摄和蕴涵了艺术史此后的所有发展方向;相反,他的观点倒与阿诺德·豪赛尔的想法有些接近——"所有的历史发展都是第一步决定第二步,它们又一起决定第三步……如此等等。只靠第一步本身,对于接下去所有步子的方向,谁也得不出结论。没有对先前所有步子的认识,任何一步都无法解释,而且,即使具备了这样的认识,它也还是无法预言的。"①对于一位随时准备不是以理论框架来修正艺术事实而是以艺术事实来修正理论框架的艺术史家来说,如果想要在描述"艺术究竟是怎样流变的"这个问题上达到他日思夜想的客观性,其最为担忧和最难克服的困难都主要会来自以下两个方面:其一,任何一种变迁都是在若干个甚至无穷多个相关变量共同作用下的结果,可是,由于任何一种篇幅有限和精力有限的理论总结却都无法不忽略其中的某些变量,所以无论人文学者怎样努力去穷尽对于过去的知识以图尽可能正确地编织过去的网络结构,他的叙述到头来都难免显得像是叔本华所讲的那种歪曲了原有事实的镶嵌画;其二,退一万步说,即使假定一位人文学者业已对于人类的文明进程具有了完备周全的信息和处理这些信息的足够思考能力,他也绝对不可能把握住最后一个关键性的相关变量——具有选择自由的主体创造精神在确定环境下的非确定态度。毫无疑问,贡布里希在开展其研究工作时是充分意识到了上述困难的。正因为这样,我们才会看到,他一方面要求自己尽可能多角度地考察经验事实的多样性,另一方面又清醒地警惕着自己研究成果的有限性。由此而导致了,他旗帜鲜明地与沃尔夫林所谓"没有姓名的艺术史"划清了界限,并且把批评的矛头直接对准了种种"风格整体论"的思想根源——黑格尔曾讲过的并且被后人惯常生搬过来硬套艺术事实的所谓"时代精神":"艺术是时代

---

①　阿诺德·豪赛尔:《艺术史的哲学》,陈超南等译,中国社会科学出版社 1992 年版,第 2 页。

精神的表现这话到底是什么意思？谁是时代？我们是时代吗？我们在街上碰见的人是时代吗？这到底指什么？我的意思是，只有人，没有时代。你看，那是一种集体主义。你把时代变成某种超级艺术家，再由这种超级艺术家创造出一种风格。但是你实际上远离了在工作室里绘画的人。"①艺术形态本身的多样分布和它们对于各种外因刺激的不同反应程度、一个文化共同体内部在艺术趣味方面的多元分化和彼此抵触，以及艺术家个性特征的林林总总和他们对于各种文化传统因素的不同偏好与取舍，均使得艺术史家们越是细致地观察经验事实，就越不敢贪图省事地对历史进程的每个阶段各贴一张标签了事，更不敢放言空论地对于未来的艺术发展提出占卜式的臆度。因此，在其对于艺术史之横断面的分析上，贡布里希并非把艺术当做一个独立的自系统，而是像埃利亚斯那样将之放到文明进程的关系网络之中，尽可能多地从技术、社会、心理等方面排列影响到它的相关变量。②而在其分析艺术于时间维度中的演变时，贡布里希则主张一种达尔文主义意义上的随机变化、适者生存的观点，也就是说，他认为不断从事"试错"实验的艺术家们最终能够成功与否还要由整个生存环境对之的筛选来决定——"我确实相信希腊人经历了一种渐增的过程，他们通过这种过程来修正图式，并越来越接近于，比如说，对人体的真实描述，我也认为埃及艺术绝妙地适合了那个社会中艺术的目的。但我认为这更多的是以一种盲目漂流的方式，而不是以有意识寻求的方式进行的。我认为我可以说艺术得适合于社会的需要，这是一条法则。"③正因为持这样的艺术史观，贡布里希就必然会合乎逻辑地对艺术的未来发展持一种开放态度——"当温斯顿·丘吉尔应邀在美国讲演时，他说，'我特别感谢各位只让我讲过去而不让我谈将来，因为我对将来远

① 曹意强、洪再新编：《图像与观念——范景中学术文选》，岭南美术出版社 1992 年版，第 92 页。

② 参见贡布里希：《艺术中价值的视觉隐喻》，《艺术与人文科学——贡布里希文选》，浙江摄影出版社 1989 年版，第 68 页。

③ 曹意强、洪再新编：《图像与观念——范景中学术文选》，岭南美术出版社 1992 年版，第 111 页。

远不及我对过去知道得多。'我常常引用这句话,因为确实是这样。我不是先知,我不知道艺术史将向哪儿发展,也不知道它会不会向什么方向发展。"①这种谨慎的态度抑或会使性急的读者感到不够解渴。不过也许他们应当转念想一想:艺术原本就是最需要和最适于人类发挥自由创造力的领域,要是我们现在就能把人类未来的想象世界掐算得一清二楚,将来大家还能活出个什么味道来呢?

三

学术史总是会花样翻新的,特别在瞬息万变的当代更是如此——这一方面是因为知识的空前爆炸和高速传递正要求人们尽快地重新处理现有的信息,另一方面也是由于"物质性报酬"和"象征性报酬"都迫使人们迅速地制造出代表着自己学术特征的"商标"性观点。所以,尽管我尚未来得及去查阅这方面的最新材料,但读者们大约也会想象得出:在解构主义思潮风靡一时的今天,如果有哪位艺术史家受到了福柯或德里达的启发,那么他差不多肯定会拿贡布里希的那种与皮亚杰和阿恩海姆大有牵连的"概念性物象"或"视觉性程式"开刀。

也许那又该是艺术史这门学科本身的饶有趣味的崭新篇章了。只可惜,完全是由于笔者眼下阅读视野的局限性,我在这里也就只有恳请读者宽容地"且听下回分解"了。而在这篇容量有限的文章中,我们还是只能在爬梳完贡布里希之艺术史观的一些基本要点之余,再顺便地想一想,在黑格尔的基础上和跟黑格尔的交锋中,贡布里希本人又给我们创造出了什么样的有意义的遗产。

尽管大家似乎都能够想象到贡布里希在哪个方向上是特别容易"过时"的,但我仍然要说,他的这些大概已经过了时的理论仍然能够在某些方面给予我有益的启发,或者至少仍然能够验证我的某些审美直觉。比

---

①　曹意强、洪再新编:《图像与观念——范景中学术文选》,岭南美术出版社 1992年版,第 87 页。

如，在关于"程式和眼睛"的关系问题上，他所强调的后天习得的概念化物象对于人们审美体验的决定性影响，便跟我在十几年前登临黄山时的思考完全吻合，因为当时我就疑心，其实人们之所以对这座名山的山势特别地默契于心流连忘返，绝不是因为它的外形如蔡仪说的那样更具有"典型性"，而只不过是因为人们先前已经看惯了中国传统的山水画。正因为这样，当看到贡布里希讲出"虽然通常的提法是，风景画发展最基本的动机是再现'世界的发现'，我们还是很想把这个公式颠倒一下，声明风景画先于对风景的感觉"①的时候，我就忍不住要连连称是。更为难能可贵的是，借助于他那渊博的艺术史知识，贡布里希不仅解释了我们为什么一见到大好河山就会说它"风景如画"，而且还解释了当艺术家试图把"风景入画"时是如何创造性地拓展了人们的眼界视野的——"把克劳德的著名风景画之一，他画的那一片静谧优美的田园的怀旧景象，跟杨·凡·格因画的单纯、直率的画比较一下是很有趣的。二者的区别太明显了，不必费力就能看出来。这位荷兰画家没有画巍峨的神殿，画了一架简朴的风车；没有画那迷人的林中空地，画了他本国的一片毫无特色的乡土。但是凡·格因知道怎样使这平凡的场面一变而为具有宁静之美的景象。他美化了大家熟悉的母题，把我们的目光引向烟雾朦胧的远方，使我们觉得自己仿佛站在一个合适的地方正向暮色之中纵目眺望。我们已经看到克劳德设想出来的景色是那样强烈地抓住了英国赞赏者的心灵，使得他们竟致试图改变本土的实际景致，去追慕画家的创作。一片风景或一片庭院能使他们想起克劳德的画，他们就说它'如画'，即像一幅画。后来我们形成习惯，不仅把'如画'一词用于倾圮的古堡和落日的景象，而且用于帆船和风车那样简单的东西。细想起来，我们之所以说那些简单的东西'如画'是因为那些母题使我们联想到一些画，然而不是克劳德的画，而是弗利格或凡·格因这样一些画家的画。正是这些画家教导我们在一个简单的场面中看到'如画'的景象。许多在乡间漫游的人对眼前的景物油然而生喜悦

① 贡布里希：《文艺复兴时期的艺术理论和风景画的兴起》，《艺术与人文科学——贡布里希文选》，浙江摄影出版社 1989 年版，第 154 页。

之情,自己并不知道,他的快乐也许要归功于这些卑微的画家,他们首先打开了我们的眼界,使我们看到平实的自然美。"①由此,贡布里希就(也许并非完全自觉地)涉及了我们在本文开头处讲到的一个重大问题,即语言和意义的关系问题。我们看到,当贡布里希将视觉艺术的变迁归结为伴随着画家在文明进程中的试错性实验而不断更新的潜伏于人们预期之中的特定"如画"图式的时候,他事实上已经潜含了这样一层意思:语言和意义的关系完全是一体两面的和互渗互动的;因此,只有语言的实验活动才能有助于敞开存在的意义世界,才能保证写作或者制作活动成为真正的创作活动。而在这方面,他的观察和我们素常的直觉也是相当吻合的。且容我再举两个近在手边的例子来作一番对比。大家都知道,王安石《夜泊瓜洲》中的所谓"春风又绿江南岸"之所以成为千古名句,盖因其诗眼"绿"字使得这首七绝一下子境界全出;而根据洪迈的记载——"吴中士人家藏其草。初云'又到江南岸'。圈去'到'字,注曰'不好'。改为'过',复圈去而改为'入'。旋改为'满'。凡如是十许字,始定为'绿'。"②对于这种下意识地实验语言而又虔诚地聆听语言的成功例证,贡布里希在其《艺术发展史》中亦曾同样多次提到,比如关于塞尚的那一段:"他既打算绝对忠实于他在自然面前的感官印象,又打算像他所说的那样,使'印象主义成为某种更坚实、更持久的东西,像博物馆里的艺术',这两个愿望似乎相互抵触。难怪他经常濒临绝望的地步,难怪他拼命地作画,一刻不停地去实验。真正的奇迹是他成功了,他在画中获得了显然不可能获得的东西。如果艺术是一桩计算工作,就不会出现那种奇迹;然而艺术当然不是计算。使艺术家如此发愁的那种平衡与和谐跟机械的平衡不一样,它会突然'出现',却没有一个人完全了解它的来龙去脉。"③毫无疑问,如果我们把语言看作存在的界限,那么艺术家也就正是站在这个界限或者前线上代表着人类向自身的极限进行挑战和突破的前卫和先锋。他们并非只是

---

① 贡布里希:《艺术发展史》,范景中译,天津人民美术出版社1992年版,第233页。

② 洪迈:《容斋续笔》,见厉鹗辑撰《宋诗纪事》卷十五,上海古籍出版社1983年版,上册,第387页。

③ 贡布里希:《艺术发展史》,范景中译,天津人民美术出版社1992年版,第302页。

意义的传达者，而更其是意义的创造者；而且，也正因为有了他们对于生存意义的不懈拓展，人类才享有了他们已经赢得的生活世界，才成为了一个永远方生方成的物种。

然而，照我看来，贡布里希对于我们的启示并不仅限于这类的具体结论，甚至主要的也不在于这些具体的结论。正因为这样，我在本文中着重述评的，才并不是他到底曾在哪些艺术史个案上进行过思考，而是他在从事这类考察时所坚持的基本运思方向。过去，我们似乎太过急躁地渴望构造思想体系，以便及早地整合自己现有的全部知识了。由此，在叙述过去的文明进程时，就难免要忽略精神样式的千差万别和艺术形态的不同特点，而越过了无数曲折多变的中介环节，径直把高度抽象的哲学理念和极其具体的艺术事实简单地勾连了起来；这就使得我们不自觉地在方法论上倾向于整体论，未能对黑格尔的哲学遗产进行真正具有哲学风度的理性清洗。毋庸讳言，以范景中为代表的一批艺术史研究者们所以要如此勤勉而严谨地译介贡布里希的著作，在很大程度上正是针对着国内学术界的这一派空疏学风的。他们一针见血地指出："一种用绚烂夺目的语言对艺术作品的含义作不大沾边的阐述之风却流行了起来……特别是一些有影响的人物，他们随意地谈论美术史，而且还是以开拓者的高傲姿态侃侃而谈，这就使美术史研究陷入了更加令人担忧的境地。"[①] 而范景中本人则更是直截了当地把批评的锋芒直指李泽厚那本受黑格尔影响很深的《美的历程》。[②] 然而，我必须坦率地承认，当我读到这类批评时，如果说有什么东西会使我心惊肉跳的话，那却并不是因为李泽厚曾经做过我的博士生导师，而是因为我本人也和他犯过同样的（而且很可能是更严重的）错误。比如，当我在范景中的文集中读到下述文字时，我简直觉得那就是在批评我自己——"有段佚事说：1951 年夏天，贡布里希陪潘诺夫斯基一起散步，潘诺夫斯基说起他在学生时代就对哥特式绘画感到迷惑。

---

① 曹意强、洪再新编：《图像与观念——范景中学术文选》，岭南美术出版社 1992 年版，第 1 页。

② 参见范景中：《贡布里希对黑格尔主义批判的意义》，《图像与观念——范景中学术文选》，岭南美术出版社 1992 年版。

他说,把哥特式用于建筑和装饰还可以理解,但一幅画怎么能表现出哥特精神呢?贡布里希问道:'您认为这一切果然存在吗?'潘诺夫斯基毫不犹豫地答道:'是的。'沃尔夫林甚至在《文艺复兴和巴洛克》中宣称:从一只尖头鞋中也可以像从大教堂中一样容易得到哥特式风格的印象。这引起了瓦尔堡的另一位追随者温德的质疑:批评家越是能从一只尖头鞋中得到他在大教堂中得到的东西,他就越是容易忽视这样一个基本事实:鞋子是让人穿着出门的,而大教堂则是让人进去祷告的。"①由此我不禁想起了自己曾经遵循过的荒唐逻辑——当我主要是在现代西方哲学和现代西方文学中找到了构思《西方的丑学》的灵感之后,竟然长久地为找不到丑艺术在现代西方建筑作品中的表现形式而苦恼,于是最后便只有强词夺理地把蓬皮杜文化中心说成是丑建筑的典型。当然我并不认为《西方的丑学》这本书一无是处,我认为它的基本论点至今仍然是有道理和有创见的。不过,如果我当时能够更多地考虑到艺术类型学的问题,那么无疑我就会在这本书中对艺术事实进行更具有曲折复杂的中介环节的周全处理,而不至于在建筑的外观表象方面向自己直截了当地提出"是否丑陋"的难堪问题。事实上,诗人杨炼早就为了捍卫艺术家的尊严而批评过我:"也许是出于哲学家的职业习惯,他更多的是从哲学家们的理论阐释中演绎出某一时代的感性特征,相形之下,艺术倒往往成了这种演绎的证明材料。"②而此番通过对贡布里希的阅读,我又一次反省到了自己的毛病。我想,很可能我所犯下的错误是有某种代表性的,正因为这样,贡布里希的著作才能给予我们广泛的启示和匡正。

说到痛切处,国内学术界之所以会产生如此的流弊,那绝对是和我们几十年一贯制的学科建制与知识生产分不开的。如果和国际通例比较起来,我们不难发现一种令人扼腕的反差:一方面,我们的美学是那样的畸形繁荣,一套空而又空玄而又玄的艺术哲学教义被推广到了几乎所有的

---

① 参见范景中:《贡布里希对黑格尔主义批判的意义》,《图像与观念——范景中学术文选》,岭南美术出版社 1992 年版,第 124 页。

② 唐晓渡、杨炼:《感性的再生——由〈西方的丑学〉说开去》,《读书》1988 年第 5 期,第 121 页。

高等院校,就好像它是人人必备的基本文化修养;另一方面,我们的艺术史又是那样的贫弱单薄,只是被放在美术学院里当成未来画家的专业基础课,而就连学科建制最全的大学也不曾想到要去设立这样一门人文系科,更不必说把对于艺术史的了解当成一个健全心智的起码常识了。由此,便必然造成两方面的阙失:其一,毕业于综合大学的人文学者,大概除了对文学史还比较熟悉之外,对于其他类型的艺术史只能是所知无几,故此他们后来的议论就势必因为缺乏全面的艺术史功底而失之太空太泛;其二,毕业于艺术院校的各类专门家,却又相对缺乏对于其他人文学科的必备知识,故而他们后来的史料整理又势必因为无力把握整个文化网络而失之太散太碎。毫无疑问,如果总是这样"老死不相往来"下去,而不进行必要的整合,使大家在相互借鉴中获得交叉的知识优势,那么,无论是国内的美学研究还是艺术史研究都很难向前推进。正是出于这一层考虑,我才由衷地推重范景中和他的同好们对于贡布里希的译介以及他们打算在此基础上建立作为一门独立人文学科的艺术史的计划,因为就我的了解范围而言,他们为打破那种僵化的学科界限而作出的努力是最真诚的。在阅读他们那些力求信息全面却又往往难免以偏概全的工作成果时,我一方面为他们的敬业精神所感染,另一方面又不由得感到深深的遗憾:要是一开始大家就能彼此交流,我们过去都可以免走多少弯路啊!

　　正因为这样,在本文的最后,作为一种或许并非多余的提醒,我还要向我自己和范景中等人同时提出一个问题:即使在我们了解了贡布里希的学说并且把艺术史看成一个相对独立的人文学科之后,还允不允许有人进行跨学科的研究,不断地在各种专门学问的基础上试图对人类以前的总体经验进行还原? 在这里,我们无疑是碰到了一个"释义学循环"的怪圈,无论"先见木"或者"先见林"都总会有得有失;然而,过去的生活经验毕竟是一个有机整体,所以,除非人文学者干脆放弃了作为人类之记忆器官的职责,他们就只有在这个怪圈中自觉地不断循环下去,以期向着完整的客观性有所逼近。由此可知,恰恰是因为人类的知识领域已经划定了太多的界限,从而造就了太多的专门家,反倒刺激起了人们想要跨越这些界限去获得综合性知识的愿望,呼唤着一种特殊的专门家——关注着人类的总体性境况的专门家。所以,即使在哲学的李尔王将其所有的领地都分给了他的亲生骨肉之后,他仍然不会完全无家可归;恰恰相反,他仍然需要完成自己不可替代的崭新使命,去巡视这些被分封疆域的有限界线,从而代表着人类向知识的极限进行挑战。只不过,当今的哲学家绝不会认为自己手中业已掌握了终极的和绝对的真理,他们跟从事其他学科的专家一样充分意识到了自己知识的局限性。因此,正像哲学不应当对其他具体学科显示傲慢一样,其他具体学科也决不应当倒过来对它持有偏见。毕竟,虽然各门学科都不可避免地会在得出具体结论时犯下错误,但是这些学科本身的存在却不会有错。

[本文原载于《中国书评》(香港)创刊号,1994 年 9 月]

倾听德国性灵的震颤

——读刘小枫《诗化哲学》

从外表上看，德意志似乎是最不"浪漫"的民族了。比起幽默、优雅的翩翩英、法风度来，这个民族的做派，显得粗鲁不文、僵硬拙重，简直就像一群土里土气的、眼光盯牢地面的、只知道埋头劳作的农夫！

但若从深处看，情况却刚好反了过来：正因为他们"土"，正因为他们与神圣的立足之地有着难割难舍的神秘交感和血肉契合，当这群农夫穿着桦树皮靴走进现代城市后，其素朴如处女地般的心灵，就躲不过蒸汽锤摇天撼地的撞击。于是，他们那充满宗教感和田园诗风的性灵，就不能不随之震颤，而抖出一串串跟现代社会不尽谐和的声音来，宛如帕斯捷尔纳克所吟——

> 在海洋般的城市上，
> 他们把钢琴高高举起，
> 好像把一块铭刻圣训的石碑
> 抬上石基。

——《音乐》

正因为这一层，小枫才得以在此书中引宗白华先生的话说——"只有德国精神才真正禀有浪漫气质。"

如就我国的文学研究现状而言，此语的丰富意味已经很值得一写了。但我觉得，要是再把这话颠倒一下，变成——"只有浪漫精神才真正显出德国气质"，或许就更能道出小枫对德国浪漫诗人下力的用意，因为正如这本书的后记所示,他与这些诗人结缘,是有感于国内哲学研究现状的。

长期以来,德国哲学一直是国内哲学研究的重心。可是,这种哲学精神究竟是从什么样的文化背景下神游出来,又是在何种动机和憧憬的激励和招引下神游下去,却一直为治学者避而不谈。人们好像对德意志民族深刻的思维能力已经心领神会,可实际上,却很少有人去深究:究竟是什么东西引得德国人这样出神,以至于不由自主地把玄思当成了整个民族的事业?究竟是什么东西浇铸着又砸碎着一个又一个的哲学体系,从而形成了自德国古典哲学以降的绵绵不衰的思辨运动?因此,甚至对一些莫测高深地大谈德国哲学的人来说,德国哲学也仍然是深不可测的!

而这种"深不可测"的东西,正是小枫于"不可言说"处所要努力言说的。他试图通过解读德国浪漫诗人的作品,来窥探德国理论思维活动的激情前提,从而寻求德国哲学之底蕴、之堂奥、之神髓,以帮助读者体悟——德国哲学到底在追求什么?

追求什么呢?"真"么?是——但不完全。"善"么?是——也不完全。"美"么?是——同样不完全。那么,到底什么才完全呢?——完全的正是这个"全"字本身。全当然也就是"一"。而一则来自这群农夫心中田园诗般的"天人合一"感。"海德格尔曾经道明:'西方思想花了两千多年的时间,才成功地找到同一性中那起支配作用的早已回响着的东西和它自身的关联,才给同一性内部的中介的出现找到一个落脚点。因为,正是莱布尼兹和康德所肇兴的思辨唯心主义,通过费希特、谢林和黑格尔,才给同一性的自身综合的本质,建立起一个落脚点。'这段话不仅透露了自德国古典哲学肇兴以来,一直纠缠着德国哲人心智的终极问题,也透露了德国浪漫美学一百多年以来焦思的终极问题。"①

正如不感到气闷就不会为空气而操心一样,这群农夫这样自始至终地为全一而焦虑,正是因为他们痛感到现代生活中已经切实短少了它。当然,你可以争辩说,这种短少并不意味着在现实历史层面的某种丧失,因为那种与自然的神秘交感和血肉契合,那种对经验与超验、现象与本

---

① 刘小枫:《诗化哲学》,华东师范大学出版社 2007 年版,第 13 页。

体、有限与无限、存在与思维的浑然不分感,即使在农业社会里,也只是一种梦境。但是,要点不在这里,要点在于:由于它的确是人们真实做过的梦,所以,当现代科学把幻化生活的面纱越撕越少时,它在理想的层面便成了人们真实失去了的东西,由此,人们必然真实地哀悼它、讴歌它,并且必然试图假某种现实之梦去重温它、再现它。

而这种现实之梦正是诗。发自全一的潜流就像树液一样悄悄贯进了德国诗林的每一片绿叶,使得这个民族醉心于形而上地抒情。弗·史莱格尔曾经这样说过:"诗的核心或中心应该在神话中和古代宗教神秘剧中去寻找。当您以无限的观念充满您的生活感觉的时候,您便开始理解古代人和一般的诗了。"①让我们来看看他笔下那物我一如的森林吧——

> 自然,我感到了你的手,
> 吞吐着你的气息;
> 也感到你的心在紧逼着
> 钻进了我的心里。

——《斯培萨》

如果说,诗人写这首诗时,所体验的是恍兮惚兮的原始全一境界,那么,我们如今读这首诗时,则正可借之参悟惚兮恍兮的神秘德国性灵。德国玄想诗中所浮现的,乃是整整一个民族梦魂牵绕的大同幻境。小枫点明了这一点:"诗,在他们那里,是理想的天国,它具有超验的自由性,能使充满重重矛盾和对立的现实生活化为一种梦幻式的永远使自由得到保证的生活。"②

而既然在这群农夫于现实生活中走进了现代社会的同时,诗却在超现实的生活中为他们自己保留了古老的梦想和发自他们性灵深处的原初价值支点,那么,理想和现实就必然在德国精神中剧烈地冲突着,而现实

---

① [德]施勒格尔著,李伯杰译:《雅典娜神庙断片集》,生活·读书·新知三联书店2003年版。

② 刘小枫:《诗化哲学》,华东师范大学出版社2007年版,第28页。

也就必然经常把人们逼回自觉的白日梦中——

> 你们生活在其中的现实
>
> 经常唤醒我，命令我回头。
>
> 我站在现实中，一旦清醒，便觉吃惊，
>
> 没过多久，我又溜走。

——黑塞:《迷惘》

于是，这就在德国艺术精神中逼出了一种自觉求假的倾向。它强烈地体现于尼采那句"是梦啊！让我索性梦下去罢！"的喊叫中。假缘此和善联系了起来——"正如哲学家面向存在的现实一样，艺术上敏感的人面向梦的现实。他聚精会神于梦，因为他要根据梦的景象来解释生活的真义……这更高的真理，与难以把握的日常现实相对立的这些状态的完美性，以及对在睡梦中起恢复作用的自然的深刻领悟，都既是预言能力的、一般而言又是艺术的象征性的相似物，靠了它们，人生才成为可能并值得一过。"①

但我们切不可将这种借诗求假看作一种纯然自欺。所谓自欺，本质上说来，乃是精神为了某种外在的需要而故意使自己的本然意图蔽而不明。但在这里，情况正好相反，正是为了不自欺其心，诗才去倾听生命之本真脉跳，才去伸张人之至上祈求，才如此执着地在灵肉相争中坚持升华，才如此自珍地在尘世生活中澡雪自己的羽毛……

正因为这样，我们也决不可将这种借诗求假简单地看作圆古人之好梦。因为，人们的拳拳之心，借着怀旧、寻根、企望复归的表面形式，实际上是展开了对价值理性的孜孜追求。人们坚定地认为，除非自己的生活有一种可靠的意义支点和价值尺度，否则芸芸众生便不堪一活！而在这种渴求之中，向后的回溯必然转化为向前的展望，招过去之魂必然转化为招未来之魂！

因而，假戏又真唱起来——这种高蹈的精神又必然从遁世变成入世，

---

① ［德］尼采著,周国平译:《悲剧的诞生》,生活·读书·新知三联书店 1988 年版,第 4 页。

从审美之维切入生活的现实维度。如果说，在科学技术高度发达、物质生活空前丰裕的现代社会，人总算还没有完全沦入"不合理的合理性"和"对其虚假性无由识破的虚假意识"（马尔库塞语）之中，总算还没有丧失批判现世的精神和改善人生的要求，那我们便不能不归功于诗对生活的毫不妥协的态度。勃兰兑斯说过，"诗与生活之间的关系这个大问题，对于它们深刻的不共戴天的矛盾的绝望，对于一种和解的不间断的追求——这就是从狂飙时期到浪漫主义结束时期的全部德国文学集团的秘密背景。"①其实，岂止文学！而浪漫精神又何曾结束过！——整个德国精神，一直都是一方面以诗的映照去加重相形见绌的生活的危机感，另一方面又坚持要求残破不全的生活在诗化的过程中向着全一靠拢，要求现实向着梦想靠拢！

　　而诗，正是在切入现实的同时显出了它超越生活的力量。过去，人们曾经对德国精神产生了很深的误解，以为它竟然奇怪地认为对立和冲突正是发展进化的本源，因而好像是物我越离异、天人越相分、主客越对抗，就越会产生向上的运动。其实，如果德国性灵中不暗含着一种诗性的要求，不潜藏着一种求全的冲动，那么，世界上便再没有比悖理和背反更使这种精神颓唐的了。现代西方在一片危机感中产生出的大量心如死灰的丑艺术现象，雄辩地说明了这一点。

　　因此，在几乎使人走投无路的重重矛盾之中，正是诗，凭着它对全对一的呼唤和向上向前的信念，现实地救渡着人生，如阿尔尼姆笔下哲人的不屈意志——

> 世界早已因怀疑而离析分崩，
> 你看到深渊是那样的广阔深邃，
> 你像那位罗马人大胆准备
> 凭最善良的意志去封闭深坑。

——《悼费希特之死》

----

① ［丹麦］勃兰克斯著，张道真译：《十九世纪文学主流·德国的浪漫派》，人民文学出版社 1997 年版，第 37 页。

这样,诗整个地说来,就不单纯是一种追求和预言生活意义的运思方式,而且同时还是一种充满想象力的积极人生态度,一种人类慷慨自救的涉身入世方式,一种存在者于天地间的安身立命途径。正如小枫所说——"海德格尔讲,诗化并不把人带入想入非非,遁入幻想或梦境,相反,诗化把人引入大地恬然悦乐地栖居,出语看似奇特,但绝非信口开河。"①

由是,在要求人类诗意地去活这一点上,德国精神确乎已经相当接近中国以审美为本位的传统乐感文化了。正因为这样,读者才可以理解,为什么在一本倾听德国心音的著作中,小枫却总是倾向于借中国传统文化来作结论。比如他说:"诗成为人的生存方式、人生态度,并非不可能。中国古代的一些诗人、艺术家(尤其画家),如竹林七贤、陶渊明、王维、扬州八怪,以及诸多禅师,就身践诗化的人生。这里不仅是说,他们写下了无数给人安慰、温暖的诗篇,引人飘洒、超迈,拔出尘俗,殚精理道,焥然灵明;更主要的是在于,他们的生活态度和方式本身就是诗,解粘去缚,沛然生生不息,与天为一。这已为诗化人生提供了历史的证明。"同时他还说:"中国哲学在很大程度上就是诗化哲学。我这里说的,不仅是指孔孟、庄禅、陆王哲学中的诗意的东西……也是指中国诗文中的哲学感受和思考,屈子之思、陶潜之思、王维之思、寒山之思、东坡之思。"②

点出这一层是相当重要的,这使人们可以联想到,作为一种至上境界,"天人合一"几乎是人类各种文明价值的最小公约数。不过,为了免使读者产生不必要的误解,也许还应该补充一句:尽管同是"与天地参",但由于德国性灵已在近代分裂为二(梦想与现实),而中国精神尚停在古代的浑然为一(只心便是天),所以,中国古典精神便因全一近在当下此处而恬淡闲静,而德国精神却因全一远在未来天边而紧张震颤。因此——万万不可误把中国精神径直当作了德国精神!

须知:正因为德国精神紧张震颤着,它才充满内在张力地产生出了与

① 刘小枫:《诗化哲学》,华东师范大学出版社 2007 年版,第 272 页。
② 刘小枫:《诗化哲学》,华东师范大学出版社 2007 年版,第 273—274 页。

中国古代如此没有缘分的、本质上是线性的实证科学和工业技术。也就是说,恰恰由于在现实生活中,自然对于德国精神来说已经不再与己一体,这种因坚守价值理性而不堪其苦的精神才不能仅仅游乐于它,而必须启用和发展本质上是服务于它的工具理性,去认识和调整它,以图消弭物我对峙,重获天人之合。德人有一本不大为人提及的书对此自述得相当明快——“德国人一面以明白锐利之眼光来观察世界,并且感觉到自己与世界是自由而独立的,可是同时他又觉得,自然正有一种隐谜和隐藏的力量,把他在神秘途径下与自然连合起来。德国人所以成为自然研究者,乃是因为他被自然的神秘所把握,而不得不来解决它的隐谜,并且是因为他不得不研究那统治自然力的法则。但是在这种‘不得不然’中,我们清楚认识了那永久统治人生的强大力量,在那里,宇宙的现象只在表面上是分离的,实则它们根本觉得自己是一致的,并且在实际上又重新企图统一的。”①由此,我们看到,科学技术发达于近、现代德国,完全是有其诗意前提的!

由此,如果我们不因以己度人而有所遗漏的话,那我们就很容易看到德国精神的总体效应:这个民族一方面悲凉凄切地发思古之幽情,另一方面又毫不犹豫地跨入现代化;一方面以诗的玄思畅想对抗在现实生活中往往忘却其诗意前提、因而往往异在于人的内在性灵的现代科技,另一方面又以科学的求实求是精神透过现象界的神秘面纱,钻进天道的至深至精之中;一方面敬畏形上之道,另一方面又紧抓形下之器。“人心惟危,道心惟微,微精微一,允执厥中。”但德意志民族目下所执之中道,却已不再是一种凭借审美心境所达到的、好像使人获得自由的、主观的合目的性,而是一种把心胸向自然洞开的、凭借科学手段才能一步步把握的、客观的合目的性了。唯此,我们才可以领悟:浪漫诗人的浪漫向往——“任何艺术都应该成为科学,任何科学都应该成为艺术”(弗·史莱格尔语),或者“真正的诗人是全知的:他本身就是一个袖珍的现实世界”(诺瓦里斯语),相对于德国精神来说,那绝不是没有来由的!

——————————

① 杜科罕:《德国的精神》,中德学会 1943 年版,第 9 页。

　　而德国性灵对天道的这种敬畏，又使我们想起许多嘲笑这个民族在规律和规则面前太过认真刻板，以至于不知变通的故事来。谁又曾想到：这群在生活中如履如临、战战兢兢、不敢越雷池一步的古板先生，在如此机械行事的同时，内心却如此浪漫地默诵着他们飞向全一的诗呢？！

　　　　　　　　　　　　（1987 年 9 月 5—10 日写于北京东郊）

辑三

国学

回到轴心时代

　　再没有别的什么话题,会比此书的题目更让中国人,长久而普遍地动感情了。自从英国武装贩毒集团摧枯拉朽地打破国门以后,这个既好像已经离开人们远去,又好像无时不在包围着人们的古老文明,就一直被朦胧地认定与各种切肤之痛直接或间接相关。于是,即使是了解传统不多的人,也总是毫不犹豫地对这个本来是最需要学术根基的课题大发议论。他们要么将自己介身其中的困境归咎于传统,要么将之归咎于传统的丧失,因而要么宣称过去的历史错了,要么针锋相对地宣称对过去历史的中断才错了。

　　而在另一方面,以研究传统文化为业的专门家们,对于门外汉们老是把架吵到自己的领地来,又常常怀有天然的反感。他们或许会善意地为此再开出一份更详尽的"国学基本书目"来,却很少会转念承认:即使是就这个热门话题所发表的最外行的看法,也照样有其积极的意义,并非仅仅在为学术界添乱。他们似乎没有领悟到:当人们试图回答"传统是什么"的时候,骨子里都是想要说清"现实不应是什么";而一当思想借此被提升到"应该如何"的层面上,高出现实的理想参照系就必然随之萌生,种种纷争不已的歧见也就悄然统一到对人生价值的呼唤上来了。正因为这样,对于那些自以为掌握了在这方面的发言特权的人,就有必要提醒一句:即使从专业的角度来挑剔,那些在往返论辩中各走极端的意见是犯了所有可能犯的错误,它们也仍然正确地共有着对文化环境的现实危机感;而且,如果没有被醉心于细节考证的学者所遗忘的话,这种危机感才应是他们检省和整理传统的主要动因。在这个意义上,也许有点儿令那些醉心细部以逞一技之能的专家们难堪的是,长期以来,正因为议论传统文化的人远不限于他们狭小的圈子,人们才没有沉湎于仅仅去"玩"文化,在这方面形成的"热点"也才会支撑起民众心理中一个普遍存在的超越支点;尽管由此所反映出来的对于现存状态的批判意识是模糊不清的,但毕竟时时矫正着只把对传统的考索当成一个纯粹技术过程的意义迷失现象,因为它暴露了日常世界的无根与失范,从而凸显了让生活重获价值的终极关切。

当然,问题并不到此为止。经由对社会的精神分析而诊断出对传统的误读乃深源于对现实的强烈不安和超越企望,这只能证明人们的生命本能躁动的真实性,却不能证明由之升华出的梦呓也同样真实。因此,渴望在过去与未来之间为自己找到确切定位的现代中国人,就没有理由满足于依赖随意的联想来补充自己对传统的一知半解。须知,历史文本中所埋藏的答案,绝不仅限于人们已经失去了什么,还包含他们将可能得到什么;因为尽管人们可以凭空虚构出千百种未来生活的前景,但到头来真能为历史选中的,却唯有能从已化为下意识生活态度的共通文化心理中自然引申出来的那一种。从这个意义上讲,对于置身在历史延续性之中的人们来说,要想创造传统,就必须先有效地激活传统,而要想激活传统,又必须先全面地认识传统。如果人们看不到,这种确乎有限的历史主动性恰恰又是他们唯一现实的历史可能性,那么,他们尽可以跳出方外指手画脚地说中国缺这少那,但就是说不清中国可以得到什么,无力把握住这个民族真正的生存机会。缘此,又必须同样公正地讲,只要人们还仅仅热衷于抓住传统文明系统的这个或者那个片断,去以偏概全地进行水火不容的褒贬,他们就只不过是在喋喋不休地重复着摆脱现实困境的要求,而并没有朝着问题的解决跨出哪怕一小步。

正是基于上述判断,产生了有关本书的基本构想——既然一般读者在没有可能倾毕生精力去涵泳其间的情况下又总要表明对传统的态度,而专家们又往往囿于现代学术的分工而不得不偏守可以"安身立命"的一隅,那么,为两方面计,都有必要系统地拟出涉及所有重要关节点的题目,约请各方面的专家,在一个不太难卒读的篇幅内通力描绘出中华文明的全景。在目前尚未对传统进行大规模"年鉴学派"式的研究的情况下,这起码暂时是唯一可行的替代办法,因为尽管这仍嫌不能清晰地勾勒出一个文明系统的内在构成关系,毕竟已经足以使读者们只要一册在手,便不致再对传统文化的各个环节顾此失彼,只能借题发挥出自己的主观取向了。当然,为了趋向这种认识上的客观和全面,本书的写作态度首先就应是严守价值中立的;它的全体作者从一开始就被明确要求了这一点。大家清醒地意识到,在一个和别人的现实生存状态密切相关的问题上,任何人都不可能也不应该仅仅靠自己的知识优势就越俎代庖地下判断。不过,如果读者们不是把本书冷落成站在案头上备查的工具书,而是把它当作一整本必须从头念起的对于传统文本的全面导读,它就仍然有可能向人们提供一个陟罚臧否前的全方位知识背景,以免他们把神圣的独立思考权利运用得过于草率和不负责任。这是因为,只要人们能够系统地读完本书的八十一篇有机相连的文章,他们就一定会从各个不同的角度惊讶地发现:原来在自己明确赞赏(或者弃绝)传统文化的某些要素的同时,竟又不自觉地在对它的另一些要素进行悄悄地抵触(或者保留)。由此,就算论辩对手的立场仍是从情感上难以接受的,却也会变得在理智上容易理解了。

这样一来,每一位读者的心情都会变得踌躇和沉重起来,绝不会再像过去只抓住传统的东鳞西爪时那样,可以匆忙和率性地对它要么全程肯定,要么全程否定。沿着本书并列出的众多文化因子的辐射与相通,人们有可能逐渐体悟到作为其无形经纬的精神网络,从而确信存在着一个其意义大于各部分之总和的整体文化背景。准此,他们又必然会发现,在一个发育得如此圆熟的文明系统中,尽管其各个构成因素对后人可能显现出截然相反的正面或负面涵义,但在前人那里都同样具备着服务于总体结构的功能,也同样渗透着具有内在整一性的传统价值观念。设若认识上升到了这一步,那么,在本书所横向展现的古代生活的全盛总貌面前,过去那种亦步亦趋于各种外在的偶变,而把一部中华文明史归结为其必然颓败史的虚假历史主义逻辑,就显然只属于对经验事实的盲目崇拜了。

对于读者们来说,问题的关键还不在于已经通过宏观的鸟瞰而认识到——让自己觉得可爱或可恨的两种东西在古代传统中是缠在一起的,而在于通过微观的解码而认识到——这两种东西其实是服从于一种深层价值追求的,因而说到底又只是一种东西;故此,除非人们已经找到充足的理由来全盘否定古代文明的价值内核,否则,从另一种精神传统中派生出来的对于中国精神传统的总体拒绝,就很难被相信是纯粹出于理性的选择。

不过,认识到历史在其有限的展开中是会犯错误的,绝不意味着人们从此就有理由去厌恶和逃避历史;恰恰相反,正是为了让历史的现象向着理性上升和靠拢,人们就更应该积极地投身于修正和创造历史。此念一生,对于过去的充满悲切的追悔,顿时化作了对于未来的满怀激情的瞻望;而中华文明在过去一个半世纪间的逐渐解体,也就从压在中国人身上的无可奈何的宿命,变成了赋予他们巨大选择可能的契机。历史阵痛最剧烈的时代,往往也正是历史惰性最小的时代。纵观孔子、苏格拉底、释迦牟尼和耶稣之后的全部世界史,也许再没有哪个时代的哪个民族,会像近现代中国人这样苦难深重地游离于各种既成的文化秩序之外;但也正因为这样,也就再没有谁会比他们更容易从心情上接近敞开着最大创造机会的新的"轴心时代"。为了不辜负这样千载难逢的反本开新的历史良机,或者更干脆一点儿说,为了不白遭这一场大罪,当代中国的真正主题,就既不在于像某些人提倡的那样,使中国文化逐渐从实质上变种为西方文化的走了样的"亚文化",也不在于像台湾等地的做法那样,把中国传统精神中的某些本质侧面降格为现代化起飞时的工具性经济伦理,而在于平心静气地参考着中国、西方及其他文明历程的全部正反经验,敏感着已经对全人类构成巨大挑战的所有当代问题,去比较和检讨过去那几个伟大先知的一切长短得失,借此思想融汇了东西文明之优点的更正确的价值理念,并把它有效地注入正待激活的中国传统之中。只有在成功地进行了这种文化改变之后,中华文明才能够获得比迄今为止的所有文明都更长久的内在文化动力,而在此之前和在此之后的中国历史才能不被讥讽为一场持续不断的错误;也只有这样,中国人才不致老是被按着"前现代——现代——后现代"的西方中心主义逻辑教训说：你们的今天正是别人的昨天，而你们的明天又是别人的今天。

历史从来都是依赖着对它的不断创造性阅读而保持其富有突破活力的连续性的。一方面，历史文本所显示的价值取向和心理惯性，会影响释读者的立场，从而使过去无可避免地渗入现在与未来；另一方面，释读者于其生存体验中所爆发出来的本真欲求，也会影响对历史文本之价值取向的开掘、理解和修正，从而使现在和未来不断地重新赋予看似死去的历史以新意与生机。正是在这种对于双向交流的自觉之中，我们才有可能同时向历史虚无主义和历史宿命论挑战和抗争。只要我们省悟到，经过我们的努力选取和运思，传统还有可能转化为一种有益的资源（而且是我们唯一的资源），那么，我们就还有可能指望，中国过去和现在历史的高度，取决于我们自己的精神高度。我们正在脚踏实地地对中国文化进行解构和重建，新的传统正在我们手中呼之欲出。正因此，我们根本不必害怕去回顾五千年的文明进程，——那中间恰恰孕育着真正属于自己的未来！也正因此，我们更没有必要从这里逃向世界，——踩在脚下的，恰恰是真正属于我们自己的世界！

（本文是笔者主编的《中华文明》一书的序言，社会科学文献出版社1994 年版）

试论中国文化类型的形成

—

这篇文章应该首先(或者至少)是对我个人灵魂的某种安慰。近几年来，我在内心深处一直默默地酝酿着，要对"中国研究"这样一个已经越来越具有国际性的学术领域提出一种崭新的研究范式或解释框架；但尽管我已经对此就一些细部问题发表了若干试笔(随着行文的展开我会顺便提到其中的一部分)，却总是显得"神龙见首不见尾"，并未敢贸然把自己仍属试探性的思路较为系统地报告给学术界。我总是心存敬畏地希望，至少能在自以为已经对这种新的解释纲领进行过充分的验证之后再将其公之于众；可是，尽管时光已经拖了许久，自己内心中却不仅未能获得这种信心，反倒因为"精神难产"而平添了与日俱增的焦躁。由此我不能不转念想到：既然学术研究乃是一种公共的事业，那么我所渴望的那种知识增长就绝不应当仅靠一个人私下里的苦思来完成；相反，无论自己目前得到的初步成果还可能存在多少漏洞，只要我自以为它至少还并非信口开河，就应该把它提供给学术界的同行去进行挑剔。我由衷地期待着大家严厉的批评，因为它们要么可以作为一种细部上的质疑，促使我把此后的推绎环节想得更周全完备一些，要么它们则可以作为一种决定性的证伪，迫使我干脆整个地放弃原先准备继续开展的论证工作，不至于再为一件徒劳无益的事情而白白耗费精力。①

不待言,任何人只要在酝酿着一种新的研究范式,就意味着他已经不再打算只在原有的基础上去为过去所建造成的知识大厦添砖加瓦了;相反,如果他并非仅仅贪图立异鸣高,那么此种对于新的解释纲领的渴望就理应意味着:他认为过去的建筑乃是竖立在不很牢靠的地基(如果不是沙滩的话)之上的,所以非得另起炉灶不可。正因为这样,如果我希望自己的想法不被人们看作完全是"空穴来风",或者至少希望这篇文章还能被人们顺利地读完,就必须首先指出以前的研究在其整体上有怎样的不足。只有在令人信服地做到了这一点之后,我才足以使同行们发现:目前最迫在眉睫的工作其实并非仅仅就一些细枝末节对于过去的学业进行修正和扩充,而是努力在总体框架上弥补其阙失;否则,无论大家怎样在局部的问题上苦苦用功,都终究有可能在知识的增长方面收效甚微或者效益递减。另外,这样做还有可能产生某种对我个人来说并非意外的后果:即使这篇文章在后面试图提出的研究范式并未被大家完全接受,也并不必然意味着它在一开头对过去知识体系的大胆挑战全未奏效;不管怎么说,没能成功地解决问题并不等于没有成功地挑明问题,所以,只要这篇文章还能引起这样的反应——使大家注意到对于现有知识的整合仍是一个悬而未决的问题,则我本人便已经有一些理由聊以自慰了。

另一方面,需要补充说明的是,既然从一开始就借用了库恩的术语来描述我在一门人文学科中所渴望的知识更新,便从逻辑上潜含着这样一种"前理解":我认为从某种意义上说目前在中国研究领域中将要出现的学术变革是可以跟库恩在科学研究领域中所总结出来的发展规律相提并论的。具体而言,我是既把当前在中国研究方面所遭遇到的学术危机"归罪于"那些每天都在增长的细部知识,又把该领域正面临的科学革命"归

---

① 正如卡尔·波普尔在《猜想与反驳》中指出的那样:"正是对理论进行批判的审查,才使我们力图检验并推翻这些理论,这又促使我们进一步去做实验、去进行观察,没有理论的有力引导,谁也想不到要那样做。实际上大多数有趣的实验都是为了检验理论、特别是新的理论而精心设计的。"参见纪树立编译:《科学知识进化论——波普尔科学哲学选集》,生活·读书·新知三联书店1987年版,第175页。

功于"那些具体的研究成果。库恩曾在其《必要的张力》一书中指出："至少对于整个科学共同体来说,在一个明确规定的根深蒂固的传统范围中进行研究,看起来似乎比那种没有这种收敛标准的研究更能产生打破传统的新事物。这怎么可能呢？我想这是因为,任何其他研究都不能这么容易通过注意力的长期集中而找到困难所在和危机原因,而基础科学最根本的进展正是依赖于对这种困难和危机的识别上。"①毫无疑问,无论是国内的"国学界",还是国外的"汉学界",都正是库恩所说的这种具有明确而深刻之传统的知识共同体;而且无可否认,恰恰是在此种特定学术社团之内,人们才得以在共通的语境中代代相传地积累其具体的研究成果,从而不仅给知识的量变而且给知识的质变敞开了可能性。然而,我们又必须看到,这种现代职业文化也难免有其负面的效应:一旦整体上的治学氛围和细部上的分工界限在某个特定学术圈子内被确立和固定下来,使得任何人对于任何细节的考索都可以指望被当做具有不证自明之价值的东西而接受下来,便很容易鼓励人们去片面地安于选题分野的狭隘局限,一门心思地认准了只有扎扎实实地讲究技术细节才是"真学问"、"真功夫"。因而,具有讽刺意味的是:尽管刚好是由于许多文明侧面和历史环节在不间断的知识增长中日渐清晰起来,才充分地暴露出了原有知识框架的缺陷,但那些无意间以其辛勤劳动颠覆了旧有研究模式的人们,却对其工作的本质缺乏应有的自我意识。由此而导致了:哪怕某些曾被不自觉追随的理论框架早已在一点一点的学术进展中水滴石穿漏洞百出,人们也没有想到要去对之进行必要的理性清洗;相反,倒是假如有人希望更进一步地去思考那些微观的文化因子究竟如何在更宏观的背景下得到定位,其重新整合现有知识的合法学术企图却会被报之以不理解的嘲笑

---

① 托马斯·K.库恩:《必要的张力——科学的传统和变革论文选》,纪树立等译,福建人民出版社 1981 年版,第 231 页。

或冷遇。① 正因为这样,我在此必须旗帜鲜明地向大家呼吁:任何学术研究实际上都不可能真的躲开某种理论框架的暗中范导,而越是声称厌恶一切理论的人到头来便越容易被最令人厌恶的简单思维模式所俘虏;所以,如果人们不想受到理论思维更无情的藐视和更辛辣的报复,就必须首先睁开眼睛去正视他们在这个研究领域中遭遇到的种种困难,然后再开动脑筋来思考——究竟能否建设性地对中国文化的总体类型提出某种全新的假说,以便对其绵延了数千年的文明进程给出更具内在连贯性的解释?

于是,接下来的任务便是,先让我们一起来回顾一下:当前的中国研究到底都在总体框架上碰到了哪些困难和危机? 有必要先行声明:由于任何一位作者都无法自信能把握到完全的信息,所以我也无意武断地说自己将要依次列举的这些困难对于全体同行来说是有放皆准的,而毋宁谨慎地说它们至少首先表现为我个人在智力发展过程中所遭遇到的知识和价值危机;至于这些本文希望予以解决的矛盾是否具有普遍意义,则只有留待大家在读罢之后去自行判断了。

在中国研究的宏观架构中出现的第一种困难或危机,是我在刚刚过去的“文化热”辩论中遭遇到的。这种争论应当说是其来有自的,因为自从 1840 年英国武装贩毒集团用炮舰轰垮了天朝的傲慢之后,如何评价本土的文化传统就一直是使每一代中国人都聚讼纷纭的焦点问题;各种围绕它而相争不下的观点尽管时起时伏彼消此长,却没有也根本不可能真正消歇。正因为这样,到了国门重新开启的 80 年代,既然西方文化再次提供了另外的参考框架和强大的价值支点,人们便不可避免地重又把对于中国文化的检省推向了高潮。当然,现在回想起来并不难发现:也许正因为当时的“文化热”被炒得太热了,既牵动了各个社会阶层的敏感神经,又惹起了各种“项庄舞剑”式的咨意影射,所以在那非凡的热闹景象背后

---

① 我想,刊载于《学人》第一期中的那一组论辩文章,尽管因话题所限而沿袭了中国古代学术史中的“汉宋之争”,但实际上却曲折地反映出了同行们对于当前“中国研究”之弊病的不同诊断——究竟是更缺乏细节考索还是更缺乏宏观架构。而令人遗憾的是,我那篇呼吁知识整合的《不通家法》在其中显得如此孤立,以至于后来有人在批评那一组文章的总体倾向时竟将它忽略不计。参见《学人》第一期,江苏文艺出版社 1991 年版。

就并没有多少学识底气,而只有一味的意气用事,甚至是故意借指鹿为马来哗众取宠;正因为这样,若从纯粹学术标准来衡量,80 年代的文化讨论或许竟还赶不上 20 世纪 20 年代的"科玄大论战",所以它在昙花一现以后立刻就让人觉得过时了,而那些明星式的风云人物也纷纷沦为了学术界的落伍者。不过,真正平心说一句,尽管风行于当时的某些论点如今看来不免显得好笑,而且那场参与者甚众的激烈交锋也并未得出应有的思想果实,我却觉得大家仍没有理由像现在这样简直对之不屑一提(就好像自己当时完全没有为之激动或困惑过一样);相反,即使只是为了避免再犯跟过去同样严重的错误,大家也理应从各个角度对之进行清醒而沉稳的反思。因此,我感到有必要提请大家回忆这样一种现象(至少就我个人的切身感受而言是这样):当时最令人惊异和最耐人寻味的内幕是——虽然"文化热"中的论战双方在讲台上是那么针锋相对,但他们在私下里流露出的现实关切却是完全相同的;也就是说,那些争执不下的议论其实都是针对着现实生存环境的"文化失范状态"而发的,只不过此一部分人将其归咎于传统文化的过多遗存,彼一部分人将其归咎于传统文化的过多丧失罢了。由此,如果我们紧接着追问一下:既然"本是同根生",那么大家"相煎何太急"呢?则此中显而易见的缘由无疑在于:这场"文化热"本非具有固定规范的学术研讨,而更其是自说自话的情结发泄,所以对立双方从一开始就并无诚意去理解别人的立场和理由,以图把别人说服或被别人说服;相反,即使只是为了显得"雄辩"一些,人们也自然而然地要忽略一部分"事实",而成心对传统的文本进行片面释读。由此,也许再没有什么时候,中国的文化传统能像在"文化热"中那样,可以同时兼为如此截然相反的东西——它要么是《四书》《五经》里的道德箴言,要么是祠堂或公堂里的无情枷锁;要么是贤如颜回也只能"三月不违"的修身极境,要么是"假道学先生"从来就不准备用来压抑自我的欺人之谈;要么是文明高峰时所展示的千般风情,要么是文明颓落时所遗留的万种垃圾;要么是古典艺术中的和谐境界,要么是后世小说中的悲剧冲突……人们眼下当然可以显得很轻松地去嘲笑当时的这种"精神分裂症"。不过,如果他们不想讳疾忌医和不负责任的话,却又必须承认:由于至今尚未真正找到足以一并解释上述正面和负面文化因素的总体框架,所以此类分裂症的病根就仍然顽强地潜伏着,充其量也只是一时还没有再恶性发作一通而已。正因为这样,我们就没有理由不把在"文化热"中凸显出来的价值冲突看作一种必须严肃对待的、从而孕育着整体范式革新的学术危机。也就是说,一方面我们必须认识到,恰恰是借助于那些各走一偏的往返论辩,大家才得以更全面地看清了在过去的文明进程中确都存在过的正反两面的史实;另一方面我们又必须警觉到,即使只是为了治疗自己在谈到中国文化传统时的惶惑症,大家也必须尽快摆脱那种种的"片面深刻",而上升到黑格尔意义上的"全面合题"。

紧接着,在中国研究领域中出现的第二种宏观架构危机,则是我在大陆学术界同台港学术界的对话中所切身感受到的。这种思想困境可以说是和前述的困境具有某种相关性,因为作为从大陆的长期受文化激进主义统治的治学环境中成长起来的学者,我对台港学术界的关注目光,不由自主地会聚焦于其相对最具特色的、以现代新儒家为代表的文化保守主义者(当然也包括一些承袭了台港学统而目前任教于海外的学者)身上;由此,尽管并非不知晓在海峡对岸也照样活跃着其他思想派别(如以胡适、殷海光、雷震等人为代表的文化激进主义),但对我个人来说(很可能对整个大陆学术界来说都是这样),最令人印象深刻的反差却仍然在于——总起来看,大陆学界是更强调中国文化的负面因素,而台港学界则更强调它的正面因素。① 比如,前不久在余英时和姜义华之间展开的有关中国的现状究竟是由缺乏保守主义还是由缺乏激进主义所致的往返争辩,就再一次从一个侧面表现出了这种分歧。② 这样一来便形成了一种

---

① 这种观点上的对立可以一直追溯到 20 年代的"科玄大论战"。因为,一方面,正如郭颖颐曾经令人信服地梳理的那样,在中国现代思想史上,对于科学的普遍信仰曾为作为一种"科学"世界观的马克思主义的胜利铺平了道路(参阅郭颖颐:《中国现代思想中的唯科学主义,1900—1950》,雷颐译,江苏人民出版社 1989 年版);另一方面,挑起"科玄大论战"的玄学代表张君劢,到后来也曾直接参与发起了著名的"新儒学宣言"(参阅牟宗三、徐复观、张君劢、唐君毅:《为中国文化敬告世界人士宣言》,《民主评论》,1958 年,香港)。

② 参阅姜义华:《激进与保守——与余英时先生商榷》、余英时:《再论中国现代思想中的激进与保守——答姜义华先生》,两文同载于《二十一世纪》(香港)1992 年 4 月号。

非常复杂的局面:尽管彼此的出发点看来都是企图在一种社会达尔文主义式的生存环境中"救亡保种",但人们仍然循着不同的家数而得出了不同的结论,要么认定只有激进地摧毁中国文化传统才能彻底奏效,要么则针锋相对地认定只有保守地继承它才会大功告成。那么,学术界究竟有没有作出努力来寻找一种足以统摄和综合上述悖反立场的总体框架呢?我认为,要想弄清这个问题,我们就必须首先对林毓生提出的所谓"创造性转化"①的理论模式给予必要的分梳,因为从一方面说,他借此而化解"传统和现代"之紧张的努力是最有代表性和富于韧性的,但从另一方面说,他借此而弥合"中国与西方"之鸿沟的企图却又是最模棱两可和容易产生误导的。我曾就此撰文指出过,由于受林毓生本人所遵循之学理的限制,他所主张的"创造性转化"的范式只应严格框定在社会科学的经验现象层面之内,用以价值无涉地描述传统文化因子的现代功能转换,而绝不可将它再推广到文化哲学的价值理性层面,借之来越俎代庖地判定中西文明的高下优劣。② 从这种限定出发,我们就不难弄清,这种"创造性

---

① 参阅林毓生:《中国意识的危机——五四时期激烈的反传统主义》,穆善培译,贵州人民出版社1988年版;以及林毓生:《中国传统的创造性转化》,生活·读书·新知三联书店1988年版。

② 参见刘东为本来预定发表在《二十一世纪》杂志上的林毓生的《创造性转化的再思与再认》一文所写的评论:《"创造性转化"的范围与限制》。鉴于此文迟迟未能刊出,所以有必要在此将其主要论据节引出来:

"正因为人们不仅领教了林先生的具体论断,还更希望领会这些论断由以发出的思想渊源,所以,大家对'创造性转化'这个范式之适用范围的思考,也就同时意味着要从林先生的'家法'出发来划定它理应受到的某些限制。我们注意到,经验主义社会思想的精义,乃在于它并不相信任何个人之有限理性活动的结果会优越于整体人类不断试错成就的历代积累,因而,它并不主张以任何人为策划的总体社会工程来取代人类共同体的自然进化过程。缘此,从经验主义的思想逻辑出发,林先生所提倡的这个范式就应得到某种严格的规定性——既然并不人为地设定任何作为历史终极目标的'理想国',从而并不具备最终判定任何一种发展变化是否确为'进步'的价值坐标,那么,'创造性转化'的框架就只应限定在经验和现象的层面上,用以规范人们价值无涉地描述传统因素的现代功能转换。换言之,不管是把经验主义的特点看作优点还是缺点,但只要严守它的立场,林先生所提倡的"创造性转化"的范式就更像是社会学意义上的,而非哲学意义上的;它只关心相对意义上的'改进'(improvement),而不从绝对的意义上去纠缠此种'改进'究竟是否'进步'(progress)。"

转化"的模式究竟在何种意义上是可以成立(或者不可以成立)的:"如果
'创造性转化'是参照着'传统—现代'的坐标系进行,问题相对来说就比
较单纯:只要采用这种范式的学者可以在经验事实的层面上证明,传统乃
是通往未来的桥梁,故而只有不毁弃传统才能完成现代化,那么,他们就
足以说服哪怕是最激烈反传统的人,因为这些人本来最急于追问的就只
是'中国还能得到什么'。不过,如果'创造性转化'是参照着'中国—西
方'的坐标系进行,问题便因涉及价值关怀而大大复杂化了:即使采用这
种范式的学者确实指明了一条通往现代化的现实进径,他们也并不足以
说服坚守中国文化本位的新儒家,因为这个学派首先要求解答的是'中国
不应当失去什么'。"①正因为这样,我们就理应指出,尽管林毓生所谓"创
造性转化"的范式从社会科学的角度讲确乎可以描述部分传统因子在"不
得已而为之"的文化转型过程中的、从总体上讲逃不出外来文化框架的功
能性调适,然而一旦企图使这种范式越出知性的界限去回答更具根本性
的价值理性问题,则实不过是欲以貌似保守主义的方式来达到激进主义
的结果,从而在学术上大大地犯了规。由此可知,既然林毓生所主张的模
式无法进一步回答更深层的文化价值问题——到底要把传统"创造性转
化"成什么样子,即到底是"中国文化的现代形态"呢,还是"西方文化的东
方形态",所以它就根本不足以涵盖新儒家学派的意义并化解其挑战。平
心而论,新儒家的主要启发,或许并不在于其某些具体的结论,而在于其
基本的运思方向——在中国传统业已破落的严峻现状中,仍然试图去传
承并恢宏它的大统,特别是其中最具学术优先性的价值核心。由此,它就
一方面在比较宗教学的意义上"保守住了并不比其他精神传统逊色的中
国独有的精神传统,从而为现在和今后的文化批判工作保守住了一个可
贵的价值支点"②,另一方面又在中国研究的领域内把对于传统文化之深
层价值理念的讨论大大地精细化和系统化了,从而为人们进一步还原这
个古老文明的固有风貌进行了必不可少的学术铺垫。所以,无论人们是

---

① 刘东:《"创造性转化"的范围与限制》。
② 刘东:《为甚么不是"史学与哲学之合"?》,载《二十一世纪》(香港),1992 年 4 月号。

想在纯粹思辨层面上对中国文化进行更深刻的开掘和更富于想象力的发挥,还是想在实证知识领域中对中华文明的总体进程进行更系统的整理和更有机的描述,都只有越过、而不是绕过这个哲学流派。毫无疑问,前者是一个虽说更艰难但却更具学术前途的重大课题,①只是我们眼下不遑详论。因此,受论题的制约,本文所亟待解决的难题就仅限于:究竟能否一方面像新儒家那样排除种种切肤之痛的有害干扰,而继续追寻中国古代文明的原有价值观念,另一方面又不像新儒家那样仅仅留意过去的伦理楷模和精英阶层,而把此种价值观念层层下贯到民间风习和下层百姓中去;惟其如此,我们才能真正走向马克·布洛赫意义上的"总体历史",以一张由各个文化因子共同织就的网络结构来统摄一切现有的知识片断,从而在"受控想象"中把一个完整而自足的古代"生活世界"(胡塞尔)还给古人。在别的文章中,我曾经这样憧憬过此种使现有知识由"杂多"上升到"齐一"之后的学术前景:"对于读者们来说,问题的关键还不在于已经通过宏观的鸟瞰而认识到——让自己觉得可爱或可恨的东西在古代传统中是缠在一起的,而在于通过微观的解码而认识到——这两种东西其实是服从于一种深层价值追求的,因而说到底又只是一种东西。"②尽管此种目标很可能对我们来说总是"可望而不可即"的,而且历史哲学

---

① 我在为《中华文明》一书所写的序言中曾就此指出过:"历史阵痛最剧烈的时代,往往也正是历史惰性最小的时代。纵观孔子、苏格拉底、释迦牟尼和耶稣之后的全部世界史,也许再没有哪个时代的哪个民族,会像近、现代中国人这样苦难深重地游离于各种既成的文化秩序之外;但也正因为这样,也就再没有谁会比他们更容易从心情上接近敞开着最大创造机会的新的'轴心时代'。为了不辜负这样千载难逢的反本开新的历史良机,或者更干脆一点儿说,为了不白遭这一场大罪,当代中国的真正主题,就既不像某些人提倡的那样,使中国文化逐渐从实质上变种为西方文化的走了样的'亚文化',也不像台湾等地的做法那样,把中国传统精神中的某些本质方面降格为现代化起飞时的工具性经济伦理,而在于平心静气地参考着中国、西方及其他文明的全部正反经验,敏感着已经对全人类构成巨大挑战的所有当代问题,去比较和检讨过去那几个伟大先知的一切长短得失,借此思想出融汇了东西文明之优点的更正确的价值理念,并把它有效地注入正待激活的中国传统之中。"(刘东主编:《中华文明》,中国社会科学文献出版社1994年版,第4—5页。)

② 刘东主编:《中华文明》,中国社会科学文献出版社1994年版,第4页。

家们亦尝对人们能否获得完全客观的历史知识持相当怀疑的态度,但这并不意味着我们因此就找到了偷懒的理由,而竟可以理直气壮地去恣意曲解传统文本的既定结构;相反,哪怕是纯粹出于认识现实或筹划未来的动机,大家也必须时刻把"弄清历史之本然面目"当成规范大家研究工作的终极圭表,因为舍此我们就将永远看不出前人的生活世界对于今人和后人的真正意义。①

最后,在前两种困境的基础之上,还应继续谈谈在中国研究的宏观架构中所出现的第三种危机,它是当我企图扩大自己的知识视野时逐步从海外汉学界的研究成果中体会到的。不待多言,对于中华文明进程的追踪和梳理,早已不再局限在中国的国境之内了;我们在这个领域里非常幸运地拥有了众多的国外同行,而且他们为数之多甚至竟超过了我们本身!由此,虽说我们的的确确是在"整理国故"和"清点家藏",却必须把它看作属于全世界的"天下公器",随时准备在更为广阔的学术语境中去展开国际对话;②而且,这种对话无论如何都应当是平心静气的,也就是说,大家既不可妄自尊大,压根儿不准备借鉴别人的任何研究方法和研究结论(即使所谓"后殖民主义"的时兴理论似乎给这种闭目塞听的做法找到了充足的借口),也不要妄自菲薄,不敢对别人本来难以避免的误读给予足够的警惕(其实照我的体会:越是涉及某个文明之深层理念和内在神髓的课题,就越容易对置身于其他文化圈中的学者构成先天的盲点)。正是出于

---

① 毋庸讳言,我的这种说法是有感而发的,其主要的批评对象是甘阳通过曲解海德格尔的时间观而写下的论点——"'过去存在的东西'不但不能规定整个系统亦即整个'传统'或'文化'的意义,不能规定'现在'与'未来'出现的其他部分或要素的意义,而且甚至都不能决定它自身的意义……"(甘阳:《八十年代文化讨论的几个问题》,《文化:中国与世界》丛刊第 1 期,生活·读书·新知三联书店 1987 年版,第 31 页。)这种曾经在"文化热"中风靡一时的议论,表面上似乎把历史看成了一个有机的整体,但实际上却把历史曲解为由一些孤零零的独化断点偶然在时间中形成的拼凑物(而不再是一条具有自身延续性的河流)。因为,按照这种说法,尽管人们好像是在任何一个历史瞬间都享有无限的创造可能,但其实他们的行为却既在当时缺乏任何的特殊规定性,又不可能给后来者施加任何特定的影响,所以他们的历史作用反而被彻底虚无化了。

② 无论是否会伤害到某些同行的感情,但有必要说明一句:这正是我在本文中不采用"国学"而采用"中国研究"来指谓此种专业领域的理由。

这一层考虑，尽管我多年来呕心沥血地希望以《海外中国研究丛书》来为国内学术界架设与国际接轨的桥梁，却又感到有必要向大家提醒一句：此项翻译工程只能被当成展开进一步讨论的起点。事实上，无论过去还是现在的中国式"生活世界"，都是一个完整的经验实体；而果欲对之获得直觉式的总体领悟，便不仅需要通晓中国人的母语以便阅读其文字材料，还更需要在其文化环境中以身体发肤去融会贯通之。① 正因为这样，作为一位中国读者，我一方面异常兴奋地发现，海外的同行以其辛勤的工作替我们搔着了许多自家尚未触及的痒处，另一方面又不无遗憾地感到，无论他们在细部的问题上足以给我们多少启发，其对于中国文化的整体了解却仍然难免"隔靴搔痒"之弊。如果我们接着逼问，这只隐藏在其思想深处并总是使之与中国历史有所隔膜的"靴子"到底是什么，则不难发现——仿佛是被米歇尔·福柯不幸而言中了，无论海外同行的研究范式经历了多少次更新，它们都终究是囿于西方的"语式"（话语）之内，都只是从西方的角度来向中国的史实提出问题；这样，中华文明的原有文本结构就被人们无意间肢解了，而其原本是相互依存的史料片断也就被人们无意间要么夸大、要么忽略了。缘此，我们就有必要和西方同行一道来对其在总体理解框架上的"障眼法"进行反省；而且进一步说，这种反省与其从哪位专家的具体论证谈起，还不如更加追根究底地从该领域的一位"伟大

---

① 为了研究人们的社会行动，马克斯·韦伯曾经区分过所谓"观察性理解"和"解释性理解"——"仅仅观察这些行动便足以告诉我们什么正在进行之中。然而，要去理解为什么它会进行，我们便必须借助于解释性理解。我们正是通过解释性理解才尝试着去把握各种不同行动的动机和主观意图。"然而，正如弗兰克·帕金对这种"理解社会学"的批评那样："我们很难看出为什么对一种行动的直接观察能够支持任何对这种行动的理解。举个例子，假如我们碰上一群闭目围圈而坐的人们，我们就不能对即便是他们在十什么这个问题有深入的了解。他们可能是排练一个节目，可能是亲密地谈心，也可能是木然地发呆。只有当我们进一步得到了能够使我们发现其活动的社会目的的信息，并且将此与某种类似的文化背景相联系时，我们才能够说，我们理解了它……对一个行动的纯粹观察绝非任何形式的理解。事实上，除非我们知道为什么它在进行，我们就无法恰当地理解什么正在进行。"参见弗兰克·帕金：《马克斯·韦伯》，刘东、谢维和译，四川人民出版社 1987 年版，第 8 页及第 10—11 页。上述有关研究方法论的反思，恰好有助于我们从理论上划定海外同行们在理解中华文明进程时较难跨越的认识障碍。

外行"——马克斯·韦伯的抽象观念谈起,因为海外的中国研究主要是沿着韦伯所追寻的方向并在一种"后韦伯主义"的语境中展开的,故在其基本研究范式方面的捉襟见肘之处,说到底也都与韦伯学说的自身矛盾有着隐藏很深的渊源关系(尽管塔尔科特·帕森斯一派对于韦伯思想的片面解释似曾将此种矛盾简单地掩盖住了)。首先,我们必须积极地予以肯定:从本文所希望完成的"把一个完整而自足的古代生活世界还给古人"的研究任务而言,马克斯·韦伯最富于启发性的理念在于——不管他有没有明确地讲出来,但在其思想深处,却已把所谓"合理性资本主义"在世界文明史中的出现从逻辑上逼成了一种纯属偶然的变异;也就是说,在他对几种主要的世界性宗教所进行的比较社会学研究中,相对于儒教、佛教、伊斯兰教甚至基督教本身的正常形态而言,孕育着现代资本主义的新教伦理,只不过是一种特殊的"反常"个案。不管怎么说,韦伯并不是一位盲目乐观的"进步主义者",在其心目中并不存在一种作为必然进化规律的历史主义逻辑。因此,在他所说的那种"合理性资本主义"的精神气质和制度因素在欧洲的某个角落发生"偶合"之前,他并没有理由预设任何冥冥中的主宰来保证此类"偶合"必然会发生;恰恰相反,在这种"不合理的合理性"导致了整个世界文明史的"突变"之前,所有文明肌体的灾难性"癌变"倒是完全有可能永不发生,故被其他世界性宗教所化育出来的别的文明类型也就完全有可能作为"正常的"人类生活方式而一直延续下去。也许有人会说,我刚刚写下的这些语句,又像是从我本人一向主张的

"假设史学"①出发而对韦伯学说的一种推论。但我接着要说:这种假设绝不止是一种仅仅在学理上能够成立的"智力游戏",而更其是我们真正认清中华文明进程的思想出发点;惟其如此,我们才能使自己的心情潜入古人的生活世界,设身处地地还原古代文明的内在结构,而不致使之再被其实只有在今人头脑中才会浮现的分类范畴(如"传统因素——现代因素"等等)所机械割裂。当然,这样自觉地排除掉现代语境的有害"污染",绝不意味着我们应当因此而忘却中华文明在过去历史中所遭遇的内在危机,以及由这些危机所导致的王朝循环。但无论如何,只要"合理性资本主义"还没有偶然地在世界上"突变"出来,全人类就并不必然要像今天这样面对于此基础上产生的"全球化"问题,故此中华文明也就并不必然要像今天这样跟西方文明相遇,从而它就仍有可能在其本有的价值理念范导下循着自身轨迹发展下去,这正是韦伯学说所深刻启示我们的。不过,令人困惑的是,如果退一步讲这位社会学大师有关世界宗教的"类型比

---

① 参阅刘东:《北大学统与"五四"传统——历史的另一种可能性》,《东方》1994 年第 4 期。另外,有必要说明:我本人并不把马克斯·韦伯有关现代资本主义的起因的论证当成最后的结论,而只把它当成在学理上可以成立的各家学说之一;不过,这却不仅不能影响我有关历史只是"偶然突变"的基本立场,相反倒是加强了这种立场。比如我曾经写道:"近代西方的那种'线性进步概念'(lineal concept of progress),事实上只有在 Spengler 所讲的'浮士德文化'中才会成为共识。由此,改变世界历史轨迹的最神秘起因就不在于别的,而在于构成现代化运动之充要条件的全部初始因素。在这方面,我们究竟相信 Karl Marx(物质生产),还是相信 Max Weber(精神气质),抑或相信 Douglass C. North(制度变迁)? 恐怕谁也没有充足理由妄下结论。或许上述研究成果其实并不相互排斥。也就是说,促成近代工业文明的条件是在欧洲凑到一起了。Iring Fetsche 在《人类的生存条件,进步尚可挽救吗?》一书中就把近代'进步'概念的来源总结为下述五种:其一,基督教拯救思想的此岸化或市俗化;其二,通过改善对于自然因果链的认识而加强人对自然的统治;其三,个人尊严和个性自由从等级秩序中的解放;其四,经济'自然秩序'从政治之'非自然'障碍下的分离;其五,由自由和自主的公民的制宪行为所带来的民主制度的演生。也许人们还可以为之再增添一些别的条件,比如'世界地理'的发现,等等。不过,这类缺一不可的条件被总结得越多,现代化运动的偶发性就显得越大,从而那种普遍坚信历史是在'不可逆'地持续上升的观念就益发表现为世界文明进程中的'反常'思潮。"(刘东:《多元标准下的'进步'概念》,《中国社会科学季刊》(香港)1994 年 8 月号,第 194 页。)

较"给了我一个足以还复中华文明原貌的文化相对主义支点的话,那么进一步说,他有关世界宗教的"因果分析"却又暗中给了其他学者一个足以破碎古代生活世界的文化绝对主义支点。后者正是他从现代资本主义社会中剥离出来的所谓"工具合理性",亦即排除任何价值判断的、纯粹以计算和预测经济后果为指归的"目的合理性";由于我们的海外同行基本上是被笼罩在韦伯式的命题之下,从而主要是从发生学的意义上去追问"合理性资本主义"在中国能否产生的问题,所以韦伯基于现代西方的历史事实而提出的作为一种"理想类型"的工具合理性,就不由自主地成为了人们借以筛选中国古代史料的网眼,甚至是判定中国古代社会"进步"水平的尺度,遂使中华文明本身固有的衡量历史进程的标准被视而不见了。这样一来,如果我们不能对韦伯的理论框架本身给予清醒的检讨,就很难抓住真正的症结所在。故此,我在这里就必须尖锐地指出韦伯理论的一种基本失衡——非常奇怪的是:尽管他在世界范围内认可了"价值合理性"的多元化,却并没有顺着思想的内在逻辑去自觉推导出"工具合理性"的不同类型;相反,他居然只是简单给出了一种近代资本主义意义上的"工具合理性",仿佛无论从何种价值关怀出发,各个文明的不同"游戏规则"都会促使人们按照"经济人"的行为模式作出纯粹"单向度"(马尔库塞)的选择。这正是人们把中华文明的复杂历史事实弄得如此简单的关键要害!其实,正像康德的"哥白尼式的革命"向我们昭示的那样,人们对于经验事实的判定,首先要取决于他们的主观视点和先验构架;所以,不同的文明结构就完全有可能像爱因斯坦相对论中的不同坐标系一样,足以使置身其中的人们赋予同一类事件迥然不同的意义。由此,我们就必须在思想上明确下来:从某种价值观来看很可能是不可思议的社会行动,从另一种价值观来看却又完全可能是合情合理的,甚至是在经过精心预测和反复试验后有意设计出来的。① 如果马克斯·韦伯自觉地意识到了这一点，那么，或者他就应当树立更远大的学术抱负，试探着建立与各种"价值合理性"相匹配的不同"工具合理性"的理想类型，以期更加真实地还原各类文化因子在古代社会系统中的内在关联，或者他至少也应当谦逊地意识到，自己所从事的"理解社会学"有其难以克服的先天盲点，即由于他无法移情到自己所涉猎的那么多文明的原初氛围之中，而不敢自信足以理解各类社会行动对于古人的本然意义。但非常可惜的是，这两点韦伯都没有做到。正如弗兰克·帕金所批评的那样，"韦伯自己从未因他本人与其探究对象之间的情感距离而感到一丁点儿的约束。尽管他把自己描绘成'与宗教格格不入'，他却十分乐于去从事对于加尔文教、印度教、佛教、儒教、犹太教和伊斯兰教的一系列研究。在这些研究中，他并未感到，由于他自己缺乏信仰，就有责任去说明他关于宗教体验和意义的那么多陈述是正当的。他可以非常自信地解释这些宗教，宛如通过虔诚的眼睛去仰望它"②。缘此，马克斯·韦伯就和他的追随者一道，把本来是非常完整的中华文明的生活世界弄得支离破碎了。也许恰恰是由于从他们遭遇到中华文明的那一刻起，这个文明系统便已经开始走向解体，所以，对于我们的海外同行来说，他们所关切的焦点从来就并不在于那些残存的传统因素对于一个原本是健全的中国古代社会的初始意义，而只在于它们对于一个已经被殖民主义所瓦解的中国现代社会的衍生意义，看

---

① 让我们来参照一下诺伯特·艾利亚斯《宫廷社会》一书中的观点："在宫廷生活中，'等级精神'是无所不在的。例如，他指出，决定宫廷侍臣开销的，是等级而不是收入。因此许多人落得一贫如洗，在后世服膺资产阶级理性的人看来，这种无度的靡费是十分无理的。但艾利亚斯却能说明，这其实是合理的，只是它所遵从的是另一种理性——以衡量地位微细差别而不是衡量财富为准则的理性。"引自史蒂芬·梅奈：《艾利亚斯：人性、文明和权力》一文，见《二十一世纪》（香港），1991 年第 7 期，第 56 页。由此可见，即使只是纯粹从社会的结构与功能入手，人们也仍然可以找出其他类型的同样以计算和预测后果为条件的目的合理性。而假如我们再引进不同的价值合理性，情况就会变得更加复杂了。

② 弗兰克·帕金：《马克斯·韦伯》，刘东、谢维和译，四川人民出版社 1987 年版，第 17 页。

看它们到底有利于还是不利于一种朝向西方文明框架的"现代化转型"。尽管相对于费正清的"冲击—回应"模式和李文森的"传统—现代"模式而言,以柯文等人为代表的第三代美国汉学家,已经开始注意以"中国中心观"为研究纲领来发掘中国本土社会的历史主动性和内倾延续性,①但是,由于他们关心的主题仍属"后韦伯主义的",所以这种研究纲领仍然摆脱不掉"西方中心观"的束缚;也就是说,即使第三代汉学家已经希望"在中国发现历史",其要旨也仅限于去追问这种历史中的潜在活力究竟是否有助于打破中国传统社会的内在结构,故此他们的研究结论仍与中国的事实有相当的隔膜。这种隔膜表现在两方面:其一,若就整理未被西方文明撞碎之前的中国传统而言,由于人们只企图发现在中国文化从总体上受到"创造性破坏"时到底还有哪些文明碎片又足以被"创造性转化",所以他们就无法看出在过去的文明系统中应其自身结构要求而发育出来的种种文化因子的原有功能;②其二,若就认识中国历史的现代进程而言,

---

① 参阅柯文:《在中国发现历史——中国中心观在美国的兴起》,林同奇译,中华书局 1989 年版。

② 这方面最突出的例证,表现在第三代汉学家的代表作之一、墨子刻的《摆脱困境——新儒学与中国政治文化的演进》一书中。该作者鉴于东亚特别是中国台湾地区"高速起飞"的事实,便掉转过来"韦伯主义"的思路,不再去论证中国的现代化何以失败,反而去论证它何以成功;由此,他便想入非非地假定在中国的宋明理学中潜藏着一种为马克斯·韦伯所忽略了的因害怕道德失败而导致的"内在紧张",并且认为正是这种"内在紧张"推动了中国现代社会的演进。或许从表面上看,墨子刻的这种论证已经大大修改了韦伯有关中国宗教的具体结论。但若从深层来看,他却仍然被掩盖在韦伯的基本设定之下;而且正是这种基本设定促使他非要在中国古代哲学中寻找一种与新教伦理相似的焦虑意识不可,从而使之在很大程度上误解了中国文化的本质倾向,无从发现在中国古人的终极关怀中还存在着一种更高和更深的足以化解此种内在道德紧张的价值支点。因此,正如陈来在评议该书时基于其对于宋明理学的深入了解而写道的那样:"在恐惧道德失败的意义上,说某些儒者如颜元具有这种困境意识,对理学中严肃主义的诠释,可能是有启发的,但这一典范不可能涵盖整个新儒家从而无法具备普适性,很明显,像周敦颐、邵雍、程明道、陈白沙、王阳明的境界是洒脱与和乐,其精神恰是最大限度地消解了紧张和焦虑,即使是程颐、朱熹也仍是'自在充满'、并无焦虑的……因此,从大多数儒者个人的心内状态来说,并不存在一种类似新教伦理的紧张。"见陈来:《困境意识和相互依赖》,《读书》1992 年第 3 期。

也由于人们刻意要去反拨老一代汉学家的"冲击—回应"模式,牵强附会地企图在中华文明内部勾勒出一种"现代化指向",反而矫枉过正地过低估价了最近一百多年以来西方文化对中国历史的影响力度。① 受马克斯·韦伯思想惯性的制约,人们总是不由自主地把"能否产生合理性资本主义"的问题当成一把梳理中国史料的篦子;他们似乎从未准备转念思索另一个更加深刻的问题:至少从中华文明的价值理念来看,这种现代化运动实质上是并不合理的,因而是绝不可能在中国古代社会内部自发地滋生出来的。正因为这样,我们必须向西方的同行大声疾呼:不仅要"在中国发现历史",还更要在中国发现文明和价值;否则,他们就将无法克服其研究范式的危机,以便真正理解一个曾经辉煌存在过的伟大古代社会。

---

① 这方面最令人印象深刻的例子,是柯文为其《在传统与现代性之间——王韬与晚清改革》一书中文版所写的序言。他在文中写道,如果让其重新构思此书,"我将把注意力更多地集中于中国 19 世纪后半叶出现的内倾性变革,如商业发展、城市化、地方精英的日益政治化,等等,而更要紧的是,我将费点儿笔墨来说明——对这种变革的合法化引起了哪些特殊问题,而这些问题又跟在合法化外来变革时有何不同……更充分地认识晚清的内在变化进程(与最后一章所强调的本土的'被动变革'不同),自然会修正对西方作用的过分渲染;同时,也使这种作用不大容易被说错"。但具有讽刺意味的是,假如此书真正像他说的那样,不是把重心放在王韬而是放在冯桂芬身上,恐怕就不会引起中国读者的足够兴趣了,甚至我本人也就不会把它选入到《海外中国研究丛书》中去了;因为,任何置身于现代中国之"中西分裂症"中的人,都会认为柯文在此书中所使用的"沿海·改革—内地·合法化"的模式并没有夸大西方文明对百余年来中国历史进程的影响,而且也都恰恰因此才会认可分析王韬这个案例的典型意义。正因为这样,第三代汉学家过于强调中国在现代化过程中的"内倾性发展",反而会使他们与中国的实际经验隔膜更深。我们看到,柯文本人似乎也自觉到了他所主张的这种范式的弊病,因为他在该序言中紧接着又写道:"最后,也许从我刚才的几点陈述来看多少有些矛盾的是,如果现在让我重写此书的最后一章,我将不会如此匆忙地否认沿海地区在 20 世纪后半叶仍是中国革新的主要源泉。自 20 世纪 70 年代末以来,中国政策倾向的主要特点仍是已经向外部世界开放,而且其速度之快是在 70 年代初完成此书时难以想象的。虽不能说近年涌入中国的外来影响全都由沿海输入,但其中绝大部分却都是这样;而且就对受外来启发的变革的接受性和容纳性而言,在上海、天津、广州这类沿海贸易集散地与辽阔的中国内陆之间,仍有巨大的反差。"(柯文:《在传统与现代性之间——王韬与晚清改革》,雷颐、罗检秋译,江苏人民出版社 1994 年版,第 2—4 页。)

二

很有可能,我在前文中对马克斯·韦伯及其追随者的批评,会使人油然想起露丝·本尼迪克特在其文化研究著作中对于"西方中心观"的驳斥。比如,本尼迪克特曾经这样反省说,白种人之文化在世界范围内的传播,"给我们的文化以一种广泛的普遍性,从而使我们早就放弃了对形成这一情况的原因作历史的考察,只是把它看成一种必不可免的现象。我们把我们在我们文明中对于经济竞争的依赖说成是一种对于'经济竞争是人类本性之所依赖的原动力'这一命题的确证;或者,我们把在我们的文明中形成的,以及在儿童诊所里记录下来的幼儿行为看成是儿童心理或人类幼年行为的一种必然方式。同样,无论这是我们的伦理问题还是我们的家庭组织问题,结论都一样。我们所论证的是每一个我们熟悉的原动力的必不可免性,因此就总要把我们自己的局部行为等同于一般行为,把我们自己的社会化了的习惯等同于人类本性"①。

正因为这样,无可讳言,尽管我此生最大的憧憬乃在于——今后的哲思足以把全人类再次从"杂多"提升到"全一",从而帮助他们创造出一种空前正确的生活方式和文化形态,但如果只把眼界限制在发展迄今的文明历史进程,则我宁肯谨慎地持一种文化相对主义的态度,因为它毕竟可以范导我们更为实证地了解到底曾经在各个文化圈中发生过什么。由此我也就有必要先行声明,至少在向后回溯的课题中,本文要采取一种与露丝·本尼迪克特的文化观非常贴近的立场。具体而言,我是依次认可了她的下述观点:首先,正是由于人类所面临的多种多样的选择可能性,才无可避免地造成了千差万别的行为方式、社会价值和终极目标;其次,这些东西作为各自不同的主导性民族精神,最终化生与整合出了世界上形形色色无法完全通约的文化模式;从而第三,人类的主观欲求并非像早

---

① ［美］露丝·本尼迪克特:《文化模式》,王炜等译,生活·读书·新知三联书店1988年版,第9页。

期功能主义者所认定的那样是有放皆准和一成不变的,它会受业经形成的不同文化模式的影响而显示出大相径庭的取向;以至于最后,由于任何落生于某个固定文化模式中的后人,其暗中预期和潜在意识都几乎要在"文化宿命论"的意义上受到总体环境的决定性规范,所以他们作为具有相同"文化基因"的"文化细胞",无论呈现出多少个体性状上的差异,无论发挥出多少匠心独运的创造,却仍会使整个文明肌体显示出一种莱布尼兹式的"前定和谐"。总而言之,事实恰如本尼迪克特所引的一句印第安人的箴言所云——"开始,上帝就给了每个民族一只陶杯,从这杯中,人们饮入了他们的生活。"①

而这样一来,从学理上讲,本文接下来的任务就势必是:先要找到一个足以展开叙述的逻辑起点,亦即先来判定清楚——在传统的儒家文化圈中,规范着中国古人之全部爱憎、选择和行动的前定价值理念到底是什么?

任何读者看到这里,都准会觉得我简直是给自己提出了一个无从索解的难题,因为我实际上是重提了人们在百年文化讨论中喋喋不休的争论焦点——中华民族的"民族魂"或者"国民性"究竟是什么?碰巧,我手头有一本题为《中国民族性》的资料集,它收入了各色人等自鸦片战争以来对于中国人精神状态的种种判定,其间既有雾里看花之誉,亦有以偏概全之毁,既有仰高揖芬之声,亦有呵佛骂祖之音,令人不禁感到这种"民族精神"竟可以同时"既是又不是"任何东西。比如,中国人居然既被说成"诚实"的,又被说成"说谎"的;既被说成"中庸"的,又被说成"极端"的;既被说成"智慧"的,又被说成"愚昧"的;既被说成"知足"的,又被说成"贪婪"的;既被说成"平和"的,又被说成"残虐"的;既被说成"省俭搏节"的,又被说成"好色逸乐"的;既被说成"富有商才"的,又被说成"非功利主义"的……②真是非把人带到雾里云中不肯歇手! 这里面,有些往返之间的

---

① ［美］露丝·本尼迪克特:《文化模式》,王炜等译,生活·读书·新知三联书店1988 年版,扉页题记。

② 参见沙莲香主编:《中国民族性》(一),中国人民大学出版社 1989 年版。

辩难,虽然各执一偏,总还令人觉得其写作动机都是真诚的。比如胡适写道:"梁(漱溟)先生以为:'中国人的思想是安分知足,寡欲摄生,而绝没有提倡要求物质享乐的;却亦没有印度的禁欲思想。不论境遇如何,他都可以满足安受,并不定要求改造一个局面。'梁先生难道不睁眼看看古往今来的多妻制度、娼妓制度,整千整万的提倡醉酒的诗,整千整万恭维婊子的诗,《金瓶梅》与《品花宝鉴》,壮阳酒与春宫秘戏图? 这种东西是不是代表一个知足安分寡欲摄生的民族的文化? 只看见了陶潜、白居易,而不看见无数的西门庆与奚十一;只看见了陶潜、白居易诗里的乐天安命,而不看见他们诗里提倡酒为圣物而醉为乐境——正是一种'要求物质享受'的表示:这是我们不能不责备梁先生的。"①但另一些绝难自圆的说法,尽管也均属有感而发,却只能暴露写作心态的随意性了。比如鲁迅一面大讲"中国人的不敢正视各方面,用瞒和骗,造出奇妙的逃路来,而自以为正路。在这路上,就证明了国民性的怯弱、懒惰,而又巧滑";一面竟又大讲"我们自古以来,就有埋头苦干的人,有拼命硬干的人,有为民请命的人,有舍身求法的人,这就是中国的脊梁"!② 面对这样一种乱糟糟的纷争不已和自相矛盾,真不知道读者们究竟是感到了智力上的绝望呢,还是智力上的挑战?

不待言,本文既已立意,便说明我是努努力选定了后者;不过同时我也清醒地意识到了,只凭良好的愿望未见得真能解决多少问题。认真考究起来,接下来需要克服的难题首先在于如下两点:一方面,我必须像本尼迪克特那样断然提出一个兼为研究之终点和叙述之起点的中华民族的

---

① 参见沙莲香主编:《中国民族性》(一),中国人民大学出版社 1989 年版,第 97—98 页。

② 参见沙莲香主编:《中国民族性》(一),中国人民大学出版社 1989 年版,第 69 页及第 70 页。

"主导性民族精神"，①以期随后逐步建立起中华文明的"文化模式"；而另一方面，我又必须事先防止本文有可能再受到《菊与刀》等著作曾遭到的那类批评，②不至于使别人（甚至就连我自己）还有理由疑心此后的推演仍然难免片面随意之嫌。正因为这样，此一节的任务就理应是，尽力证明本文企图找到的那个逻辑起点可以充分满足下述两类条件：第一，作为蕴涵于文明图式内部的最高理念，它必须真正符合本土文化哲学自身的终极关怀，即此种精神特征不仅出于我本人对于中国古代文化神髓的直觉把握，还更出于最富于思辨力及感悟性的中国学者（乃至其他儒家亚文化地区的学者）对于此种文化真谛的生命体验；第二，在前一点的基础上，作为从总体上范导着文明进程的价值内核，它还必须真正有可能逻辑地推演出整整一个文明的内在结构，以便有机地统摄与整合人们以前在中国研究领域曾经获得的零散支离并且矛盾抵牾的知识，从而应着知识增长的要求来切实克服前述的种种范式危机。卡尔·波普尔曾经写道："科学

---

① 露丝·本尼迪克特为了强调其具有演绎形式的著作实际上具有经验研究的性质，曾经突出强调了在所谓"模式"（pattern）和所谓"类型"（type）之间的区别。我能够理解她的用意。不过，根据我个人的看法，由于这种区分并未在方法论上真正抓住问题的要害，故而并无多少实质意义。事实上，正像马克思在其《资本论》中所自觉到的那样，理论思维作为一种对于经验事实的抽象研究，在其表现形态上必然会不同于经验事实本身，因此，它的研究过程和叙述过程无可避免地会成为前后相随的两个阶段——"当然，在形式上，叙述方法必须和研究方法有所不同。研究必须充分地占有材料，分析它的各种发展形式，探寻这些形式的内在联系。只有这项工作完成以后，现实的运动才能适当地叙述出来。这点一旦做到，材料的生命一旦观念地显示出来，呈现在我们面前的就好像是一个先验的结构了。"（卡尔·马克思：《资本论》第一卷，人民出版社 1975 年版，第 24—25 页。）

② 日本学者绫部恒雄曾经不偏不倚地指出："在日本，对她这本书的内容虽然毁誉参半，但大家都承认，她提出了日本学者迄今为止谁也没有觉察到的日本文化的模式，书中的独到见解随处可见。反对该书论点的人大多集中攻击她的方法论，说她是超越历史的，怀疑她使用资料的可靠性，以及因为她没有到过日本，信息不足所造成的缺陷。这些批评意见，与以往对她其他论文的批评差不多。"（绫部恒雄编：《文化人类学的十五种理论》，中国社会科学院日本研究所社会文化室译，国际文化出版公司 1988 年版，第 47页。）正因为这样，尽管也许就客观效果而言，本文若能像露丝·本尼迪克特那样"立一家言"就很不错了。但就主观动机而言，我却必须力图避免仅仅追求"立一家言"，否则就无法完成本文提出的使中国研究的知识领域重获整一性的任务。

家所处的知识情境是什么呢？在他面前有一个科学问题：他要求找到能解释某些实验事实的新理论；事实之中，有些是以前的理论已成功地解释过的，有些是它们所不能解释的，还有一些则是实际上被它们所证伪的。新理论如有可能，也应解决某些理论困难（诸如如何避免某些特设假说，或如何统一两种理论）。如果他设法提出了一种能够解决所有这些问题的理论，他的成就就是非常伟大的。"①我当然不敢奢望自己在这方面的成就，但无论如何，既然本文希望提出一种新的假说，它作为后起的理论就总应符合知识进化的一般要求。

于是，接下来便让我们依次从上述两个方面为本文此后的推导建立起必要的前提。

奥斯瓦尔德·斯宾格勒曾经领悟到这样一个事实："每一种文化都有其特有的一种爱——我们可随意地称之为天上的或形而上的——这一文化可以根据这种爱来沉思、理解，并将神性纳入自身，可是这种爱对于其他一切文化来说却是无法接近和毫无意义的。"②无论如何，这才是一种"知之为知之，不知为不知"的态度，故而大家蛮可以借《论语》上紧接着的那句"是知也"来赞扬斯宾格勒，因为他至少还知道并且承认自身的局限性。我认为，正是这种对于"跨文明理解"之难度的确认，而不是韦伯式理解社会学的自负，才足以构成人类今后在各个文明间营造"巴比伦塔"的真实基础；因为这会促使人们敏感地注意到涉及"文化间性"（或"文化互性"、"文化际性"，其英文对称似可译作"inter-culturality"）的若干难题，从而不仅能够借此从比较文化研究的角度来探究当各文明相互影响时必然出现的某些带有规律性的东西，而且可以借助于对此类规律的把握来谨慎而切实地克服在"跨文化交流"过程中必然遭逢的种种障碍。不过，对于此种"文化间性"的系统总结乃属一个虽更重要却更棘手的课题，故此对它的详细阐发便惟有俟之于他日了。基于本文的论题，我在此仅限

---

① 卡尔·波普尔：《科学知识进化论——波普尔科学哲学选集》，纪树立编译，生活·读书·新知三联书店 1987 年版，第 209 页。

② 奥斯瓦尔德·斯宾格勒：《西方的没落》，齐世荣等译，商务印书馆 1963 年版，第 458 页。

于指出发生于文化边际的下述发人深省的现象：自从儒家文化在近代与作为"强势文明"的基督教文化相遇之后，就总是有一些介身于两大文化圈之间的东方学人，力求参照着西方的价值体系来确认本土文化的独有特征，并且试图以西方人能够听懂的言说方式和概念形式，把那种本来似乎难以被别人接近和理解的"天上或形而上之爱""翻译"和讲授出来；而且，无论这些学者在其本国的学术语境中地位如何，既然他们在文明对话的过程中获得了知识上的交叉优势，便仍然能够敏锐地抓住一些对于具有相同文化背景的学者而言本来并不能构成问题的问题，由此便不仅使欧美思想界初步了解到了异国情调的精神追求，还更通过立足点更高的反躬自省而凸显出了本土文化的基本走向。我们当不难想象：这种最本质的文化倾向对于和他们同属于一个文明圈的人来说肯定是"不言自明"的，故此有些人或许会以为他们的著作中"卑之无甚高论"；然而话说回来，也许恰恰因为那种隐藏至深的整个文化的"前理解"有时候是显得太"理所当然"了，所以大家就反倒竟会对它"久而不闻其臭"了。有鉴于此，我们在此处便有必要分别从东瀛和华夏举出一些由其本国学者撰写的介绍儒家文化（或亚儒家文化）的代表性著作来，以图通过西方镜面的折射而更加透辟地看清自己；无论如何，尽管这类著作本来主要是写给西方人看的，但其影响力却并未仅仅局限于海外，倒又反过来在原有的文化圈中赢得了大量对之默契于心并击节称赏的读者。

我们先来研读一下被誉为"世界第一禅者"的铃木大拙。在他那本曾在西方引起广泛反响的《禅与日本文化》（*Zen Buddhism and Japanese Culture*）中，铃木的主旨无疑是要把禅说成是足以涵盖日本文化之各个方面的"主导性民族精神"。但这种"大和民族魂"的精神底蕴究竟是怎样的呢？对于这个关键问题，他（很可能是最先）给出了"审美主义"的解释："即使是超俗的唯美主义，也远不如禅的'美学'那样具有根本性。和道德冲动相比，艺术冲动才是最原始的，是人生而有之的本性。艺术的吸引力能一超直入人心。道德是规范而艺术则是创造。前者是外部的插入，而后者则是内心不可抑制的宣泄。禅只同艺术有关，而同道德无缘。禅可以是非道德的,但不可能是非艺术的。"①除此而外,对于形成此类艺术性或审美性之形而上冲动的原因,他也更进一步地给出了实质上是西方本体论式的解释:"'宇宙无意识'是价值的宝库,已经创造出来的和正在创造之中的一切有价值的东西都存于其中。只有艺术家,才能潜入其深处,找到自我体验的珍珠。不过,从某种意义上说,人都是一种艺术家。"②不待言,倘若严格从释家本身的教理出发,人们完全有理由来对铃木大拙这种以审美直觉来解释禅宗开悟的学术观点表示质疑:他一旦提出了作为"宇宙无意识"(cosmic unconscious)的形而上本体,便似乎把为印度人力主的"无"曲解成为西方人眼中的"有"了;而且正由于此,佛洛姆才会想到要把此种"宇宙无意识"干脆改称为"宇宙意识"(cosmic consciousness),因为照这位西方人看来,"宇宙无意识只有当我们同它分离时——也就是说,当我们没有意识到事实——才是无意识的。当我们觉醒,并触及事实,则就没有我们所无意识的东西"③。不过话说回来,如果我们还记得,铃木大拙说到底是在叙述作为东亚文明(而非印度文明)之亚文化的日本精神,则大家就没有必要对其难以避免的"误读"斤斤计较了;因为这样一来,更重要的其实并不在于他是否向西方人解释清楚了佛教的某种变态形式,而在于他是否真正传达出了儒教的某种存在形态。所以,接下来我们就有必要指出,不管怎么说,铃木大拙的上述论断,已在很大程度上被另一位日本学者久松真一所证实了(后者由于和西方大哲海德格尔展开过对话而名噪于海外)。在他的《气候》(Climate)一书中,尽管又采用了其他的概念形式和论证方式,久松却照样明白无误地告知了西方人——

---

① 铃木大拙:《禅与日本文化》,陶刚译,生活·读书·新知三联书店 1989 年版,第 22—23 页。

② 铃木大拙:《禅与日本文化》,陶刚译,生活·读书·新知三联书店 1989 年版,第 171 页。

③ 铃木大拙、佛洛姆:《禅与心理分析》,孟祥森译,中国民间文艺出版社 1986 年版,第 201—202 页。佛洛姆在另一处把由铃木大拙所阐发的禅的心态讲得更清楚:"禅的目的是在开悟:对于真实,做直接而非反省式的领会,取消了情染与智性化作用,而如实地认识到自己同宇宙的关系。"(铃木大拙:《禅与日本文化》,陶刚译,生活·读书·新知三联书店 1989 年版,第 202 页)

在日本的本土精神中的确存在一种天人之间的审美亲和；具体说来，他是用"草地"（meadow）、"沙漠"（desert）和"台风"（typhoon）这样三种气候来逐一对应康德的第一、第二和第三个《批判》，并且把日本文化归类到与《判断力批判》相应的"台风区域"之中，亦即把它归结为一种借助于审美知觉而达致情理交融、主客合一、我他无间的"审美文明"。① 我们不难想到，且不讲此种结论的强烈"地理决定论"色彩了，即便是久松真一所使用的模糊而含混的论证方式本身，也绝不会令强调严格分析方法的西方学者满意，比如 Christopher Drake 就对此批评道："在他对作为在特定气候地带中之实体的具体文化的分析里，久松经常几乎忘记了他是在处理一个意向的结构，而不是直接处理被感知的自然及社会对象。这或许是由下述原因必然导致的：他将某种审美知觉当成了在人与自然或自然与人之间的基本的意向性模式，也就是说，直觉差不多总是被等同于情感，而知识也被假定为具有审美性质。"② 不过话又说回来，如果我们同样记得，本文的兴趣只在于借此而认定日本文化的基本特征，则大家也就不难想到：在这里真正重要的其实并不是久松真一到底在怎样言说，而是他究竟说出了什么；而且，或许恰好因为看到了当日本学者们想要把本土文化中的至上祈求传达到西方时不得不反复试用种种似嫌笨拙的方法，才更使我们想到了——在其文化精神中的确存在着跟别的文明格格不入的独特倾向。

看罢了率先"脱亚入欧"的东瀛三岛之后，我们还应再来审视一下作为儒家文化核心地带的中国大陆。在此，本文同样也要举出两部最初并非用母语写成的介绍华夏文明精神的著作来，请读者将其与日本学者的

---

① 很遗憾，我手边没有《气候》一书的原文，所以对于久松真一的观点便只好借助于 Christopher Drake 教授的一篇打印文稿《作为过程和副词的自然：前现代之日本的诸结构》（*Nature as Process and Adverb：Structures from Premodern Japan*）来转述。这是一项题为" Cultural， Technological， and Biological Constraints and Opportunities for Maniging Natural Resources"的研究工程的一部分，它由瑞典 Lund 大学技术研究所的 Bo L. B. Wiman 教授所主持。

② 铃木大拙：《禅与日本文化》，陶刚译，生活·读书·新知三联书店 1989 年版，第 3 页。

上述判断作一番印证。我们且先读读林语堂的《吾土吾民》(*Land And My People*)，因为这位作者虽非专攻哲学的方家，却无疑禀有很高的悟性；而且，或许恰恰因为他不必像前两位日本学者那样挖空心思地采用足以为西方人理解的生硬而滞重的哲学范畴，转而自如地运用轻灵传神的文学笔法，故尽管其文章似乎不那么具有严肃的"学术性"，但若就其对于东亚人之精神状态的表达而言，却还有过之而无不及。林语堂写道："中国的人文主义者认为自己找到了人生的真谛，并时时意识到这一点。在中国人看来，人生在世并非为了死后的来生，对于基督教所谓此生为来世的观点，他们大惑不解。他们进而认为：佛教所谓升入涅槃境界，过于玄虚；为了获得成功的欢乐而奋斗，纯属虚荣；为了进步而去进步，则是毫无意义。中国人明确认为：人生的真谛在于享受淳朴的生活，尤其是家庭生活的欢乐和社会诸关系的和睦。儿童入学伊始，第一首诗便是：'云淡风轻近午天，傍花随柳过前川。时人不识余心乐，将谓偷闲学少年。'在中国人看来，这不仅代表片刻的诗意般的快乐心境，并且是追求人生幸福的目标。中国人就是陶醉在这样一种人生理想之中，它既不暧昧，又不玄虚，而是十分实在。我必须说，这是一种异常简单的理想，简单到非中国人老实巴交的头脑想不出来。我们时常纳闷，西方人何以竟想不到人生的意义在于纯净平安地享受生活。中国与欧洲的不同，似乎在于西方人有更大的能力去获取和创造，而中国人享受仅有一点东西的决心和能力都比较大。把精力集中在世俗的幸福，这一特性是我们缺乏宗教的原因，也是它的结果。因为如果一个人不相信有一个紧接着今生的来生来世，他就会在今生的一切消逝之前尽情享受，而宗教的缺乏又使这种想法变成可能。由此生发出一个人文主义，它坦白地宣告了人类是宇宙的主人，并规定一切知识都是为人类的幸福服务。知识同人类的结合并非易事，因为人类一旦动摇起来，就会被自己的逻辑所左右，成为知识的工具。人文主义只有坚定地把握住人生的真谛才能保佑自己。比方说，人文主义只是在宗教信仰的来生来世与现代世界的实利主义之间，占据一个中间位置。佛教也许在中国引起了人们的普遍兴趣，然而与之相对的真正的儒家，对它的影响总感到愤然不平，因为在人文主义看来它只是一种对生活的逃避和对真正人生的否定。"①我想,上面这段文字是如此的生动易懂,以至竟毫无必要再对之进行任何点题式的注解了。不过,需要指出的却是:虽说中国式的人文精神在林语堂的笔下显得那样平凡庸常,但这绝不意味着它当真缺乏深层的底蕴;恰恰相反,如果换上一位训练有素的哲学家,则尽管让他同样来阐述这种以主体之意向性来构筑一元世界体系并于此中享受天人之合的生命智慧,它也照样会显得晦涩古奥而富于思辨味道。对此,我们只要再读读方东美的《中国哲学之精神及其发展》一书,便知端的:"余尝籍'超越型态之形上学'一辞以形容典型之中国本体论。对万物一切——无论其为何种实有、何种存在、何种生命、何种价值——一方面绝不视之为某种超绝之对象,可离乎其余一切自然元素与变化历程而凝然独存,悄然独享某项秘密特权者;另一方面复断乎不可将之单纯定位而局限固定于现实界或事法界,致误视之为了无腾冲超拔、趋入理想境界之势能。它摒除了二分法为方法,更否认二元论为真理。从此派形上学之眼光看来,宇宙全体与生活于其间之个人,雍容浃化,可视为形成一大完整的建筑学式之立体结构统一,复依其中种种密切相关之基本事素为基础,据以缔造种种复杂缤纷之上层结构,由卑至高,直到盖顶石之落定为止。是故,此种超越形上学之体系正是一种即现实即理想主义(即事即理论),或易言之,乃是一种即理想即现实主义(即理即事论)。此套形上思想之完整结构在表现一种建筑风格之统一。据一切现实经验之所与为起点,吾人得以拾级而登,层层上跻,昂首云天,向往无上理境之极诣。同时,再据观照所得之理趣,踞高临下,'提其神于太空而俯之',遂使吾人得以凭藉逐渐清晰化之理念,以阐明宇宙存在之神奇奥秘,与夫人类生命之伟大成就,而曲尽其妙。惟是项澄观理境、提神而俯之禀赋,乃是睿明天授,唯上智天才始足以当之。"②很有可能,若从中国哲学史这门学科的细部分野来衡量方东美的著作,他这种往往融儒教、道教和(大乘)佛教于一

---

① 林语堂:《中国人》(原名为《吾土吾民》),郝志东、沈益洪译,浙江人民出版社1988年版,第82—83页。

② 方东美:《中国哲学之精神及其发展》,孙智燊译,台湾成均出版社1984年版,第30—31页。

炉的笼统说法会使人感到不够精审；不过，如果我们还记得，本文的旨趣惟在于把握中华文明的基本走向，却又不难发现——他得以在东西方文化的强烈反差之下来纵览中国哲学精神的宏观眼界，亦大有可资取镜之处。

毫无疑问，这正是李泽厚后来把中国文化总结为"乐感文化"的学术背景和思想渊源！正像方东美曾针对西方人"把自己的理想寄托于自然界之上的天国，把整个的自然界当作物质下界，当作罪恶的渊薮"①，而提出作为一种"无罪文化"的中国精神"是'天人合一'，'天人无间'，把全部生命都投放于自然界中……所以对自然界只有欣赏与同情，而不肯有丝毫的破坏或渎犯"②一样，李泽厚针对徐复观所谓"周人建立了一个由'敬'所贯注的'敬德'、'明德'的观念世界，来照察、指导自己的行为，对自己的行为负责，这正是中国人文精神最早的出现；而此种人文精神，是以'敬'为其动力的，这便使其成为道德的性格，与西方之所谓人文主义，有其最大的不同"③的说法，也一针见血地指出——"因为西方文化被称为'罪感文化'，于是有人以'耻感文化'（'行己有耻'）或'忧患意识'（'作易者其有忧乎'）来相对照以概括中国文化。我以为这仍不免模拟'罪感'之意，不如用'乐感文化'更为恰当。"④读者们可能已经注意到了：尽管所谓"乐感文化"的提法曾以鲜明的挑战性而引起过广泛关注和议论，但借助于本文前面的铺叙却不难发现，它其实并非独出心裁的怪谬之说，而属平实公允的求是之论。因此，若从知识增长的角度来裁定，李泽厚在这方面的真正创意所在，其实并非他曾以哲学史家的身份而率先道出了中国精神中"天人合一"的终极取向，而是他曾以美学家的身份来最言之凿凿地讲明了这种生命智慧的审美本质："中国哲学无论儒墨老庄以及佛教禅宗都极端重视感性心理和自然生命……它要求为生命、生存、生活而积极活动，要求在这活动中保持人际的和谐、人与自然的和谐（与作为环境的

---

① ② 方东美：《生命理想与文化类型——方东美新儒学论著辑要》，中国广播电视出版社 1992 年版，第 3 页。

③ 徐复观：《中国人性论史·先秦篇》，台湾"商务印书馆"1962 年版，第 23—24 页。

④ 李泽厚：《中国古代思想史论》，人民出版社 1986 年版，第 311 页。

外在自然的和谐与作为身体、情欲的内在自然的和谐）。因之，反对放纵欲望，也反对消灭欲望，而要求在现实的世俗生活中取得精神的平宁和幸福，亦即'中庸'，就成为基本要点。这里没有浮士德式的无限追求，而是在此有限中去取得无限；这里不是陀斯妥耶夫斯基式的痛苦超越，而是在人生快乐中求得超越。这种超越即道德又超道德，是认识又是信仰。它是知与情，亦即信仰、情感与认识的融合统一体。实际上，它乃是一种体用不二、灵肉合一，既具有理性内容又保持感性形式的审美境界，而不是理性与感性二分、体（神）用（现象界）割离、灵肉对立的宗教境界。审美而不是宗教，成为中国哲学的最高目标，审美是积淀着理性的感性，这就是特点所在。"①另外也无可否认，恰由于这位思想家类型的学者在大陆青年中享有过的高度声望，他这种借开阔的对比视野而对中国精神类型的框定廓清，便很快影响到了新一代的学子，从而为其朝各个方向的进一步运思奠定了必要的基础。② 所以，就本文的主要撰写动机而言，同时也就我本人的直接师承关系而言，李泽厚的上述提法都使我看到了这样一种学术前景：正像斯宾格勒曾在其《西方的没落》一书中区分过经济的、宗教的、审美的和具有浮士德性格的人性类型一样，我们若从斯宾格勒的"世界历史的形态学观"（conception of morphology of world-history）出发，也完全有可能进一步发挥暗藏在"乐感文化"这四个字里的题中应有之义，而把中国文化归类为一种审美型的文化，并从此种终极的文化价值取向出发来尝试着构筑总体的文明结构，以便对人们此前在中国研究领域所获得的零星知识进行整合，还原它们在历史本有关联（context）中的应有地位。当然，话讲到这里，也就有必要把一个非常关键的问题分梳清楚

---

① 李泽厚：《中国古代思想史论》，人民出版社 1986 年版，第 309—310 页。

② 我应该坦率地告诉读者一件十几年前的往事：当我作为一个从外地来京游学的青年而拜访李泽厚的时候，满脑子都还是黑格尔对于孔子语录的鄙夷，遂信口对我后来的博士生导师说："我最不喜欢读的就是《论语》，刚劈头就讲什么'学而时习之，不亦乐乎'，哪里像什么哲学……"不料李泽厚却斩钉截铁地打断我："不对！孔子这句话里有很深的哲理！"尽管我那时还不能一下子理解他内心中的想法，但他这句当头断喝却给了我巨大的震动，使我从此后开始关注一个陌生的知识领域，并且由此进入了自身智力发展的一个崭新阶段。

了：说到底，相对于本文即将着手处理的"形态学"（morphology）建构的课题而言，无论是人们以前提出的所谓"耻感"、"罪感"，还是李泽厚针对它们所提出的"乐感"，抑或刘小枫后来又针对李说而提出的所谓"德感"、"爱感"，①均不足以用来指称任何一个文明结构和文化形态，因为它们都只不过是从表层处描绘了派生于某个特定文化模式的、缘出于不同社会层面和不同思想维度的种种文化心理征兆，而并未能从深层来界说某类文明之价值内核的基本性质；事实上，既然刘小枫曾经针对所谓"罪感"的提法又从基督教内部列举出了更高一层的"爱感"，而庞朴亦尝针对"乐感"的提法又从儒教内部区分开了偏于神智的"益者三乐"和偏于物欲的"损者三乐"，更是充分暴露出了——如果仅仅借用某些标示着特定意向结构和心理状态的"这感那感"，便充其量也只能凸显某种文化的一些具体侧面，而绝不足以真正概括和涵容它的总体面貌。正因为这样，我就有必要声明：尽管本文认同了李泽厚对于中国文化神髓的基本判断，却不可能再沿用其笼统的提法——"乐感文化"；相反，即使单纯从形式逻辑的分类要求出发，本文也必须根据中国文化在其价值核心处乃是"以审美代宗教"的本质特点，而把它界定为一种与西方式"宗教文化"相对应的"审美文化"。至于那些诸说不一的、分属于特定层面的各种文化心理，则只能作为可以在此后被步步推论出来的逻辑环节，而绝不可被当成足以由此环环相扣地生发出整个文明结构的逻辑起点；而且进一步说，本文究竟能否在此后的层层递进中把这些不同的社会心态侧面左右逢源地演绎出来，恰也正是对自己在中国研究领域提出的"审美文化"这个基本范式的最好验证。

毫无疑问，倘非庞朴后来又发表了他那篇意在"圆融"徐复观和李泽厚之观点的论文，②则此节渴望"先立其大"的第一项任务亦差可算是完成了。不过，既然该文的作者一定要根据其念念不忘的辩证法来收纳"主

---

① 参阅刘小枫：《拯救与逍遥——中西方诗人对世界的不同态度》，第二章，上海人民出版社 1989 年版。

② 参阅庞朴：《忧乐圆融——中国的人文精神》，《二十一世纪》（香港），1991 年 8 月号。

忧说"和"主乐说",而把中国精神的本质解释成是即忧即乐、忧乐互补的"中庸之道",则本文的作者也就只得在这方面再多理论几句,借机也好把自己对于中国文化之基本取向的判定论证得更充分一些。事实上,由于刚读到庞朴的文章便意识到了它那些似是而非的论点可能将会对我酝酿已久的研究范式构成威胁,使读者们误以为中国文化的终极价值如何尚属悬而未决并且人言言殊的问题,我旋即便刊出了题为《也谈忧乐——与庞朴先生论学书》的公开信,希望能就"忧乐究竟可否圆融"的问题跟他讨论清楚;而鉴于庞朴此后并未向我作出任何正面的答辩,所以恕我在此也就只有再重复一遍自己在那篇文章中的论据了。我认为,《忧乐圆融——中国的人文精神》这篇文章的最大弊病,乃在于它并没有真正看清李泽厚和徐复观争论的要旨何在,便急于套用"亦 A 亦 B"的家数来笼罩别人的观点,遂使其作者不仅未能对此中的学理作更加深入的探讨,反而用"忧与乐互渗互动"的模糊说法把问题的精义弄混淆了。尽管从表面上看,中国古人有关"忧"和"乐"的语录简直随处可摘,所以好像不妨借他们所谓"忧是忧此道,乐是乐此道"的说法来沟通其心理感应的两极,但果欲追根究底的话,则必须细心地看到,这两种截然相反的心态实则对应着所谓"天道"的两种性质,亦即缘出于一低一高、性质迥异的两类世界体系:"根据 Frege 的精细区分,'所指'(reference)和'意义'(sense)有时是不同的。故'忧'和'乐'这两个概念虽共同指向了'天道',却是分别针对着这个'所指'的两种迥异之'意义'。如果是'天道远,人道迩',则会警醒主体发扬踔厉的意志,战战兢兢地以诚敬之德去配合那个还只能用占卜去臆度的靡常天命,此之谓'作《易》者其有忧患乎!'而若是在敬天保民的道德修持中已臻于从心所欲不逾矩的化境,有闲情余力在浴沂舞雩的悠游观照中体认生生之天心,'所忧'的天道和'所以忧'的人道便不再隔绝,这才会产生天人合德之快慰和乐天知命之悦乐……故此,质言之:虽同称'天道',却是肝胆楚越——在'忧'和'乐'这样两种心境中,一个落在无穷远处,一个贴在无穷近间,相距非可以道里计了。"[1]所以,尽管诚如庞朴所

---

① 刘东:《也谈忧乐——与庞朴先生论学书》,《读书》1992 年 8 月号,第 94—95 页。

云在儒家学说中存在着"自律之忧"或"内发之忧",但它却既非胡塞尔意义上的加括号之"意向性"(intentionality),亦非海德格尔意义上的并无具体所指的"忧思"(sorgen),而乃从主体(人道)发向客体(天道)的焦虑和追问;而只有当这种追问获得了肯定的答复之后,或曰只有当天道与人道的无穷贴近已经足以化解和泯灭这种意向性本身之后,人们的忧思才会跃升为另一种更高的心理状态——审美愉悦(aesthetische gnuss)。从上述分梳出发,我们便不难发现:果欲获得一种足以支持自己撰文赞同"主忧"或"主乐"的理由,其实首先取决于论者自己究竟如何判定中国古代生活世界中之"天人关系"的根本性质;因而,如果大家总还承认中国古代哲学的拱顶石乃是"天人合一"而非"天人相分",则必须顺理成章地承认——审美快乐在中国文化精神中比起忧患意识来无疑占有更高的和本体的地位。正因为这样,我才不得不提醒庞朴:李泽厚之"所以针对徐先生的'忧患意识'说而提出'乐感文化'说,绝非寻常书生的执意标新鸣高,而是旨在辨明中国文化的终极取向何在,从而它与西方文化的本质分野何在。大约从 Hegel 把孔子的思想仅看成一些'道德格言'开始,论者咸以为中国哲学唯不过是一种伦理学,故中国精神只停留于道德阶段的水平。此种说法虽亦把捉住了中国文化的某些重要特质,却未能道出孔子所力行的修身次第——'兴于诗,立于礼,成于乐',未能看到大儒的涵养有一个无限上提的过程——'知之者不如好之者,好之者不如乐之者。'果乎如此,则中国的先贤大哲们与其说是以道德自律,毋宁说是以道德自苦,整日在严峻的道德律令中讨生活了。故'忧患意识'说虽凸显了'德之不修,学之不讲'这样一个儒家哲学所面临的难题,但倘若因而便误以为中国精神的制高点仅驻足于此,就未免把先哲的胸次看得太过戚戚了"①。也正因为这样,我还不得不接着提醒庞朴说,或许恰恰因为若非人们由于对天道忧心忡忡而上下求索,他们就不可能最终达到足以使其"乐天知命"的宇宙论体系,"所以,在强调反身而诚、以乐养心的中国传统

---

① 刘东:《也淡忧乐——与庞朴先生论学书》,《读书》1992 年 8 月号,第 95—96 页。

中,'忧'和'乐'的关系就并非空间中的对待,而是时间中的跃升"①。由此便不难看出:当李泽厚想要以"乐感文化"去涵盖徐复观的"忧患意识"时,他从学理上讲无论如何总是其来有自的,因为根据康德的学说,恰恰唯有审美判断力才具有弥合"自在之物"和"道德主体"的能力;而当庞朴再想要"圆融忧乐"的时候,他却并未真正进入研讨的语境,因为既然"乐感"在李泽厚那里本属天人合一、内外圆融的结果,人们便无法再拿它和低层的忧思去建立什么"对立统一"。问题的关键在于:其实本来并无任何人想要否认在中国古代哲学中由来已久地存在着一种"执两用中"的精神传统,但如果有人想要贪图省力地拿它框套一切,则很可能会铸成大错;进一步从学理上讲,恰恰由于若就抽象的思维方式而言中国精神的本质特点乃在于庞朴所张扬的"叩其两端"的中庸之道,故而若就其具体的文化心理感受而言,它才一定会落成李泽厚所体悟的"上下同流"的审美愉悦。因之,稍有点儿讽刺意味的是:尽管我们已经看到庞朴的论文主要是由误会而引起的,但它却仍然有助于诱使大家循着中国古人内心中的潜在逻辑格式,去加强自己对于一个以审美为终极取向的古代生活世界的判断。

好了,一俟把头一个论断坐实之后,此节所要处理的下一个问题便自然要显露出来了:从刚刚认定的中国文化之价值核心出发,究竟是否足以构筑起一种"审美型的"文化模式或文化形态,从而以此种范式为主线而把本文此前提到过的、曾被那些只考索细节的学者们信手抛撒出的"一地散钱"贯串起来呢?

敏感的读者们一定不难想到,尽管此后还势必要在推绎环节方面费许多周折,但本文眼下所碰到的最为要害的问题,却并不在于必须把这些推绎环节统统说清道尽(否则本文就免不了要去"循环论证"),而在于必须挑明,若是单只从刚才仅仅被从正面立论的"审美文化"的价值核心出发,到底能否令人信服地使读者们联想到大家曾在"文化热"讨论中充分凸显出来的中华文明的种种负面效应?按说,这本来又是一个需要耗费

---

① 刘东:《也谈忧乐——与庞朴先生论学书》,《读书》1992 年 8 月号,第 96 页。

大量笔墨的论题；但幸运的是，我们竟然发现，偏好是在那场既激昂又浮躁的争辩过程中，人们反而为本文留下了非常便于引证的研究结论。如今回顾起来非常昭然若揭的是："李泽厚"这个名字的符号意义在 80 年代后期居然一夜间从"激进"转成了"保守"，其中主要的原因恰恰在于——他在一种把审美维度看成最具自明价值的文化环境中，曾经大张旗鼓地论证了中国古代生活世界的独特审美取向，从而（似乎并非完全自觉地）肯定了这种文化传统；尤其是，他还在另一本研究康德哲学的著作中勾勒出了一条所谓"从康德到席勒到马克思"的思想线索，便更会使读者们感到，他在其思想深处无疑是认同那种最终以审美维度来救度人类并使其获得自由感的中国式精神的。① 从这种情况出发，我们就不难借刘小枫先后发表出来的著作而看出其思想转变过程了：一位作者要是盲目地追随李泽厚，他就会不加分辨地热情颂扬"审美本位"；而他若是又反过来想要努力摆脱李泽厚的阴影，他也准会同样不加分辨地大肆批判"审美本位"。因此，若从思想的根源来说，不单当刘小枫在其《诗化哲学——德国浪漫美学传统》一书中讲出"德国浪漫美学是一种诗化哲学，是伴随欧洲现代浪漫主义思潮的兴起在德国出现的一种新型的美学。它把诗不只是看作一种艺术现象，而更多的是看作为解决人生的价值和意义问题的重要依据，并把美学视为人的哲学的归宿和目的地，成为一种泛美学化的哲学"②这类话的时候，他是在发挥李泽厚所谓"美的本质是人的本质的最完满的展现，美的哲学是人的哲学的最高级的峰巅"③的观点，即使是当刘小枫又在其《拯救与逍遥——中西方诗人对世界的不同态度》一书中大讲"事实上，中国文化中所有的某些素质，西方文化中并不具有，西方文化中所有的某些素质，中国文化并不具有，但这些不同的素质又完全可能一致地关涉到共同的话题。一个最为根本性的素质差异就是拯救与逍遥。

---

① 参阅李泽厚：《批判哲学的批判——康德述评》，第十章"美学与目的论"，以及附论"康德哲学与建立主体性论纲"，人民出版社 1984 年修订本。

② 刘小枫：《诗化哲学——德国浪漫美学传统》，内容提要，封二，山东文艺出版社 1986 年版。

③ 李泽厚：《批判哲学的批判——康德述评》，人民出版社 1984 年修订本，第 436 页。

在中国,恬然乐之的逍遥心境是最高的境界。庄子不必说了,孔子的'吾与点也'就是证明;在西方,通过耶稣所体现的爱,使受难的人类得到拯救,人与亲临苦难深渊的上帝重新和好是最高的境界。这就是'乐感文化'与'爱感文化'的对立,超脱与宗教的对立"①这类话的时候,他实则还是在借助于李泽厚的下述论断——"因之,'乐'在中国哲学中实际具有本体的意义,它正是一种'天人合一'的成果和表现。就'天'来说,它是'生生',是'天行健'。就人遵循这种'天道'说,它是孟子和《中庸》讲的'诚',所以,'诚者,天之道也;诚之者,人之道也',而'反身而诚,乐莫大焉'。这也就是后来张载讲的'为天地立心',给本来冥顽无知的宇宙自然以目的性。它所指向的最高境界即是主观心理上的'天人合一',到这境界,'万物皆备于我'(孟子),'人能至诚则性尽而神可穷矣'(张载):人与整个宇宙自然合一,即所谓尽性知天、穷神达化,从而得到最大快乐的人生极致。可见这个极致并非宗教性的而毋宁是审美性的。这也许就是中国乐感文化(以身心与宇宙自然合一为依归)与西方罪感文化(以灵魂皈依上帝)的不同所在吧?"②只不过,由于从前刘小枫内心中的潜在前提是不假批判地认同了中国式的终极价值取向,所以即使是在这本名曰叙述德国浪漫主义思潮的著作中,他也总是倾向于以中国传统文化中的审美人生态度来释解甚至判定西方的思想观念[以至于迫使我不得不在一篇专为《诗化哲学》所写的书评中向他提醒说:"也许还应该补充说明一句:尽管同是想'与天地参',但由于德国性灵已在近代分裂为二(梦想与现实),而中国精神尚停在古代的浑然为一(只心便是天),所以,中国古典精神便因'全一'近在当下此地而恬淡闲静,而德国浪漫精神却因'全一'远在未来天边而紧张震颤。因此——万万不可误把中国精神径直当作了德国精神!"③];

① 刘小枫:《拯救与逍遥——中西方诗人对世界的不同态度》,上海人民出版社1989年版,第31页。

② 李泽厚:《中国古代思想史论》,人民出版社1986年版,第311—312页。

③ 刘东:《倾听德国性灵的震颤——读刘小枫〈诗化哲学〉》,《读书》1987年第11期。

而后来刘小枫内心中的潜在前提却又毫无保留地改宗了基督教神学，[①]
所以即使是在那本名曰《比较诗学》的著作中，他也不惜采取一种比任何
西方人都贯彻得更为彻底和更为专断的欧洲中心主义立场，以某种传教
士式的口吻喻告——他那些信仰"审美主义"的异教徒同胞们几千年以来
打从思想根基处便已完全错了！这真是一场令人触目惊心的"大彻大
悟"！而且我们必须承认，尽管眼下大家或许更倾向于把刘小枫的这种彻
悟看作纯属他个人的信仰转变，但在那场正相争不下的"文化热"讨论中，
却曾有相当多的人愿把《拯救与逍遥》这本书看作是对于这种争论的某种
决定性总结；因为跟李泽厚把中国文化的全部正面价值都归功为高度发
达的"审美维度"的做法恰成反照，刘小枫也把在当时被反传统主义者弄
得路人皆知的中国文化的所有负面效应都归罪于其过于发达的"审美维
度"，从而对这种"审美文化"进行了釜底抽薪式的清算。其实，刘小枫真
正的新颖之处，并不在于他认定"在儒学那里，'天'与人实质上就是一码
事，正如'天道'与'人道'实质上就是一个道。它最终以人为依据。不管
是赋予'天'以生命意志还是道德本性，都从人那里给出去，而不是人从
'天'那里得来。事实上在'天'的观念中不存在一个超越的、外在于人的
意义，人从它那里得不到比人自身本有的更多的东西。这是儒学唯人本
哲学的原因和结果。而且更重要的，也是儒学确立的中国只有一重世界
（现世），而没有两重世界（世俗与神性）、三重世界（地狱、人间、天堂）的原
因和结果。'天'的拟人化以及'天'与人的本体同一，已经排斥了超验世
界得以确立的任何可能"[②]，而在于他据此而认为，正是由于儒家人道主
义的这种自高自大，"对人生的意义、生命的价值、世界的意义、历史的价
值的一切超验性反思都被封闭起来了。'足乎己无待于外'的人格意志自
足的根据始终存在着，代替人生反省和超验询问的是情案思慕、耕读之
乐、相逢契阔、闺情欢娱、天伦之情、山水田园。在愚蠢、荒唐的世界中，失

---

① 刘小枫的这种倾向在其第三本书中表现得最为明显。参见刘小枫：《走向十字
架的真理——二十世纪神学引论》，香港三联书店 1990 年版。

② 刘小枫：《拯救与逍遥——中西方诗人对世界的不同态度》，上海人民出版社
1989 年版，第 120—121 页。

败、受苦、残酷、混乱反而成了儒家诗人的养料,供他们吟咏自慰,育他们成为'伟大的'诗人。没有一个超验的神圣之父,那么,人在遭受残酷世界的蹂躏时不仅无处投告,而且自己是否跌入了荒唐、愚蠢、凌辱、作弄都不知道,只有让历史的车轮把自己碾得粉碎,尽管总可以自诩心体透亮,万德自足,寂然不动"①。有趣的是,他这种从价值内核深处对中国文化的全盘批判,竟令人不禁记起余英时在其《从价值系统看中国文化的现代意义》一文中的类似说法来(尽管此文的主旨恰好相反的是想要论证中国"内在超越"式的精神取向仍有不可磨灭的价值)——"我绝不是说'五四'时代对中国传统的攻击完全是无的放矢,更不是说中国传统文化毫无弊病。'五四'人物所揭发的中国病象不但都是事实,而且尚不够鞭辟入里。中国文化的病是从内在超越的过程中长期积累而成的。这与西方外在超越型的文化因两个世界分裂而爆发的急症截然不同。"②毫无疑问,这种情况已足以使我们想到这句话了——作为一个有机系统的中国文化,很可能竟是"成也审美,败也审美"!

正因为这样,我认为从李泽厚所谓"乐感文化"的提法出发,可以走出三条路来。其一,乃是李泽厚本人从中国文化的基本立场出发而从事的哲学探索——"受 Kant 之《判断力批判》的启示,试图从心理主义和历史主义的立场出发,借人类的实践活动建立起一种架通理智(即所谓 pure reason)和道德(即所谓 practical reason)的'情感本体',即他所谓既内在又超越、既感性又超感性的'审美的形上学'"③;这条路究竟能否走得通,当然不在本文的论题之内,所以我会另外撰文予以评说。其二,乃是刘小

---

① 刘小枫:《拯救与逍遥——中西方诗人对世界的不同态度》,上海人民出版社 1989 年版,第 125 页。

② 余英时:《中国思想传统的现代诠释》,江苏人民出版社 1989 年版,第 15 页。

③ 刘东:《也谈忧乐——与庞朴先生论学书》,《读书》1992 年 8 月号,第 97 页。另外值得一提的是,李泽厚新近又在香港《明报月刊》1994 年 7 月号、8 月号、9 月号和 10 月号上连篇累牍地继续发表他这种观点。比如他写道:"不是'性'(理),而是'情';不是'性'(理)本体,而是'情本体';不是道德的形而上学而是审美形而上学,才是今日改弦更张的方向。所谓'学是学此乐,乐是乐此学'的'乐','情'也,非'性'也……"(见《明报月刊》1994 年 8 月号,第 68 页)

枫那种从西方文化的基本立场出发而进行的对中国文化之审美本位的彻底弃绝；但在西方文化正给整个地球带来巨大危机的今天，即使《拯救与逍遥》的作者相信这种独断的价值裁断还足以说服他本人，恐怕也很难真正说服广大读者了。而第三条路，则是本文在下面将要完成的工作，即不再急于对于中国文化的基本取向进行思辨层面的或褒或贬，而是从价值无涉的知识论角度，以在中国研究领域提出新的范式为目的，谨慎地在这个古代文明的原有价值内核的基础上，构筑起作为一种"审美文化"的总体结构，从而试图赋予现有的知识以内在的整合；当然，眼下我还不敢断定这究竟算不算一条可行之路，而只是觉得它无论如何总还值得一试罢了。

三

受思路自身逻辑的规定，我在本节里需要尝试着来解决下述问题——既然在世界诸主要文明定型的初期，作为一种审美文化的中华文明曾经明显经历过一次使之与其他类型的文明截然区分开来的内在基因突变，那么，这种影响深远的特殊变异究竟是为何和如何发生的呢？

不待言，上述问题只要一经提出，人们自然而然地马上就会想起卡尔·雅斯贝尔斯的名字。因为，正是他在其著名的《历史的起源和目标》一书中，首次从世界文明进程的宏观视野中敏锐地发现了由四大"圣哲"（paradigmatic individuals）所共同创造的人类历史的突破时代——"轴心期"（axial period）。按照雅斯贝尔斯的说法，在公元前 800—200 年，特别是在公元前 500 年，神话时代的心灵之平静和真理之自明结束了，而人类的意识则普遍地开始觉醒，他们认识到自身的存在及其有限性，并转而提出了根本性的问题和为自己立起了至上的目标，从而开始了超越自身又超越世界的历程；在那样一个时代，正因为人不再是完备的和确定的，他们反而足以向一切可能性无限开放，由此才产生了我们至今仍在不断思考的各种基本思想，并且创立了为后来的几个主要文明定下方向的诸种世界性宗教。于是，"轴心期"便成了人们理解历史的关键，它的意义或许正如汉斯·萨尼尔所评述的那样："与它相比,在它之前的时代可以在广泛的意义上理解为前历史或者历史的准备,在它之后的时代可以理解为始终由它参与决定的时代。"①

卡尔·雅斯贝尔斯的思想当然是非常令人激动的。尽管从他的《四大圣哲》一书中,我们发现他对于孔子的了解还远远不够充分,②但这种知识上的不足却并没有遮掩住这位卓越哲学家之思想洞察力的光芒。只要约略回顾一下历史,我们就会极为惊异地看到:一方面,雅斯贝尔斯所描绘的种种"轴心期"的时代特征,的确就是以孔子为代表的中国先秦思想家们所曾遭逢过的时代特征;而另一方面,雅斯贝尔斯所讲述"轴心期"对于此后历史的重大影响,也可以毫厘不爽地对应于创建于其时的儒家学派对于此后中华文明史的主宰性范导。由此,我们就真要为那样一个千载难逢的历史瞬间所赋予一个个人的巨大历史主动性赞叹不已了:居然所有生于孔子之后的中国人,都无可选择地必须接受他在面对种种思想可能性时的那一次决定性选择!这样看来,相形之下,一位创造出绵延赓续之文化传统的先知或圣哲,确乎比任何后人都享有更大的思想自由,因为他既然已经代他们作出了孤注一掷的抉择,他那种极为强烈的个人色彩便已经成为别人难以逃脱的历史宿命了。

不过,这只是问题的一个方面。而从另一个方面我们又必须看到,哪怕是生逢敞开着最大创造机会和选择可能之历史关头的人们,也同样无法回避这样一个尖锐问题——究竟有没有可能完全在"向壁虚构"中化育出一种文化传统?这个问题又可以区分为以下两个步步紧逼的层面:首先,他们的思想限度究竟有没有可能超出其本人所属的那种特定文化氛围?换句话说,他们究竟有没有可能去思考在当时的对话语境之中根本就不成其为问题的问题?其次,退一步讲,姑且让我们凭空假定他们完全可以任意虚构出无穷多种人类未来生活的图景,那么,在永远是具体的人

---

① 汉斯·萨尼尔:《雅斯贝尔斯》,张继武译,生活·读书·新知三联书店 1988 年版,第 174 页。

② 卡尔·雅斯贝尔斯(台湾译作卡尔·雅斯培):《四大圣哲》,赖显邦译,台北久大文化股份有限公司 1992 年版。

类社会共同体的语言"游戏规则"的制约下,到底哪一种(好像是被某位思想家偶然选中的)理念能不被判定为纯粹的"私人语言"并因而遭到此后的历史的洗汰?读者们想必都早已料到了:对于上述两个问题的答案其实都是明摆着的。所以,我们由此又必须清醒地认识到,在中华文明的历史演进过程中,即使是像孔子这样伟大的人物,虽然其所享有的历史主动性可以说是最大的,却又仍然是受到相当制约和局限的;也就是说,即使是一个得以最大限度地创造传统的个人,他也只能借助于激活前此遗留的传统来开辟新思路。无论如何,尽管我们不能说在历史领域仅仅存在"牛顿第一定律",但传统的顽强惰性却仍属我们在认识和创造历史时绝对不可忽略的客观规律,这一点正如我在其他地方所写到的——"历史文本中所埋藏的答案,决不仅限于人们已经失去了什么,还更包含他们将可能得到什么;因为尽管人们可以凭空虚构出千万种未来生活的前景,但到头来真能为历史选中的,却唯有能从已化为下意识生活态度的共通文化心理中自然引申出来的那一种。从这个意义上讲,对于置身于历史延续性之中的人们来说,想要创造传统,就必须先有效地激活传统,而想要激活传统,又必须先全面地认识传统。如果人们看不到,这种确乎有限的历史主动性恰恰又是他们唯一现实的历史可能性,那么,他们尽可以跳出方外指手画脚地说中国缺这少那,但就是说不清中国可以得到什么,无力把握住这个民族真正的生存机会……"①

这样,我们在思想上就逼出了一个所谓"前轴心期"(pre-axial period)的问题,不得不努力去揣想对以孔子为代表的诸子百家来说曾是不言自明的思想条件,看看他们在那种特定文化氛围中对于意义和真理究竟有过何种基本的预期。我想,在这个问题上,也许我们不必过多地引证海德格尔在其《存在与时间》里所讲的种种理解的前结构(vorhabe,vorsicht,vorgriff)、伽达默尔在其《真理与方法》里所讲的前判断的视界(horizont)和先入的成见(vorurteilen),或者福柯在其《知识考古学》里所

---

① 刘东:《回到轴心时代——序〈中华文明〉》,见刘东主编:《中华文明》,中国社会科学文献出版社1994年版,第2页。

讲的被说话者不自觉遵从的推理结构(discursive formation)、劳丹在《进步及其问题》里所讲的有关哪些可做哪些不可做的一整套本体论和方法论上的研究传统(reseach tradition)与引导假定(guiding assumption)——提一提这些作者的名字及其使用的关键词也就足够了！因为事实上，尽管分别关注的具体历史环节不尽相同，但一些研究中国古代文化的同侪都已经借助于对史料本身的阅读而敏感地注意到了"前轴心期"的重要性。比如，李零在述及雅斯贝尔斯的"轴心期"时就曾经这样写道："中国的思想研究者并没有忽略自己的这一时期。相反，他们的追溯总是从这一时期开始。但是由于史料的欠缺遮蔽了人们的视线，他们往往忽略了一个重要方面，即在诸子百家的下边和这种思想活跃的前面，真正作为基础和背景的东西到底是什么，因此还不能说是充分理解了上述'突破'的含义。"①再比如，我本人在推断了中国气功养生术的源远流长之后也曾经写道："一个民族之基本生活态度的定型，看来是早出于并且决定性地影响着其哲学取向的定型。寻常人们总爱说：中国文化主静，西洋文化主动；中国文化重合，西洋文化重分；中国文化向内，西洋文化向外……这种说法当然是有根据的。而根据雅斯贝尔斯的提示，我们也已经认识到，中国文化的这些不同特点，是落成于'轴心时代'。不过，即使认识达到了这一步，也仍然只算是知道了古人思想方式的'其然'，而并非'其所以然'。如果我们进一步追问：为甚么先秦诸子尽管思想那么活跃，形成了'百家争鸣'的热闹景象，却仍然显示出莱布尼兹式的'前定和谐'，不约而同地具有了'天人合一'、'气一元论'、'中庸之道'、'内在超越'的思想倾向呢？其答案无疑只能隐藏在即使对那些创造大传统(显文化)的古人来说也已是耳濡目染的小传统(隐文化)之中。"②

　　饶有趣味的是，由于我们不约而同地都在观念上确立了"前轴心期——轴心期"的研究框架，认为非常有必要从"宗教改革"的意义上追索

---

① 李零：《中国方术考》，人民中国出版社1993年版，第3页。
② 刘东：《古代体育》，刘东主编：《中华文明》，中国社会科学出版社1994年版，第371页。

"从正统到异端"的文化变异过程,又由于我们也不约而同地都倾向于把"前轴心期"的基本精神归结为至少对先秦诸子来说已是"小传统"(数术方技和养生之道)和"潜文化"(社会行动的心理基础),所以如从公元前500年前后的特定历史环境来看,或许就应该把马克斯·韦伯有关中国宗教的那部名著的标题次序颠倒过来,即不再是《儒教与道教》,而是《道教与儒教》。这是因为:一方面,尽管道教正式作为一种完整意义上的宗教只是到东汉才被创立,但它的修为方式之渊源却完全可以追溯到远古,而且其思维方式的特征也更无疑符合列维·布留尔在其《原始思维》一书中所讲的"互渗"(participation)的规律;另一方面,尽管儒教在后世逐渐演变成为一种主导性的意识形态并且无可争议地决定了中国文化的基本特质,但是由孔子乃至先秦诸子所共同参与的理性化的"祛除巫魅"的过程,却在"轴心期"属于一种带有异端意味的文化突破和"宗教改革"。由此我们可以说,如果"异端"这个语词本身就暗含一种"后发生"的意思,那么在中华文明之所以创化为中华文明的突破期,儒家学派的地位倒很有点儿类似马克斯·韦伯在论述印度宗教(印度教—佛教)时的佛教,或者在其论述西方宗教(古犹太教—基督教—新教)时的晚出者。需要说明的是,在我所摆出的这个"道先儒后"的顺序中,所谓"道"只是方便地借用了后世定型的一个概念来指称殷周之变以前的那种浑然未开的原始思维方式,它既非借着先秦理性主义未能彻底"祛除巫魅"而作为一条潜线顽强地流传于民间、并且在东汉借尸还魂的"道教",亦非本属于先秦诸子之列、而只是到后来才被庸俗化地奉为道士始祖的"道家"。后者照我看来和孔子一样代表着对于传统的重大突破,并且从自己的独特角度对于先秦理性精神作出过不可忽视的创造性贡献;而且,恰恰因为它的基本话语和儒家的基本话语具有某种维特根斯坦式的"亲族相似",所以它在后来的思想发展中才有可能通过与之的相互激励和相互启迪而被糅合和收纳到广义的、作为中国文化精神主干的儒家文化之中。

事实上,通过上面的论述,我想读者们很可能已经大略看清了从"前轴心期"延续下来的传统习性究竟具有什么样的性质。依照雅斯贝尔斯的说法,那还属于心灵宁静和真理自明的神话时代,让人们去发挥相对的自主性以选择种种不同的文化取向的历史契机尚未出现。由此我们就不难想象：越是从"轴心期"往上回溯，各个人类共同体之间的精神差异便会越小。尽管神话学的研究可以告诉我们许多其具体内容显得林林总总的神话故事，但倘若深究起来，在那些故事背后却有着一种共通的掌握世界的方式作为其支撑点。这种掌握世界的方式就是恩斯特·卡西尔所说的人类最先创造出的作为神话的"符号形式"。正如这位作者所写道的："尽管神话作品有着这样的多样性和差异性，神话创作功能本身却并不缺乏真正的同质性。人类学家和人种学家们常常极为惊讶地发现，同样的一些基本思想遍布于全世界，并且在相当不同的社会文化环境中都得到传播。这同样也适用于宗教的历史。……宗教的符号不断地变化着，但是根本的原则，符号活动本身，则保持着同一：教义变换，宗教如一。"①也许正因为这样，虽然西方人类学家主要地并非利用中国古代的材料来立论——当然泰勒在其《原始文化》一书中、弗雷泽在其《金枝》一书中也都零星地涉及于此②——但是他们经由对其他民族之原始信仰的实证考察而得出的有关初民之一般思维特征的结论，从本质上就和中国古代史专家经由"二重史证"所总结出来的周代以前的主导性思维方式并无二致。意味深长的是，中国最古老的文字——甲骨文，本来就是为了记载占卜的结果才被创造出来的，这真可以被当做恩斯特·卡西尔上述论断的一个绝妙注脚了，因为卜巫尽管从动作形式上不如原始歌舞那般狂热与积极，但其思维基础却仍可归结为一种宇宙万物之间的"整体的交感"（sympathy of the whole）。谈到殷墟卜辞的具体内容，由于古代文字学方面领域的专业训练，它们一直被严格限制在非常狭小的学者圈子之中；而极为遗憾的是，由于我至今尚未具备在这方面得以自主下判断的知识基础，所以在面对一些有争议的考释时就根本不敢贸然地作出选择（尽管其中的某些看法明显可以加强我的论证）。由此，我在这里就只能仅限于

---

① 恩斯特·卡西尔：《人论》，甘阳译，上海译文出版社 1985 年版，第 93—94 页。

② 参阅爱德华·泰勒：《原始文化——神话、哲学、宗教、语言、艺术和习俗发展之研究》，连树声等译，上海文艺出版社 1992 年版；詹·乔·弗雷泽：《金枝——巫术与宗教之研究》，徐育新等译，中国民间文艺出版社 1987 年版。

征引那些迄今为止并无异议的研究结论来勾画一下殷周之变以前的原始信仰的基本特征;所幸的是,从本文的要求来看,能做到这一点也就足够了。首先,通过卜辞我们看到,商代已经有了"至上神"的观念,如郭沫若在《青铜时代》一书中所写道的:"卜辞是卜的纪录,殷人是最为迷信的,无论什么大小的事情都要卜,一卜总是要连问多次……但是殷人之所以要卜,是嫌自己的力量微薄不能判定一件事的吉凶,要仰求比自己更伟大的一种力量来做顾问……由上所论足见殷时代是已经有至上神的观念的,起初是称为'帝',后来是称为'上帝',大约是在殷周之际的时候已经是称为'天'……"①其次,通过卜辞我们又看到,即使在商代发展出了"至上神",它却也并未抽象化到如《约伯记》(Job)里那样完全不与下界相通的程度;那种被泰勒看作一切宗教之始基的万物有灵论(Animism)不仅仍然存在,而且恰恰正是借助于这种万物有灵论,世间的所有事物又都被看作有机相连的。这一点又正如陈梦家在其《殷墟卜辞综述》一书中所写道的:"卜辞所记殷人的崇拜,可以分为三类:一是天帝崇拜,崇拜上帝及其臣正;二是自然崇拜,崇拜土地诸祇;三是祖先崇拜,祭祀先王、先妣和多祖、多妣、多父、多母、多兄、多弟等,乃是崇拜祖先的具体表现……上帝是掌管自然天象的主宰,是施令下雨的主宰,所以他实为农业生产的神,他的臣正也是分掌天象的诸神。他和人王不是父子的关系。人世不能直接向上帝求雨祈年,而是通过先公先王和神祇向上帝求雨祈年的。"②经由对于出自西方人类学家之手的一些经典之作的阅读,我们不难发现,这类的巫术性思维方式在原始初民那里实际上是普遍存在的。我想,正因为这样,在引述了 Peter T. Furst 有关人类文明的"活化石"——美洲印第安人之"萨满式的"(Shamanist)意识形态的种种归纳之后,张光直才会有理由认为这种思想特点"在早期中国文明的适用性亦不下于在西班牙人以前文明时代中美洲的适用性";该作者又基于他对中国史前时代的渊博考古学知识而接着写道:"我们所指的是下述中国古代象征和信仰体系的残

---

① 郭沫若:《青铜时代》,群益出版社 1946 年版,第 16—21 页。
② 陈梦家:《殷墟卜辞综述》,中华书局 1992 年版,第 646 页。

碎可是显炫的遗存:公元前五千年到三千年前仰韶文化中的骨骼式的美术;公元前三千年到两千年前东海岸史前文化里面带兽面纹和鸟纹的玉琮和玉圭,殷商时代(约公元前 1300—公元前 1100)甲骨文中所见对自然神的供奉,世界的四土,四方的凤和精灵,和凤为帝史的称呼,商周两代(约公元前 1500—公元前 200)祭祀用器上面的动物形象;中国古人对'在存在的所有形式之中气的连续性存有'的信仰;东周(公元前 450—公元前 200)《楚辞》、萨满诗歌及其对萨满和他们升降的描述,和其中对走失的灵魂的召唤。这一类的证据指向在重视天地贯通的中国古代的信仰与仪式体系的核心的中国古代的萨满教。"①毫无疑问,只要我们把认知的范围严格限制在巫风大盛的前轴心时代(或前轴心地区),张光直所勾勒的这条"泛萨满主义"的线索就是完全可信的。

不过,话说回来,我之所以要对张光直的"泛萨满主义"的适用性进行上述的限定,却又正是因为照我看来,假如一位专治史前考古的学者把他所体证到的初民头脑中的思维方式不加分析地下推到先秦诸子身上,认为正是前轴心期之意识形态的"连续性"直接派生出了轴心期乃至轴心期以后之意识形态的"连续性",就不免有点儿粗率越界的嫌疑。② 这样一来,以孔子为代表的先秦思想家对于过去历史传统的决定性改造就会被视而不见了。所以,即使大家认识到了萨满式的思维方式于后世不仅在社会下层有着顽强的惯性,而且在社会上层也仍有变态的孑遗,我们也决不可以忽略——它毕竟在逐渐被酝酿成熟的历史突破期遭遇到过决定性的挑战,而且正是这种挑战解构了过往的正统意识形态,要求轴心时代的思想家们努力发挥历史主动性来重构新的精神传统。倘若不认识到这样

---

① 张光直:《中国青铜时代·二集》,生活·读书·新知三联书店 1990 年版,第137—138 页。

② 张光直在其《中国青铜时代·二集》一书中曾经引用 F. W. Mote 和杜维明有关"真正中国的宇宙起源论是一种有机物性的程序的起源论"以及这种有机物性的程序"呈示三个基本的主题:连续性、整体性和动力性"的说法,而把中国文明的起源说成是"连续性的形态",把西方文明的起源说成是"破裂性的形态"。也就是说,这位作者认为中华文明完全是在远古时期普遍存在的萨满教的基础之上和界限之内建立起来的,它从头至尾都并未经历过任何质的变化。参见该书第 9 章:"连续与破裂:一个文明起源新说的草稿"。

一个文明进程中的决定性变因,我们便从根本上无从解释:既然在历史初期中国也存在过萨满主义的思维方式,而且这种思维方式到殷商时代也演生出了"至上神"的观念,那么究竟为什么中华文明发展到后来在其文化类型上既远远超出了(据说和它同源甚至同种的)印第安文明,又迥然不同于信奉一神教的希伯来文明?

由此,在我们所要追溯的先秦诸子曾经展开其哲学探索的那种共通的语境之中,就不仅包含着过往的宗教,还更包含着要求对于这种古老宗教进行根本改革的异端因素。这种异端因素的本质特征无疑不会在于张光直所讲的中国早期之萨满式世界观的万物一体的连续性;恰恰相反,它理应在于逐渐增长起来的对于天人、物我、主客、内外之间相互分离的确认。非常有趣的是:正如任何异端思想都是从正统教义中不知不觉间游离出来的一样,华夏的初民们有关"天人有别"的观念,也正是从占卜巫术中悄悄产生的;对于这一点,我们只要拿商代的卜辞和周代的《易经》作一番对比,便会确信不疑。尽管同样是在占卜,故而它们两者之思想方法的基础就仍都属于交感性的巫术性思维,但由于《易经》作为一部卦书已经不能再像卜辞那样仅仅停留在事后的消极记载,而要对于吉凶进行更为积极的预测,所以这部卦书的作者就必须解决来自两方面的难题——其一是对变易中的天道运行进行相对自律的描述,其二是对本应由天道决定的人类未来命运进行确当的预报。我们当不难想象,只有在事后验明这种"天人感应"的关系是丝丝入扣和有放皆准的,原有的认定存在着连续贯通的整体关系的古老世界观才会是不受挑战的。只可惜,这一点其实是任何人都不可能做到的。我个人认为,恰恰是受此种困境所逼,《易经》中才必然地出现了任何卦书都毫无例外地会去采用的模糊语言,如"贞,吉"、"否臧,凶"之类,以便在(按照概率应达50%的)预报不应的情况之下,还可以再用"人本身曾经努力与否"来把问题重新解释得通。由此,我们就看到了一种黑格尔所说的那种"理性的狡智"——恰恰是在一部想要证明宇宙间处处存在着萨满式关系的卜筮之书中,反倒孕育着过去那种认定物我浑然未开的一元化世界观的断裂:一方面,是由六十四卦、三百八十四爻的象征体系所兆示的具有自身发展规律的天道;另一方面,则是因为意识到了外在的必然律而警觉起来的、理当"终日乾乾,夕惕若,厉无咎"的、具有了选择自由并且因此也背负着道德责任的主体。当然,话不能说过头:《易经》毕竟还是一部占卜之书,它的主导性倾向仍属巫术性的和整体交感的,不然它就不会在蓍草的排列和万物的演生之间确立那种"互渗"的对应关系了。不过,由于忧患着自己的命运并且意识到了未来发展的非确定性,它终归还是潜藏着一种萌芽状态的、并不完全受天道决定的主体意识,正如高亨在其《周易杂论》中所指出的,它认为人事有可能转移天意。① 我想,我们这样把人的自我意识从早期萨满主义世界观的母体中自然而然地"接生"出来,或许要比单纯从社会学的意义上来解释周人心目中"以德配天"的观念的源起更能看清精神蜕变的内在线索,而不致把原始观念的分化瓦解仅仅归因于偶然的变故。大家若从这种内在线索去分析《尚书·周书》中所谓"天不可信,我道惟文王德延"之类的文字,问题就显得迎刃而解了:为什么"惟命不于常"? 那是因为即使是在同样的环境下人类仍有可能自主地选择作恶或者扬善的不同行为,故而其命运好坏便相当或然地掌握在自己手上。由此,问题的重心便已从宇宙论意义上的卜筮预测转移到伦理学意义上的价值判断了。早在40年代,郭沫若便在其《青铜时代》一书中指出了周人在道德意识上的这种非常关键的警醒——"这种'敬德'的思想在周初的几篇文章中就像同一个母题的叠奏曲一样,翻来覆去地重复着。这的确是周人所独有的思想……德的精神上的推动,是明白地注重在一个'敬'字上的,敬者警也,本意是要人时常努力不要有丝毫的放松。"②而到了70年代,徐复观更在他的《中国人性论史》一书中进一步地分梳说——"敬字的原来意义,只是对于外来侵害的警戒,这是被动的直接反应的心理状态。周初所提出的敬的观念,则是主动的,反省的,因而是内发的心理状态。这正是自觉的心理状态,与被动的警戒心理有很大的分别。"③据此,他指出了在周初的

---

① 参阅高亨:《周易杂论》,山东人民出版社1962年版。

② 郭沫若:《青铜时代》,群益出版社1946年版,第29—30页。

③ 徐复观:《中国人性论史》,台湾"商务印书馆"1962年版,第22页。

意识形态存在着一种"人文精神的跃动",并认为这种人文主义倾向虽然还只是萌芽于宗教观念的内部,却对奠定中国精神文化之基型有着深远的影响。上述研究成果在我看来无疑都属于不刊之论,而且只要我们愿意,还可以从王国维的《殷周制度论》①一文中及张光直的《商周神话与美术中所见人与动物关系之演变》②一文中,为之找到制度层面和器物层面的有力佐证。

事实上,只有从天、人逐渐相分这个缺口势如破竹地思入当时的背景,我们才能顺理成章地体会到孔子以及先秦诸子在进行"宗教改革"时所共同具有的话语语境。到这时候,我们就更能真切地体会到雅斯贝尔斯在描述"轴心期'时的思想穿透力有多么深了,因为在孔子曾经生活的年代里确乎出现了史华兹(Benjamin Schwartz)于其《古代中国思想的世界》一书中所讲的那种在"所是"和"应是"之间的高度紧张对立。在"所是"的一侧,一方面是彻底的礼崩乐坏和道德沦丧,如《左传·昭公二十年》所云:"适遇淫君,外内颇邪,上下怨疾,动作辟违,从欲厌私,高台深池,撞钟舞女,斩刈民力,输掠其聚,以成其违;不恤后人,暴虐非度,无所还忌;不畏谤讟,不惮鬼神……"另一方面则是与此同步产生的在上层知识界中的对于传统信仰的普遍怀疑和失望,如《诗经·大雅》所云:"瞻卬昊天,则我不惠。孔宁不填,降此大厉。邦靡有定,士民其瘵。蟊贼蟊疾,靡有夷届。罪罟不收,靡有夷瘳!……天之降罔,维其优矣!人之云亡,心之忧矣!天之降罔,维其几矣!人之云亡,心之悲矣!"(《瞻卬》)"荡荡上帝!下民之辟。疾威上帝!其命多辟?天生丞民,其命匪谌?靡不有初,鲜克有终!"(《荡》)"倬彼云汉,昭回于天。王曰于乎!何辜今之人?天降丧乱,饥馑荐臻。靡神不举,靡爱斯牲。圭璧既卒,宁莫我听?"(《云汉》)而在"应是"的一侧,则正因为孔子已经敏感地注意到了"天下之无道久矣"(《论语·八佾》)、"吾未见好德如好色者也"(《论语·子罕》),这位

---

① 参阅王国维:《殷周制度论》,《王国维遗书》第二册,上海古籍书店1983年版。
② 参阅张光直:《商周神话与美术中所见人与动物关系之演变》,《中国青铜时代·一集》,生活·读书·新知三联书店1983年版。

伟大的圣哲和先知就更加感到必须要以"忧道不忧贫"（《论语·卫灵公》）和"朝闻道夕死可矣"（《论语·里仁》）的精神，来寻找一个人们足以安身立命的"一以贯之"的价值支点，以改变他们"德之不修，学之不讲，闻义不能徒，不善不能改"（《论语·述尔》）的文化失范现状。当然，如果问题仅仅展开到这里，我们还只足以说明孔子何以要去做一个"圣哲"，而不足以说明他何以偏偏要去做"像他这样一个"先知，因为我们知道对于道德意识的彻底自觉乃是产生几种主要世界性宗教的共通原动力，而光有这种自觉还未必足以促使孔子去为道德选定一个在世界范围内绝无仅有的独特价值支撑点。然而，对于以孔子为代表的中国先秦理性主义思想家们来说，问题的严重性却在于：作为文明进程不断"祛除巫魅"的历史后果，从周初就不断跃动的主体意识和人文精神，至此已经把"天道"和"人道"剖化得"非所及也"（《左传·昭公十八年》）了。我们看到，在儒、墨、道、法诸家之中，除了来自下层因而还带有较大历史惰性的墨家还主张"尊天事鬼"之外（其实这也正是它很快为历史淘汰的主要原因），占主导性的思想潮流都是清醒地使"天"褪去了以前曾经有过的"神格"，让冥冥上苍只落得个"四时行焉，百物生焉"的自然功能。而另一方面，既然已经是"天不与人同忧"[1]，人便既摆脱了神意的重压又失去了它的护佑与范导，孤苦伶仃地彷徨于天地之间，无所遮蔽地暴露给了无情的大自然，故此他们就只有为自己的存在而忧患操心了。正因为这样，我们看到——对于"不语怪、力、乱、神"的孔子来说，他会继承着周初以来不断成长的自由意志和人文精神，而说出那句"人能弘道，非道弘人"（《论语·卫灵公》）的豪言壮语来，就绝非偶然之举了。刘小枫曾经非常形象地对比过中西文化中之天人地位的不同——"正因为'天'有某种无能症，才必得要求人有某种程度的无所不能性……这与西方的上帝全知全能，而人反倒患有严重的无

---

① 参阅钱钟书《管锥编》第一册"天不与人同忧"一条："《系辞》上：'显诸仁，藏诸用，鼓万物而不与圣人同忧'……道无心而有迹，圣人则有心亦有迹，盖道化育而不经营故也。……圣人有心故忧，道无心则不忧矣。"中华书局 1979 年版。

能症刚好相反。"①如果没有留意这位作者对于中国文化的趾高气扬的批评口吻，那么或许人们会以为他是在赞扬中国古代的哲学家们，因为姑且不论人本主义者究竟是否应该这样自期自许，那位无所不在和全知全能的上帝到底为什么又永远缺席并且创造出那么多的非正义呢？ 不过，我们应该对此予以补充的是，对于介身于轴心期的中国古代思想家们来说，他们之所以要这样来高扬主体的意志，其实并非是出自对于天神的故意狂傲亵渎，相反倒毋宁说这只是在无情的"被抛状态"中的一种迫不得已的自我拯救；既然外在自然的非人格化以及它对于人类命运的漠不关心已经成为了当时的普遍共识，那么，整个中华民族相对早熟的理性主义精神就根本没有为一位应运而生的圣哲留下从主体之外的某种价值支点来寻求生存意义的任何余地。

缘此我们可以说，在人类自身的道德意识和妊娠它的宗教母体之间，相对于其他民族而言，孔子确乎是最早地剪断了供应其养料的脐带。他的此举对于华夏民族之精神的影响到底有多么巨大，也许只有从中、西文明在后世的交通中相互为之惊叹的事实中才会看得最为清楚。我们知道，自从 20 世纪的中国人对于西方哲学逐渐有了较为完整的认识之后，越是晚近出现的儒学思想家们，就越是表现出对于康德哲学的浓厚兴趣，他们甚至不惜花费大量笔墨去专门翻译、注解和研究它。② 这种现象当然不会是偶然的，它的主要原因无疑首先在于——事实上从儒家思想刚刚开始确立的那一刻起，它就已经面对着和康德相似的哲学难题了。正像被大卫·休谟（David Hume）惊醒并且因而写完了《纯粹理性批判》的那位近代德国哲学家一样，在中国的原始儒家面前，也明显摆出了两类东西：其一是越来越获得了无神论意义并且日渐离人远去的外在自然，其二则是不断升起主动精神和自我意识并且因此而时时忧患着其生存意义的

①　刘小枫：《拯救与逍遥——中西方诗人对于世界的不同态度》，上海人民出版社 1989 年版，第 110 页。

②　这方面最为明显的例证是牟宗三和李泽厚。参阅牟宗三：《康德的道德哲学》，台湾学生书局 1982 年版；牟宗三：《康德〈纯粹理性批判〉译注》（上、下册），台湾学生书局 1983 年版。另请参阅李泽厚：《批判哲学的批判——康德述评》，人民出版社 1984 年版。

意志主体。由此,也正像康德紧接着就感到有必要去撰写《实践理性批判》一书来论证严峻的道德律令乃是"法由己出"一样,对于陷入相同困境的原始儒家来说,不把正常社会规范的价值根源归结到一个"我欲仁斯仁至矣"的性善论主体身上,难道还有什么更好的选择么?从这个意义上讲,孔子无非是早生了两千多年的康德。尽管他那种"述而不作"的特殊立论方式使他往往是用"礼云礼云,玉帛云乎哉"和"人而不仁如礼何"之类的反诘去启发自己的弟子,但是,在他那套建立于"仁"这个核心范畴上的思想体系的背后,却仍然和借形式逻辑步步推演出来的康德的形而上学一样,有其自身的充足理由。我想,凡是对于儒学精神体会较深的学者,都会对孔子意在言外的深层考虑默契于心,因而一旦读到康德的"哥白尼革命"(Copernican revolution),也就都会格外地然其所论。这正是他们对康德哲学给予特别关切的内在缘由。而在另一方面,也正是由于此后中国人的文化心理浓重地打上了孔子思想的上述印迹,所以根据安田朴(R. Etiemble)在其《中国化的欧洲》一书中的追述,当法国的启蒙思想家们从来华的耶稣会士那里了解到有关中国的一些情况时,最使他们感到震惊和受到启发的,亦恰恰在于世界上居然可以有一个伟大的民族能够在长期信奉无神论的同时却又不失道德纲纪!这对于西方人来说简直是闻所未闻和不可思议的,正如从小就对性善论耳熟能详坚执不疑的中国人即使听到了尼采(Nietzsche)那句"上帝已死"的惊呼也不会想到有"重新评估一切价值"的必要性一样。由此我们便不难领悟出,孔子对于中华文明价值立足点的那次根本性转移,具有何等沉重的历史分量,并且造成了怎样的"中国人之所以为中国人"的特殊文化心理禀赋。

但孔子对于中国文化之内在精神的影响绝非到此为止,因为儒家学派的哲学任务绝不会因为解决完了伦理学难题就宣告终结。正像基尔凯郭尔(Kierkegaard)所指出的那样,在受到终极关怀驱动的人类精神的发展过程中,从感性欲望上升出来的道德意识只是一个过渡阶段,它还有待于向更高的精神层面跃进。事实上,黑格尔之所以在其《哲学史讲演录》一书中看轻了孔子,恰恰是因为他从精神发展的这种内在要求出发,而尚未能窥得儒家思想的全貌,便误以为这些"道德格言"并没有上升到"绝对"和"全一"。假如事实果然如此,那么在中国古代的生活世界中,由"忧患意识"所激励警醒的道德主体,就会像刚刚写完了第二个"批判"的康德那样,发现在天、人之间横隔着一条巨大的鸿沟,从而既面对着外在自然之无可化解的陌生性,又面对着道德法则之严峻刻板的他律性,而无往不感到不自由。或许,这种困境倒是比较符合一些俗儒、陋儒的心态,因而也比较符合墨子刻对于儒家传统之内在紧张的夸大解释;不过,正如我们已经指出过的那样,它无论如何对于由孔子所开出的文化方向而言只是一种肤浅的误解。我们从孔子本人"五十以学《易》"的自述和司马迁对他"晚而喜《易》"的追述中间,是不难发现其进一步地朝着本体论方面的运思方向的——那正是希望借助于对于传统宇宙论的批判性反思和创造性诠释,把已经落成为根本价值支点的性善论生命本体再外化出去,重新赋予天、地以道德的意义,以期把天人关系从相互隔膜的"我—它"化解为具有前定亲和性的"我—你"。正因为这样,儒家学派的哲学本体论,就合乎逻辑地必然要在《易传》这样一部重新解释《易经》之奥秘义理的著作中完成。尽管我们知道,自从宋代的欧阳修撰写了《易童子问》以后,有关《易传》到底在多大程度上是出自孔子之手的问题就成了中国古典文献学中的一大悬案,而且似乎越到后来学者们就越倾向于认定它的全部十个部分(《十翼》)都不是孔子所作。① 然而,即使我们退而假定孔子在其生前尚未来得及把他进一步运思的结晶形成文字材料,恐怕也没有人能够否认——《易传》正是孔子和孔门弟子孜孜以求的东西。幸而,随着马王堆汉墓《帛书易传》的出土,学术界已经获得了更为确凿的最新证据来断定孔子的确是"老而好《易》",并且和其弟子们一道创立了"孔门易学"的。② 但我想,从方法论上讲,万一这些材料永远不出土(这种田野考古发掘确

---

① 参阅张岱年:《中国哲学史史料学》第一章第二节,生活·读书·新知三联书店1982年版。另外,刘建国所撰的《中国哲学史史料学概要》(上册)对于围绕《易传》作者问题的争论有更为详尽的介绍,吉林人民出版社1981年版,第55—59页。

② 参阅李学勤:《周易经传溯源》,长春出版社1992年版。另请参阅陈来《马王堆帛书易传与孔门易学》一文,台湾辅仁大学"中国哲学在中国历史的回顾与发展"研讨会论文,打印本,1993年。

实有很大的偶然性），我们就真的无力顺着思想的内在逻辑来还原古人的本有心态了吗（只有这种"知识考古"才有确定的必然性）？比如，从孔子所谓"五十而知天命，六十而耳顺，七十而从心所欲不逾矩"（《论语·为政》）的说法中，我们难道还不足以体会出——他越到晚年就越是向往着与天道的重归于好，希望使之成为道德生活和伟大人格的衬托，并且从中获得一种"天人合一"的自由感吗？我们拿这段话和《易传》中的主题对照一下，就不难发现，其《系辞》上说的那种"与天地相似，故不违。知周乎万物，而道济天下，故不过。旁行而不流，乐天知命，故不忧。安土敦乎仁，故能爱"的境界，或者其《文言》上说的那种"与天地合其德，与日月合其明，与四时合其序，与鬼神合其吉凶。先天而天弗违，后天而奉天时"的人格，的确就是孔子在其生命终点像老年浮士德那样拼尽了最后一点儿心力所想要描绘的自由极地。所以，从文化走势的大处着眼，我觉得围绕着《易传》之作者问题的无休止的文献学争辩其实都是无关宏旨的，因为真正重要的并不在于到底是由孔子还是由孔门弟子完成了《易传》，甚至也不在于这部书在形成的过程中到底吸收了多少其他学派的思想营养、特别是到底借用了道家学派在哲学本体论方面的哪些既成术语，①而在于《易传》所描绘的宇宙论图式乃是应着儒家所坚持的基本价值取向而开出的。也就是说，这里所描绘出的"天道"并非是像老子所讲的那样"天地不仁"因而压抑"人道"的，所以尽管它的论述步骤从表面上看来往往是从

---

①　陈鼓应出于他奇特的"道家主干论"，已经连续发表了五篇文章来论证《易传》并非儒家经典，其题目分别为：《〈易传·系辞〉所受老子思想的影响》、《〈易传·系辞〉所受庄子思想的影响》、《象传与老庄》、《易传与楚学齐学》、《论〈系辞传〉是稷下道家之作》，其中前四篇收入陈鼓应《老庄新论》一书，香港中华书局 1991 年版，后一篇载于《道家文化研究》（第二辑），上海古籍出版社 1992 年版。但我认为，这五篇文章均非平心之论。首先，前三篇文章的主要论据只在于外在地罗列道家学派的哲学术语如何反映于《易传》中，而未能内在地分析出这些术语已经应着儒家学派的基本取向而受到改造。其次，后两篇文章强行把齐学楚学中的诸家诸派统统"扩大化"地收并入道家的门户之中，以论证道家反而比儒家更具开拓进取精神；而这样一来，"道家"这个范畴就显得相当混乱了，不仅不符合目前学术界对它的普遍理解，也不符合两千多年以来中国古人对于该思想流派之基本倾向的一贯认识。

"形而上"之道推及"形而下"之器,但究其实质,此中所谓的"形而上"之道却恰恰是因为被设定为合乎儒家道德哲学的要求才得以与"形而下"之器同构。就像康德感到有必要应着伦理学的要求去另行设定一个高出认识论的"自在之物"那样,《易传》的作者从儒家道德哲学的基点出发,通过对《易经》的创造性诠释,为了获得一种对性善论伦理学的保护性假说,也从表面上恢复了原已支离破碎的古老萨满主义世界观的基本图像——天、人之间的连续性。然而无论如何,这却绝不是一次简单的回复! 我们必须看到:恰恰是因为有了道德主体意识的不断高涨,儒家学说中的"自然之天"才会在这里进一步转化为"伦理之天"。它所以被设定为与人同构,绝不是想要支持人们再去从事迷狂的、非理性的巫术性行为;恰恰相反,靠着这样一个天、人之间"前定和谐"的本体论预设,《易传》的作者倒是希望把儒家所张扬的社会理性再内化成为个人的感性。由于"仁"不再仅仅被设定为人的潜在本性,而且还更被设定为整个宇宙的潜在目的,于是,在对于"天地之大德曰生"的信仰中,在"生生"之天心的护佑下,人们便获得了穷神知化、从容中道的心态,从而自觉而自由地去参赞天地之化育。这样,由道德自觉而引起的内在紧张便已在本体论的意义上被转化为顺性顺理的自然行为(所谓"天行健,君子以自强不息"),而"己所不欲,勿施于人"之类的严峻形式律令也就转变为本能内倾的至诚天性了。

于是,在古代儒家所最终构筑成的这种新型的世界观之中,在大自然向人生成的基本预设之下,人也在反过来不断地向大自然生成。而这种双向的相互接近,正是被黑格尔在其《美学史讲演录》中认定为足以产生人类之审美活动的本质要点。一方面,由于"自然的人化",儒学思想家就排除掉了过去曾使他们最为之忧患的"天道"的外在性与靡常性,把他们置身其中的客观环境看成是一个与自己的主观欲求在本质上同构的世界,因而注定是"在所有可能有的世界中最好的一个世界",注定是一个足以诗意地栖居的、具有田园牧歌情调的家园,并且永远可能成为人们发挥"游戏冲动"(席勒)的场所和进行"审美观照"(叔本华)的对象。我们看到,在孔子依次听完了由他的几位高徒各自抒述的志向之后,正是受儒家哲学这种终极价值指归的规定,他才会不愿首肯其他弟子对于外在事功的追求,而独去赞成曾点所向往的境界——"莫春者,春服既成,冠者五六人,童子六七人,浴乎沂,风乎舞雩,咏而归。"(《论语·先进》)而在另一方面,由于大自然已经被解释为潜在地契合于人自身的生命活力和道德要求,也由于儒学思想家又不像基督教思想家那样认为"人性"本身是低于并受压抑于"神性"的,所以,"人的自然化"就势必成为与"自然的人化"完全同步的过程。也就是说,人们在道德上的不断修养和人格上的无限上提恰恰意味着他们在努力投入大自然的怀抱,而能够达到这种"与天地合其德"之修身极致的人,则可算是进入了后来被冯友兰称作"天地境界"①的人。这种在主体和客体之间所出现的双向逼近的过程,正是把整个人生都点染出一层审美色调的思想基础。尽管受道德规范的制约,儒家哲学并没有失去其确定的伦理学内涵(因而也就并没有真的像刘小枫所讲的那样不辨是非地一味"逍遥"),但是,由于坚信天道和人道终究是会一致的,人们就必然会产生一种基于价值理性的沉着和默契天心的慰安。我们不难理解:如果一个人坚信凡是不合理的东西都终将演变为不现实,坚信他所凭依的道义在大化运行中间终将会被证明是有放皆准的真理,更重要的是,如果他坚信假如去过一种非道德的生活对于他自己来说是不可思议和不堪忍受的,那么,伦理学所要求的严峻律法对他来说就不再是一桩苦事了。我们看到,无论孔子有没有亲笔写下《易传》,当他说到"仁者不忧,知者不惑,勇者不惧"(《论语·宪问》)和"君子不忧不惧……内省不疚,夫何忧何惧"(《论语·颜渊》)的时候,这位既"发奋忘食"又"乐以忘忧"的思想家,其心态中都已经发生了这种合乎逻辑的转换和递进。我们从他所谓"志于道,据于德,依于仁,游于艺"(《论语·述尔》)和"兴于诗,立于礼,成于乐"(《论语·泰伯》)的修身次第中,可以明显体会出他的这种心情变化过程;而从他发出的"一箪食,一瓢饮,在陋巷。人不堪其

---

① 冯友兰对于他所谓的"天地境界"进行了反复的阐发,认为人格的层次可以由低向高分为四种:自然境界、功利境界、道德境界和天地境界。出于他对中国哲学的深刻领悟,冯友兰一直把"天地境界"看作最为要紧的体证"天人合一"的修持极境。参阅其早期的《先原人》一书,收入《三松堂全集》第四卷,河南人民出版社 1986 年版;另请参阅他晚年对其《中国哲学史新编》的总结。

忧,回也不改其乐"(《论语·雍也》)的夸赞中,更可以清晰地看出在儒家哲学的逻辑发展中,"乐"是怎样最终压倒了"忧"。在这里我们又一次要拿康德来作印证了。就像康德在最后一个"批判"里企图借助于审美心理来织补主观世界在知识和伦理两大领域上的二元分裂一样,孔子也同样点明——"知之者不如好之者,好之者不如乐之者"(《论语·雍也》),要求人们以审美的态度游刃有余地去过一种道德生活。事实上,在儒家哲学最终落成的这样一个宇宙论框架下,天道(真)和人道(善)已经水乳交融,故此对于宇宙本质的体证也就必然成为无往而不快乐的(美)。以这种模式向外看,就会不禁赞叹"维天之命,於穆不已"(《礼记·中庸》);以这种模式来内省,也会感到"反身而诚,乐莫大焉"(《孟子·尽心》)。和孟子讲过的"以大事小者,乐天者也;以小事大者,畏天者也"(《孟子·梁惠王》)说法相仿佛,冯友兰也曾经说过,凡能达到"天地境界"的人,即可以"有一种乐。有此乐者,谓之乐天"。[1] 而天之所以这样从"忧"的对象转变为"乐"的对象,又恰恰在于——当"自然之天"被儒家设定为"伦理之天"以后,在一个首尾相接的意向性结构中,在"天人合德"的快慰心情下,它又必然地显示为"审美之天"了。

这才是中国文化内在基因之突变的最终完成!它决定性地把这种文化规定为审美类型的了。中华文明之所有可能有和所有不可能有的东西,都悄悄地隐含在这一次重大的文化转型之中了,所以说穿了,此后的历史唯不过是由此所奠定的文化转向的逻辑展开而已。当然,文明之价值内核的突变绝不会一蹴而就地立即就导致整个文化有机体之总体风貌的突变,故此作为一种审美文化的中华文明的全部特点还有待于在此后的长期历史中逐渐地化育出来。然而,问题的关键是,原始儒家在此后的中国文化史中的决定性意义却在于——要么,在某一个具体的历史阶段,人们还没有获得全盘依照孔子的理想行事的成熟机会,因而尽管他们受孔子的影响仍然很重,但若照其后人看来,该历史阶段却由于有违于先哲的价值范导而经不起理念的批判,也就是说,它在"本质上"还并非充分地

---

① 冯友兰:《三松堂全集》,第四卷,河南人民出版社 1986 年版,第 631 页。

就属于"中国文化";或者,在经过了长期的历史发展和文化积累之后,人们终于等到了一个良机去尽可能多地在各方面身体力行孔子的理想,从而在一个"审美文化类型"所可能开拓的极限空间中竭尽所能地创造出了最大的文化成就,并使此后的中国人足以永远引此为骄傲。不过,也就在此种审美文化得以最大限度地发挥出潜能的同时,它的先天局限性亦必然会最为明显地暴露出来,从而迫使后人不得不又返回中国文化的源头来从其根基上彻底反省它。

四

有必要再次说明的是,尽管从表面的叙述方法上讲,前文好像是沿着历史的先后顺序展开的,但若就作者内心的研究理路而言,实际情况却刚好相反:恰恰是对呈现于后世的正反两面历史现象的综合观察,才迫使我不得不努力回溯到中国文化的形成期,去破译隐藏在这些现象之下的深层谜底。其所以如此,是因为我强烈地意识到了,如果从长时段的历史跨度来看,无论一个文明的成功之处或失败之处,都绝不可以片面地归因于一个个畸出于该文明本有规范之外的偶然变因,否则,整部文明史就有危险被肢解为由许多无关细节胡乱叠加成的"断烂朝报"。

正因为这样,我认为,果欲从中华文明史中总结出真能称得上教训的东西,就必须紧紧抓住确曾范导过这部历史的价值理性不放,以便从根基处检讨构成了古人基本行为规范和潜在心理预期的文化规则。又恰恰是基于这种考虑,我才在行文中把关注的焦点对准了真正足以构成中国文化主干的儒家学派,认为主要是它——而非似乎更加醉心于具体审美实践活动的道家学派——才同时导致了这种审美文化的兴盛与失落。

而说到这一层,为了免使读者误以为笔者的这种做法也同样缘出于对于任何学派的宗派感情,我们又不得不在方法论上给出进一步的清算。近些年来,学术界通行着一种可以戏称为"分析化学"的研究套路:有些作者习惯于先在自己头脑中机械记忆住所谓"儒、墨、道、法"等流派的基本特征,然后再反过来根据这类思想的畛域来简单地分梳古人的头脑;由此,他们充其量也只打算摘章引句地证明某位晚出的古人在思想倾向上主要隶属于何门何派、又间或受到了哪些其他精神脉络的影响,便觉得已把问题的复杂性全都给摆了出来。可在我看来,这类"见分不见合"的研究定势委实有很大的阙失,因为它不自觉地忽略掉了问题的另一个重要侧面:在同一个大文化的背景下,其实只有当某些思想流派于精神谱系上具有相当的"亲族相似"时,它们方可彼此接通地并存下来;因此,无论当我们从该文化的内部去微观各种思想线索的实际混糅情况时,还是从比较文化学的角度去宏观此一组文化因子与另几个文化圈中的另几组文化因子的基本区别时,都绝对不难发现,不管在儒家文化圈内还存在多少细部的分野,都并不妨碍这种文化在深层上具备本质的同一性,从而也都并不妨碍古人在精神中获得有机的"心理完型"。从这种认识出发,针对学术界一直流行的所谓"儒入道出"、"儒道互补"的公式,我们势必要发出下述诘问:如果不是庄子的"游世"态度刚好从一个重要方面暗合并且发扬了孔子"与点"的精神,那么在儒家被独定为一尊、从而在中华文明史中最终完成了"宗教改革"之后,它究竟为什么还偏偏能容得下道家这种"异端"倾向呢?或者,这一问还可以反过来发:既然当初与儒家并称"显学"的并非道家而是墨家,它在后世为什么偏偏就宽容不下那种主张"非乐"的思想倾向呢?由此可见:一方面,那种所谓"儒忧道乐"的理论模式,由于它忘记了孔子最终也是因设定了"天人合德"而达到了"乐以忘忧"之境界的,就很可能会在一种把本属于先秦诸子之"家务事"的思想辩难强烈"戏剧化"的倾向中,抽取掉了儒家哲学的拱顶石;另一方面,与上述套路相应的所谓"儒道互补"的理论模式,更会因其不分主次地并列出原本具有不同历史地位的古代学说,而弄含混了中华文明的主导性倾向。有鉴于此,为了更真确地把握住中国文化的总体走势,我们就有必要在学理上挑明:在一个被公认为"儒家文化"的文明结构内部,在它赓续了如此久长、因而势必要日益走向内部统合的发展历程之中,如果人们的确有充足理由说作为一个必要支干的道家学派曾经"补充"了居于主流地位的儒家的话,那么倘若他们反过来又讲,作为"整体"的儒家学派也曾经"补充"了作为"部分"的道家,则从逻辑上就难以自圆。

只有当读者认同了作者的上述立场、并摈弃掉陈陈相因的所谓"儒道互补"的分析框架以后，我们才能真正认清儒家思想在过往历史中的那种"成也萧何，败也萧何"的主导地位。也就是说，大家由此而得以从这样一个高度来认识问题：在涉及中国文化的独特成就时，尽管绝不会有任何人企图抹杀道家哲学对于古代艺术的突出贡献，但与此同时我们却又能大处着眼，把它的这种贡献归因于由儒家哲学所决定的审美文化的总体背景；同样，当涉及中国文化的负面效应时，即使强烈意识到了由此而导致的颓势均直接或间接地与古代社会中过于发达的审美维度有关，我们也没有丝毫理由去抵赖始终支撑着华夏文明进程的儒家哲学的历史责任，而仅仅将文明的衰落推卸到少数隐士、酒徒或艺术痴头上。实际上，我们完全不难想象，假如在古代的文化心理中确曾存在过所谓"儒忧道乐"的两极，而且"忧患意识"的一极又确曾由于儒家的独尊地位而始终占据着历史上风，那么，中华文明就势必要因其难于克服的内在紧张而显示出更强的文化冲力来——果乎如此，即使中国古代社会仍然未必会如墨子刻在《摆脱困境》一书中所想象的那样能径直"开出"现代化指向来，它的历史也完全需要重写了！只可惜，历史是从来都不能根据后人的一厢情愿——比如庞朴所憧憬和发挥的"当忧则忧、当乐则乐"的理想状态——而有丝毫改变的。缘此，真正"历史的"研究态度，当是毫无保留地潜回古人原有的文化语境之中，以考察发生于"轴心期"的那次文化变异对于整个儒家文化圈的决定性影响。卡尔·马克思曾经很有道理地写道："人们自己创造自己的历史，但是他们并不是随心所欲地创造，并不是在他们自己选定的条件下创造，而是在直接碰到的、既定的、从过去承继下来的条件下创造。一切已死的先辈们的传统，像梦魇一样纠缠着活人的头脑。"① 米希尔·兰德曼也曾经很有道理地写道："尽管文化只是源于人类，而且为了保存文化的生命力，人作为承担者使用文化，并用文化来充实自己，但文化并非附属于人，而是外在于人的独立存在。事实上，文化

---

① 马克思：《路易·波拿巴的雾月十八日》，《马克思恩格斯选集》第一卷，人民出版社 1972 年版，第 603 页。

可以与承担者分开,并可以由一个承担者向另一个承担者转化。在一定
程度上,文化与我们分离,如同自然先予的世界与我们分离一样。我们无
法逃脱地站在我们创造的文化世界中,也就像我们站在自然世界中一
样。"①如果大家对于上述之类的论断并不存什么疑虑,那么我们便完全
有理由说,对于身属儒家文化圈的所有后人来说,孔子就是他们的全部宿
命!因为孔子对其身后历史的决定性笼罩,已经在文化心理上造就了他
们的全部潜在预期,从而也已经在逻辑上隐含了他们的全部可能与不可
能。而反过来,我们也完全有理由说,对于孔子这位圣哲来说,他又势必
要牺牲一代又一代的殉道者来实验自己的思想!因为在由他所设计的具
有排他性的文明图式内部,其精神后裔的全部历史主动性,也惟不过在于
通过对儒家经典的不断阅读与阐发,来履践和伸延业已定向的文化路径,
以便将其正反两面的效应都发挥到极致而已。

准此,在由孔子勾勒其轮廓的文明图式业已式微、而由别的圣哲所设
计的其他文明图式也已构成了普遍的知识背景的今天,大家就有可能借
助于文化类型间的比较研究,来探究早在其定型之初便已隐性存在着的
儒家文化的本质优长与缺陷了。我们在这方面的讨论不妨从后期海德格
尔对"物性"的分析入手,因为在我看来,当这位西方大哲试图借此还原属
于"本真层面"的意义世界时,无论是其所悟还是其所蔽,都同样地对我们
深具启发。大家都知道,在海德格尔放弃了以逻各斯的理路构筑其"基本
本体论"、而把诗意的语言视作存在的家园之后,他曾醉心于通过倾听荷
尔德林的玄言诗——"……人诗意地栖居……",来寻求对于那种不可知
的神性尺度的启示;出于同一种思路,他便得以把聚集在一把陶壶中的
"物性"解析为所谓"天、地、人、神"四大要素,从而十分透辟地勾画出了西

---

① 米希尔·兰德曼:《哲学人类学》,工人出版社 1988 年版,第 260 页。

方文明的宇宙图式。① 然而,耐人寻味的是,鉴于在这种四重结构的世界模式中,唯有前三种要素才是真正可见和可知的,我们据此就不难想见,实际上只是对深受希伯来精神影响的西方性灵来说,对于神性尺度的体认才是不言而喻的;因之,当荷尔德林于一种信仰状态中写下"神到底是不可知,还是如天空般自我显明? 我宁肯信后者"的时候,我们与其说他是不自觉地道出了普遍和绝对的意义世界,毋宁说他是不自觉地道出了其文化观念上的"前理解"和"先入的成见"。这样一来,我们就有理由为不谙汉语的海德格尔感到惋惜了,因为如果他能有机缘再倾听一下中国古人的诗作,并从中发现其他类型的意义世界和宇宙模式,他差不多肯定会敏锐地领悟到——在自己从微观和共时的角度把语言看成存在之家园以后,还应当从宏观和历时的角度再补充一句:这个家园又只能是建立在文化之地基上面的,因此又总是多元的和相对的! 我想,走笔至此,几乎用不着再来饶舌,大家也应能举一反三地联想到:由于神性的尺度早在"轴心期"便已从儒家文化的价值内核中隐退与消弭,所以中华文明的意义世界就不可能再是四重结构的,而只能是"天、地、人"三重结构的。因此,接下来需要说明的便仅限于这样一点:标志着中国古代宇宙模式之形成的《易传》一书,果然以非常明确的说法印证了我们的这种推断——"易之为书也,广大悉备,有天道焉,有人道焉,有地道焉,兼三才而两之,故六,六者,非它也,三才之道也。"发人深省的是,正是在这种为中华文明所独有的宇宙论结构渐次落成的背景下,才使庞朴有可能敏感地注意到下述历史现象:"据现有材料推断,我们的祖先商族,大概对'五'的兴趣更大

---

① 海德格尔的文字向以难译并且费解而著称,但在这方面有进一步兴趣的读者,仍不妨参阅下述中文书籍的相关章节以观其大要:马丁·海德格尔:《诗·语言·思》,彭富春译,文化艺术出版社 1991 年版;余虹:《思与诗的对话——海德格尔诗学引论》,中国社会科学出版社 1991 年版;陈嘉映:《海德格尔哲学概论》,生活·读书·新知三联书店 1995 年版。

一些;而周族似较喜爱'三'。"①因此,也许我们根本不必再去穿凿附会地援引舶来的辩证法套路或人类学报告,便足以从本土的价值理念出发,来对中华民族的"尚三"观念(即"以三为和谐圆满"的观念)给出令人信服的解释了:盖"三"者"参"也,它在古代汉语中本来就既是动词"协助"、又是数词"第三",故而它突出地表达了中国古人对于自身地位的特殊理解——介于天与地之间的、顺应和赞助着整个世界之生命潜能的第三种、也是最后一种存在。基于这种判定,我们就不难对比着中西文化在其宇宙论结构上的基本差异,来归结它们在价值取向上的本质不同了。在西方式的世界观中,由于"神的尺度"高居于人类之上、并作为一种超然的价值本体而反衬出人性本身的残缺不全,那种为人道主义理想所坚执的人本身的自高自大就势必要遭到无情的摧残,故此人这种可朽的存在就势必要怀着永恒的敬畏之情去向神性靠拢、从而在无休止的心灵冲撞震荡中不断企图超越自身的有限性。所以,就其本质而言,被"四重结构"所决定的文化类型必然是宗教性的,由此便必然派生出惨淡人生的压抑性、冲突性和"外在超越性"。而在中国式的世界观中,既然对于一神论的信仰早已被无神论无情粉碎,而对于人类道德潜能的先行设定又使人性成为自满自足的,"人的尺度"就不免要像普罗泰各拉斯(Protagoras)所说的那样被当成"万物的尺度",它支持着人们把天和地之间的一切规律都视为合乎人本身之生命活力和道德祈求的东西,从而支持着人们在一种对于"上下同流"的坚定信念中沉着地修养本应完满的人格和悠然地享受分内注定的"安乐窝"。所以,就其本质而言,被"三重结构"所决定的文化类型必然会因其弘扬了康德所谓"主观的合目的性"的艺术心理而成为审美

---

① 庞朴:《稂莠集——中国文化与哲学论集》,上海人民出版社 1988 年版,第 337页。不过必须说明的是,在中国古人的"尚三"观念方面,庞朴的材料搜集工作是做得非常周到详备的,可是他对于这些材料的进一步解释,却由于非常外在地套用了某些并不相干的逻辑或报告,而显得相当牵强和不能令人信服。参阅庞朴:《说"参"》一文,《稂莠集》,上海人民出版社 1988 年版;庞朴:《数的崇尚》,刘东主编:《中华文明》,中国社会科学文献出版社 1994 年版。

性的，由此又必然派生出幸运人生的无压抑性、和悦性和"内在自足性"。①《礼记·中庸》上的一段话，再明确不过地说明了中国古人对整个宇宙本质的这种"移情式"理解："唯天下至诚，为能尽其性；能尽其性，则能尽人之性；能尽人之性，则能尽物之性；能尽物之性，则可以赞天地之化育；可以赞天地之化育，则可以与天地参矣。"而如果我们跟着再回忆一下古希腊毕达哥拉斯学派以"大小宇宙契合论"来解释审美现象的学说，②就更会确信——因"反求诸己"而开出的"三重结构"的文化模式必定要属于审美类型了！写到这里，鉴于长期以来人们对于"文明优劣论"之类的独断题目的偏爱，也许就有必要再来提示一句：本文刚刚进行过的中西文明图式的对照，在逻辑上并不足以支持人们急匆匆地朝这两大文化表示"左袒"或"右袒"。毋宁说，在从"轴心期"至今的这么一点儿有限的历史时间中，尚没有演生出一个确实值得人们赖以判定中西文明孰高孰下的可靠价值尺度；人们甚至无从断言究竟哪个文明曾经贡献过更大的文化成就，因为从属于不同类型的价值参照系出发，显然会对这个问题给出迥然不同的结论。故此，我们真正可以尝试着去做的，便只能是在"文化相对主义"的谨慎框架中，客观中立地去分析每个文明所可能显露出的优长

---

①　本文在此处没有再沿用余英时在《从价值系统看中国文化的现代意义》一文中提出的所谓"内在超越"的概念。他曾经在该文中这样写道："中国的超越世界没有走上外在化、具体化、形式化的途径，因此中国没有'上帝之城'（City of God），也没有普遍性的教会（universal church）……那么我们怎样才能进入这个超越的价值世界呢？孟子早就说过：'尽其心者知其性，知其性则知天。'这是走内在超越的路，和西方的外在超越恰成一鲜明的对照。孔子的'为仁由己'已经指出了这个内在超越的方向，但孟子特提'心'字，更为具体。后来禅宗的'明心见性'、'灵山只在我心头'也是同一路径。"（余英时：《中国思想传统的现代诠释》，江苏人民出版社1989年版，第10页）我认为，余英时的这种说法无疑是具有启发性的，因为它以"超越"二字凸显出了儒学在人格高度方面要求人们朝着"从心所欲不逾矩"的化境"无限上提"的涵养过程。但同时需要提醒读者的是：由于此处所谓"超越"的提法终归还是采取了西方的话语，用它来描述中国的精神就仍然难免外在比附之嫌；所以，如果读者们还愿借用这个概念，至少也应当对之持相当的保留与警惕，记住此类"超越"毕竟还只属于"内在"的，故而仍然是具有其"不可超越"的主体界限的，因此它无论如何都并不妨碍中国式的心灵从本质上显得自在充满和悠然自得。

②　参阅刘东：《毕达哥拉斯学派的美学思想》，《福建论坛》1988年第1期。

与缺憾,特别是平心静气地反躬自省一番:在仅仅靠"主观的合目的性"来化解冲突的文化氛围中,人们究竟要为他们所创造的高度完美的自我形象以及无与伦比的审美成就付出多大的代价? 也许,至少就迄今为止的文明史而言,人类尚没有"东食西宿"的便宜事可讨,所以我们不妨说,打从中华民族决定性地选择了某种东西的那一刻起,他们也就决定性地舍弃了另一种东西! 比如,在审美文化的大背景下,无论是对于天道还是对于人性的乐观信念,都无疑会导致人们渴望以伦理教化的手段来获得整个世界本应具有的和谐完满,并由此创造出一种至今尚未失去其尖锐挑战意义的"无宗教却有道德"的文化形态,但与此同时我们就无法期待——作为其题中应有之义的性善论哲学,还会刺激人们去发展出西方那种仅仅能教人"免而无耻"的法律体系。① 又如,在审美文化的大背景下,对于"天人合一"的先行设定无疑会导致人与自然的融洽关系,从而既促使人们在田园诗境界中自觉地守护着"生态平衡",又促使人们在无功

---

① 这当然并不意味着中国古代社会完全不需要作为一种辅助手段的法律制度的调节。但作为审美文化有机因子的中华法系,却必然要打上中国传统的特殊印迹,正如梁治平在《寻求自然秩序中的和谐——中国传统法律文化研究》一书中所概括的那样:"总之,古代统治者总是自觉地扮演着自然秩序维护者的角色。他们相信,自然秩序本身是和谐的,这种和谐源自道德秩序,灾变则是表明这种和谐遭到破坏的异兆。统治者能够通过自己顺天的行为去影响外部世界的变化,也能够通过教化和刑罚,通过发掘出人心中所固有的'道'、'理',恢复业遭破坏的和谐。在这里,和谐乃是文化的最高价值,也是统治者的最高职责。一切的文化设计,观念、行为、价值、体制全都围绕着这个核心;个体没有独立自在的依据,私利、私欲也不曾获得文化上的认可;价值的理想是大公无私,现实的努力是使民不争;法律不是人们提出其主张的依据,而是统治者维护自然秩序的一种手段;诉讼活动是不可避免的,但这一切都在'无讼'的理想指导下展开;息讼与和解是恢复和谐的好办法,但这并不妨碍疾恶如仇的法官对悖理的行为严加处断。惩恶扬善原是他们的职责所在,而以熟读经书,对圣贤教诲了然于心的读书人治理国家,又可以说适得其所。在这里,法律只是'惩恶于后',因此只具有否定的价值,它又因此不能够成为一种正当的行业;没有法学家,也没有律师;讼师与地棍被视为一类,教唆词讼更是严重的罪名;杀戮的行为被安排在萧瑟肃杀的季节,灾变与异兆又往往成为清理狱讼、减免刑罚的理由……所有这一切,都源自古代中国人独特的宇宙观,源自天道和谐的观念,源自古代中国人对于自然和谐的不懈追求。"参阅梁治平:《寻求自然秩序的和谐——中国传统法律文化研究》,上海人民出版社1991年版,第331页。

利观照中发展出最细腻敏感的审美体验并创造出最赏心悦目的艺术作品,但与此同时我们就无法期待——沉醉于"物我双忘"之高峰体验中的中国古代文人还会发展出笛卡尔式的二元论,从而以自然科学的知性体系去人为地解析和破坏可亲可近的审美对象。① 再如,在审美文化的大背景下,有关此生唯一性的清醒理性主义理解无疑会导致对人自身的高扬,从而促使人们以"存吾顺事,没吾宁也"的达观态度在有限的生命旅途中尽可能多地争取焕发本己的潜能。但与此同时我们就无法防止——这种贵生的文化心态又会娇纵出一大批古代社会的花花公子,促使他们在"为欢几何"的兴叹中"秉烛夜游",创造出各种各样的游戏手段来尽情地嬉戏人生和追求现世生活质量。② 复如,在审美文化的大背景下,那种"天人本无二"的宇宙模式无疑会派生出"乐天知命"的思想定势,从而导致汉民族成为世界上最享有心理健康和最爱好和平的文化共同体,但与此同时我们就无法防止——这种对于"无差别境界"的一厢情愿会诱使人们视而不见严峻的内外冲突,甚至会导致他们"心外无物"地忘记应付环境的变迁和外部的挑战……作为天然享有思考自由的现代学者,人们当然有权对过去的任何一种文化观念都进行独立的取舍与批判;但无论如何,如果此类"表态"根本未曾考虑到问题的全部复杂性,那么他们也可能

---

① 毫无疑问,李约瑟的巨著《中国的科学与文明》(*Science And Civilization In China*)对于整理中国古代史的一个侧面作出过重要贡献。但无论如何,我们仍须看到,尽管中华文明曾经在技术发明方面获得过具有世界意义的重大进展,它仍然并不具备西方式的自然科学体系。其所以如此,并非因为中华文明像某些人误以为的那般"落后",倒是因为它未曾走上被海德格尔所批评的由希腊形而上学所奠定的文化路径,而在一种纯粹的关系性质中把相对于主体的客体"对象化"。(参阅冈特·绍伊博尔德:《海德格尔分析新时代的科技》,宋祖良译,中国社会科学出版社 1993 年版。)所以,这个问题的实质其实正如冯友兰曾经体会到的那样:"使历史成为实际的原因是求生的意志和求幸福的欲望。但是什么是幸福? 人们对这个问题的答案远非一致。这是由于我们有许多不同的哲学体系,许多不同的价值标准,从而有许多不同类型的历史。在本文的结尾,我不揣冒昧,作出结论说,中国没有科学,是因为按照她自己的价值标准,她毫不需要。"(冯友兰:《三松堂学术文集》,北京大学出版社 1988 年版,第 24 页。)

② 参阅刘东:《饮酒文化》,刘东主编:《中华文明》,中国社会科学文献出版社 1994年版。

就只不过是滥用了这种权利，以至于粗暴和草率地亵渎了它！正因为这样，即使本文从其价值内核的深处推断出了中华文明的种种致命弱点，我仍然并不认为自己已经找到了理由去放弃"客观中立"的研究立场。这种谨慎的思想原则也同样适用于我本人对于西方文明的认识，比如，鉴于其"外在超越"的宗教信仰不仅会在近代导致具有极大文化冲力并产生了极大文化成果的"浮士德精神"，还会恰恰因此又在现当代导致悲观虚无的"卡夫卡式的梦魇世界"，所以，即使我已经从"上帝已死"的那声惊呼中找到了现代丑艺术的历史根源，①或者从"拯救世俗化"的进程中发现了"进步概念"之非理性的初始动机及其很可能是灾难性的历史后果，②我也仍然没有感到自己找到了理由去彻底否定这个伟大文明的深层价值理念，而宁愿将其视作孕育着"新型普世文明"的多元文化基因之一。③

实际上，完成了上面的论述，本文充其量只能算是以"验前的"形式大致展开了一个可以借之梳理作为经验实体的历史文本的思想框架。从学理上讲，这样做当然是很有必要的：只要任何一项对于往事的整理工作还称得上是"历史研究"，它就不能仅限于描述古人"曾经做过些什么"，还应进一步回答他们"究竟何以这样做"。因此，假如我们对于过往的经验事实道不出个"所以然"来，则终究就不可能真正读懂那些表面上看起来很简单的历史细节。但从学理上讲，仅仅这样做却又是很不够的：如果作者并未打算把纯粹从逻辑中演绎出的思想框架强加给古人，以至于惟不过是替他们向壁虚构出一种仅仅存在于自己脑际中的"可能生活世界"，本文下一步的任务就势必是"从抽象上升到具体"。也就是说，我们必须在中华文明的实际历史行程中，去进一步落实如下的悬案——早在先秦思想家们那里就已经注定要极度发达的中国文化中的审美向度，究竟到什么时候才真正成熟地贯穿于每一类文化因子之中，并从而最暴露无遗地显示出这种审美文化的总体特征和正负效应？

---

① 参阅刘东：《西方的丑学》，四川人民出版社 1986 年版。
② 参阅刘东：《多元标准下的进步概念》，《中国社会科学季刊》（香港），1994 年夏季卷。
③ 参阅作者为于 1995 年 10 月在北京大学召开的国际比较文学年会所撰写的论文《文化观的钟摆》。

　　不待言,上述问题一经提出,也就自然意味着这样一种在方法论上的自觉:既然任何一篇论文都容纳不下对于整个文明进程之全部发育过程的历时性描绘,所以本文也就不可能自内而外、由高向低地去始终追随审美价值理念在各个文化层面中的逐级传播与持续渗透;相反,我们必须在中国文化史中努力截取一个最具有代表意义的横断面,来对之进行基本上属于共时性的典型案例分析。这样做在学术上不仅是合法的,而且是有益的:正像马克思确信他有可能把人体解剖当成猴体解剖的钥匙一样,我们也同样有理由相信——中国文化在其最成熟阶段所充分展示出来的具有内在相关性的种种性状,完全有可能俾使我们透过若干历史偶变的障眼法,更加一目了然地看出这种文化的内在本质,从而也更加见微知著地把握住孕育着这次全面高涨的此前历史的总体方向。因此,真正足以对本文之立论构成威胁的,就并不在于是否撇开和忽略了化育着各种审美文化因子的缓慢历史时间,而在于作者所切入的历史横断面能否充分满足以下两种条件:首先,我们究竟能否在中国文化史中真正寻找到一个公认的"高峰期",它在各方面都同时获得了空前的文化成就,而且这些文化成就还因其符合着儒家学派所开拓的文化方向而显示出内在的"亲族相似性",并从而共同组合成了一个堪称整体的文化类型与结构? 其次,鉴于一旦某种文化的全部应有特征都在某个时期由隐性转化为显性,其所有可能达到的成就和所有可能导致的弊端就必然会被同时推向现实化的顶点,故而在历史之起承转合的全过程当中,兴盛的"高峰期"又难免要物极必反地转变为失落的"衰败期",所以接下来的问题便是:我们究竟能否在中国文化史中真正寻找到一个关键的"转捩点",它足以暴露出文明的高涨和低落无非是一个同步过程的两个不同侧面,从而充分显示出这种审美文化的一切长短得失,并且俾使我们得以站到精神的至高点上望断这种文化的全部来龙去脉,发现正是同一股力量将其推上了高峰又推下了低谷?——说句并非题外的话:倘若我们果真能够把握住中国文化史中的这个既最繁盛昌隆又最衰朽残败的"转换期",并借机而将此种文化类型的正反两面淋漓尽致地分析透彻,发现几千年来我们的祖先惟不过是在为着同一个审美理想而上演同一出悲剧,那么,人们长期以来各执传统文化之一端而进行的喋喋争执,便理应就此消歇!

准此,本文接下来需要处理的问题便是:在一轮又一轮地演化"王朝循环圈"的中国古代史中,那个真正堪称"盛极而衰"的文明转捩点究竟应当被断代在哪一个时期呢? 很可能,熟悉我本人近年来主要下力方向的友人们读到这里,马上就能会心地猜测出我内心中已有的答案。但无论如何,在一篇必须具备逻辑说服力的学术论文中,作者毕竟不能仅靠自己在阅读史书时的直觉来径下断语。因此,我们在这里就仍然应当先稍事征引——看看在最了解最同情最关切中华文化之命运,并且最勇于为此承担历史责任的知识分子心目中,到底是哪一个关键性的历史瞬间,才既代表了华夏民族的最大荣光,又代表了它的最大耻辱,从而既让他们最为之神往,又让他们最为之叹息?

在这方面,最惹人深思,也是最富于戏剧性的说法,恐怕莫过于素为大家景仰的史学大师陈寅恪在一篇序文中下意识地表现出来的潜在矛盾了。从问题的一个侧面看,他的眼光显得那样深邃透辟,足以给后学以极大的启迪。人们寻常一提到中国古代史中的"全盛期",总不免会马上联想到国势强劲、声威远播的有唐一代,可是,身为隋唐史巨擘的陈寅恪,却偏偏在《邓广铭宋史职官志考证序》一文中,板上钉钉地把中国文化的顶峰时期断定在宋代——"华夏民族之文化,历数千年之演进,造极于赵宋之世。"①故而此语真可以算是一言九鼎,迫使人们噤口不再提自己推重唐代的理由了,因为依陈寅恪的深厚学力,大概很难有谁比他本人更谙熟这类理由。所以,人们与其去怀疑陈寅恪对于宋代的偏爱独钟,倒不如去心悦诚服地领会一番:究竟是什么样的取舍标准,才促使这位大史学家作出了不同凡响的断论? 而对这个问题,我个人的理解是:陈寅恪于此的手眼高妙之处不在于别的,恰恰在于他并未采取任何外在的尺度,而唯独采取了中国文化之所以成为中国文化的内在价值尺度,来衡量这种文化究竟在何时走向了极致——而若根据这种独特的标准来判定,文明疆界的

---

①　陈寅恪:《金明馆丛稿二编》,上海古籍出版社 1980 年版,第 245 页。

边功大小，就远不及文明内部的文物盛衰来得重要，①而文化心态上的多元包容性，也就远不及文化观念上的一元整合性来得重要！因此，陈寅恪借以判明古人发挥了多大"历史主动性"的，就并不在于他们曾经宽容地"拿来"了什么，而只在于他们到底顽强地创造了什么，也并不在于他们对外来文化的吸收程度，而只在于他们对这类异质文化因素的消化程度；否则这些先辈就有可能为后人留下任何别的一切，却唯独留不下浸透着中国精神的文化成就，而且倘若前朝的博大开放不是替后世的精审内省做好了必要铺垫的话，它也就算不得在文化上结出了任何果实。实际上，只要大家接着把陈寅恪的这篇序文读下去，就很容易看清：我们刚才对其内在理路的那一番体会，似乎并无太过主观臆度之嫌，因为他不单以曾否"重振中国文化"的标准判定了过去历史中的文化高峰，还同样以能否"重振中国文化"的标准来憧憬着今后历史中的文化高峰："吾国近年之学术，如考古历史文艺及思想史等，以世局激荡及外缘熏习之故，咸有显著之变迁。将来所止之境，今故未敢断论。惟可一言蔽之曰，宋代学术之复兴，或新宋学之建立是已。"②准此，本文接下来的任务便理应是：沿用陈寅恪的这种"创建宋学"的标准，亦即经由历史积累和中外交流的过程而创造性地光大中国本位文化的标准，来揣摩他在作出这番断论时未曾言明的具体史实根据。非常有意思的是，只要循着这种对于古代文化的"同情式了解"，人们立刻就不难看出：这个朝代在迄今为止的中国文化史中确乎堪称空前绝后的高峰，因为它正像柳诒徵所描述的那样，是"上承汉、唐，下启明、清，绍述创造，无所不备"③，几乎把中国文化模式中所有可能出现和容纳的分支，都齐头并进地推向了辉煌的顶点！一方面，我们看到，在物质文明的创造上，有宋一代不仅在经济上跃上了那个"马鞍形曲线"的鞍顶，而于农工商各业中均显示出了强劲的发展势头，④并且在技术创

---

① 正如明代徐有贞所云："宋有天下三百载，视汉唐疆域之广不及，而人才之盛过之。"（《范文正公集补编·重建文正书院记》）

② 陈寅恪：《金明馆丛稿二编》，上海古籍出版社 1980 年版，第 245 页。

③ 柳诒徵：《中国文化史》下册，中国大百科出版社 1988 年版，第 503 页。

④ 参阅漆侠：《宋代经济史》上、下册，上海人民出版社 1988、1989 年版。

造上开辟了旷古无匹的兴旺局面,贡献出了中华民族全部具有世界意义的重大发明(火药、罗盘、活字印刷术)。另一方面,我们又看到,在精神文明的创造上,有宋一代更不愧为中国文化史中的"全能冠军":举凡它的因整合了佛学而体精思微光被后世的"新儒学"、它的因同时拥有宋文宋词和宋诗而最称普遍繁荣的文学、它的以《资治通鉴》的振笔千古和《续资治通鉴》的直书当世为代表的史学、它的"系统之周密、学生数量之大、学校专业设置之多都达到了前代远远不及的高峰"①的发达教育体制等,均无不令后人叹为观止。正因为这样,邓广铭才会基于他对宋代史实的渊博学识而出语惊人地谈到,无论宋人享有过的精神生活质量还是物质生活质量,都堪称既空前又绝后!②——由此可见,陈寅恪所谓华夏民族之文化"造极于赵宋之世"的断言,完全是持之有据的。

然则,顿笔细想一下,恐怕最费捉摸之处也正在这种"既空前又绝后"的现象上了:中华文明在其各个层面上的制高点,竟然是出现在开国于一千年前的宋代——这不也正好反过来证明了,在世界上的其他文明获得飞速发展的最近一个千年纪,中国文化不但没有继续上升,甚至也并非仅仅是停滞不前,而且是大大倒退和衰落了吗?正如谢和耐(Jacques Gernet)在其《蒙元入侵前夜的中国日常生活》中所写道的:"对于中国人来说,看到中国完全屈从于反抗一切文化的、坚执其好战的部落传统的蛮夷民族,乃是一番五内俱焚的经历。而对于西方人来说,这些游牧民族之令人惊讶的征服也使得大家瞠目结舌。蒙古人的入侵形成了对于伟大的中华帝国的沉重打击,这个帝国在当时是全世界最富有和最先进的国家。在蒙古人入侵的前夜,中华文明在许多方面都处于它的辉煌顶峰,而由于此次入侵,它却在其历史中经受着彻底的破坏。"③因此,即使从最粗浅最表面的历史常识出发,人们也不难看出——有宋一代乃是极为奇异的现

---

① 袁征:《宋代教育——中国古代教育的历史性转折》,广东高等教育出版社 1991 年版,第 3 页。

② 参阅邓广铭:《谈谈宋史研究的几个问题》,《社会科学战线》1986 年第 2 期。

③ 谢和耐:《蒙元入侵前夜的中国日常生活》,刘东译,江苏人民出版社 1995 年版,第 7—8 页。

象组合:它在最称富甲天下的同时,却又最称积弱积贫;它在登上了文修之峰顶的同时,却又滑下了武备之谷底! 尽管如叶适所云,"自有天地,而财用之多,未有今日之比也"①,而且这些钱财也已大都被朝廷用来养兵,②使得人们惊呼"冗吏耗于上,冗兵耗于下……尽取山泽之利而不能足"③,但天水一朝却始终未能从游牧民族之边衅侵扰的阴影中摆脱出来,而终于致使惯好纸上谈兵的书生陆游痛心地诘问——"中原干戈古亦闻,岂有逆胡传子孙?"(《关山月》)甚至就连确曾"壮岁旌旗拥万夫"的儒将辛弃疾也唯有悲凉地哀叹——"西北望长安,可怜无数山!"(《菩萨蛮·书江西造口壁》)正因乎此,即使在当时的人们心中,便已将汴梁和临安的升平景象看作转瞬即逝的南柯一梦了。④ 而基于如此残酷的历史事实,我们就不禁要进一步追问:身为一代史学宗师的陈寅恪,难道竟忘记了华夏文化不光是"造极于赵宋之世"、而且也是"衰落于赵宋之世"么? ——不! 我们发现,且不讲其广博的历史知识,单就其当时"家亡国破此身留"的个人际遇,⑤也足以使他未敢片刻稍忘宋代史实的这种两面性:恰恰在同一篇序文当中,他的笔端便转而流露出和陆诗辛词同样凄绝的调子——"嗟! 先生(案指邓广铭)与稼轩同乡土,遭际国难,间关南渡,尤复似之。"⑥由此我们就不由得要斗胆问一句:在陈寅恪的上述说法中是否不自觉地潜藏着一种深层的矛盾呢? 也就是说,他是否偏巧在吟哦着"落日胡尘未断,西风塞马空肥"的同时,而毫无保留地推重宋学在中国文化史上登峰造极的贡献? 或者他是否偏巧在明知宋代"声容盛而武备衰,议论多而成功少"⑦的同时,而号召人们以新一轮的宋学来为华夏文明再树高峰? 如果确实是这样,这位杰出的历史学家究竟是怎样去总结过往的

---

① 叶适:《水心别集》卷之十九。
② 参阅王曾瑜《宋朝兵制初探》一书第八章第二节,中华书局 1983 年版。
③ 王禹偁:《上真宗论军国大政五事》,《宋朝诸臣奏议》卷一四五。
④ 参阅刘东:《今宵梦醒何处》,《读书》1995 年第 5 期。
⑤ 参阅汪荣祖:《史家陈寅恪传》第五章,台湾联经出版事业公司 1984 年版。
⑥ 陈寅恪:《金明馆丛稿二编》,上海古籍出版社 1980 年版,第 245 页。
⑦ 王夫之:《宋论》。

经验教训的呢？他又究竟是怎样去解释发生于两宋时期的那一个同步兴盛与失落的文明过程的呢？

对于陈寅恪内心中的想法，我们不得而知。但我们确实知道，曾经有各式各样的学者循着各式各样的逻辑，而把中国文化在宋代高峰期的骤然跌落，归咎于各式各样的偶然否定因素。① 而这中间很可能最具代表性的说法，或许当推以下两种有趣的猜测了。其一，漆侠曾经根据马克思主义的历史逻辑，演示出了中国古代社会在物质文明方面去进一步上升的可能性："如果是让农民战争的力量摧毁赵宋王朝的统治，继续削弱地主阶级及其代表的封建经济制度，使农民占有更多的土地和获得更多的人身自由，继续推动手工业、城市经济、商品生产和货币关系的发展，那末，社会历史的发展将是另一种局面。可是，历史的进程却是女真贵族统治北方、蒙古贵族在全国范围内建立了它的统治，局面就又不同了。"②其二，唐君毅也曾根据一种似乎更为玄奥的特殊的历史循环论，假设出了中国古代社会在精神文明方面去进一步上升的可能性："吾尝以易经元亨利贞仁义礼智之序，言中国民族文化精神之发展。则孔子承中国民族古代文化精神而立仁教，所开启之先秦文化之生机为元。秦汉之建立大帝国之政治，为礼制之实现为亨。魏晋隋唐之艺术、文学、宗教等文化，多端发展，旁皇四达，为文化中之义道，如元亨利贞中之利。则宋元之精神为智，而欲由贞下起元者也。惜乎元清异族入主中夏，盗憎主人，而中国文化精神之发展，乃不免受一顿挫。"③不待言，尽管上述作者据以推测历史的具体思想逻辑难免要受到人们的质疑，但若就治史的方法论而言，这种回溯

① 我曾在"今宵梦醒何处"一文中列举了人们对于一些历史细节的检省："比如设问倘无太祖之矫枉过正的'强干弱枝'当会如何，倘无真宗之姑息迁就的澶渊之盟当会如何，倘无荆公之变法失败所招致的积弱难振、党争不已及士风低靡当会如何，倘无徽宗之放纵无度而惹起的花石纲之乱当会如何，倘无高宗因苟于偏安而坐视权臣以'莫须有'的理由去自毁长城又当如何……"（《读书》1995 年第 5 期，第 49 页）但我也曾紧接着指出，只靠列举某些似乎并非不可避免的小错如国策制定、人事安排甚至领袖气质等，而不是追究总体的文化规则与社会氛围，根本就不能真正总结出那桩历史大错的铸成原因。

② 漆侠：《宋代经济史》上册，上海人民出版社 1987 年版，第 29—30 页。

③ 唐君毅：《中国文化之精神价值》，台湾正中书局 1979 年版，第 71—72 页。

到"历史落成为实然的历史以前"去假设其他发展可能性的做法本身却完全是合法的;从法国年鉴学派的"问题史学"自然推引出来的"假设史学",在这方面有许多可资借鉴之处。因为舍此我们就不可能在充满或然性的过往历史中去逼问以前的生存主体在选择社会行动时必须承负的伦理责任,从而也就不可能在文明进程中总结出切实值得吸取的深刻教训,以便为了敞开未来的可能生活世界而真正有效地激活传统。然而,眼下的问题却并不在于应否去推论历史,而在于写出上述假想的作者都有一个共同的特点——他们所设想的中国历史于宋代以后的进一步上升,居然只有在排除掉蛮族入侵这样一种历史变因的前提下方能成立,而这就使他们显得仿佛不是在归结历史经验,而是在忽略历史经验了!众所周知,马背民族的奔袭进扰在整整一部中华文明史中从来就不是偶然的变因,而毋宁是一个永恒的主题:正是在此种永恒主题之下,历代王朝才会大兴土木地接力修造起古代中国最雄伟的建筑——万里长城;也正是在此种永恒主题之下,王昌龄才会在其边塞诗中油然抒发出中国人特有的悲怆时间意识——"秦时明月汉时关,万里长征人未还"。既是如此,我们就不得不进一步追问:究竟为什么偏偏是在被公认为中华文明高峰的宋代,前引王昌龄诗中接下来的那两句慷慨的"但使龙城飞将在,不教胡马度阴山",才会变成前引陆游诗中接下来的那两句凄绝的"遗民忍死望恢复,几处今宵垂泪痕"?其实,对于这个问题的表面答案,早在从大漠草原卷来的尘埃刚刚落定时,马可·波罗便在其有名的游记中试着替中国人作出了:"……这片土地上的人民,绝非勇武的斗士。他们贪恋女色,除此之外别无兴趣。皇帝本人更是甚上加甚,除赈济穷人之外,他满脑子都是女人。他的国土上并无战马,人民也从不习武,从不服任何形式的兵役。而这些蛮子的领地原本是很强固的,所有的城池都围着很深的护城河,河宽在强弩的射程之外。因此,设若此处的人们为赳赳武夫,这个国家原是不会沦陷的。但偏巧他们不善征战,才落得国破家亡。"①尽管作为一个局外人,

---

① 转引自谢和耐:《蒙元入侵前夜的中国日常生活》,刘东译,江苏人民出版社1995年版,第125页。

马可·波罗的上述说法仍然难免有点儿"雾里看花",但他所描绘的这幅"东洋景"却并非毫无见地:它深刻地提示了我们——大家绝不能把文明肌体放到一间假想的"无菌病房"中去臆度其似应具有的生命活力;恰恰相反,倒是必须从病理学的角度去检测中国文化的"免疫系统"究竟出了什么问题,以至于竟然完全失去了应有的"抗菌能力"?

上述问题,如果借汤因比的一个妙喻来形容,则可以简要地概括为:中华文明在有宋一代究竟是"自杀"还是"他杀"? 这位西方历史学家对此有过非常精彩的论述:"外部敌人的最大作用只是在一个社会自杀还没有断气的时候,给它最后一击。如果外来进攻以一种暴力打击的形式出现在一个文明历史的任何一个阶段,那么除了在它的最后的垂死的阶段以外,这些外来的进攻,看起来都不会起破坏的作用,反而会发出积极的刺激作用。"①大家对于上述论点想必早已耳熟能详了。但即便如此,一旦看到本文并非像魏斐德或黄仁宇那样把中国古代社会的垂垂病象推断在似乎气数已尽的明代,②而是推断在从其内部焕发出最大文化创造活力的宋代,只怕还是难免让人惊愕不已! 无论如何,若依中国本身的价值标准观之,与明代的情况恰成反衬,宋廷的君主们既不残暴又不疏懒,相反倒是多以仁德勤政著称的。因此倘就其本心而言,他们绝未成心造成国运的积弱不振,相反倒确乎在兢兢业业地励精图治。正缘乎此,也许我们在中国古代史中就从未见到过这么多刻苦攻读经史的好皇帝:如太宗之所自述——"王者虽以武功克定,终须用文德致治。朕每退朝,不废观书,意欲酌前代成败而行之,以尽损益也"③;又如真宗之所自述——"朕听政之外,未尝虚度时日,探测简编,素所耽玩。古圣奥旨,有未晓处,不免废忘。"④也正缘乎此,这些对内忧外患深怀危机感的统治者,便在"忧患意识"的刺激警策下,不仅自己从思想深处受到了儒家哲学的强烈熏陶,还

---

① 汤因比:《历史研究》中册,曹未风等译,上海人民出版社1962年版,第36—37页。
② 参阅魏斐德:《洪业》,陈苏镇等译,江苏人民出版社1992年版;黄仁宇:《万历十五年》,中华书局1984年版。
③ 李攸:《宋朝事实》卷三。
④ 江少虞:《宋朝事实类苑》卷三。

有意无意为儒家文化的进一步发展创造了必要的社会条件,正如后世大儒王夫之所点明的那样:"夫宋祖受非常之命,而终以一统天下,底于大定,垂及百年,世称盛治者何也——惟其惧也。"①于是此中颇可深玩的是,一方面,研究宋代的学者们曾经从各个角度发现过,恰恰是笼罩着朝野上下的"忧患意识",才促成了宋代时期的文化高涨:比如景戒华指出,自秦代大一统郡县制国家形成以来最为宽松的文化氛围,即出于此种原因——"正是这种忧患意识导致了宋代的'重文轻武'、文化宽容政策,提供了封建社会至为罕见的'朝廷宽大,不欲以言罪人'的言论自由"②;又如张立文指出,于"轴心期"以后最称活跃的宋代士子们进行文化再创造的内在动因,亦出于此种原因——"理学的奠基者与张载、二程等,都是不满于当时积贫积弱的局势,要求革新以图富国强兵的有识之士。"③但在另一方面,历史的反讽态势竟又偏偏在于:恰恰是等到儒家思想的精义借着上述契机而被空前系统地阐发出来以后,恰恰是等到以此为主干的中国文化之潜能借着上述契机而被空前全面地发挥出来以后,审美价值理念对于人们心理取向的决定性范导也就空前明确地彰显了出来,从而整个文化的前定局限性也就空前深刻地暴露了出来!在这个问题上,就连当代新儒学的主要代表人物牟宗三,也曾带着一种检讨的口吻写道:"宋明儒所讲习者特重在'内圣'一面。'内圣'一面在先秦儒家本已彰显而成定型,因而亦早已得其永恒之意义。此本属于孟子所谓:'求则得之,舍则失之,是求有益于得也,是求之在我者也。'此'求之在我者'实是儒家之最内在的本质。经过宋明儒六百年之弘扬与讲习,益达完整而充其极之境。……内圣面可即得其完整而永恒之意义,而外王面之尧舜三代却并不能即代表政治形态之完整而永恒之意义。是以儒家之政治思想尚在朦胧之发展中。宋明儒对此贡献甚少。……彼等或以为只正心诚意即可直接达之治国平天下,实则问题不如此之简单。"④由此我们就不禁要问:如果不

---

① 王夫之:《宋论》。
② 景戒华:《造极赵宋 堪称辉煌》,《读书》1987 年 5 月号。
③ 张立文:《宋明理学研究》,中国人民大学出版社 1985 年版,第 131 页。
④ 牟宗三:《心体与性体》第一册,台湾正中书局 1968 年版,第 4—5 页。

是一种以追求"从心所欲不逾矩"的修身化境为其终极指归的价值取向在暗中诱导着人们的行为,使人们刻意以所谓"主观的合目的性"的审美心境来化解天人之分和获得自由之感,又会是什么原因导致了宋代的思想家们越是忧患元元就越是迷恋内圣之境、越是在兵荒马乱的恶劣环境中就越是想到要去反求诸己呢?正是在这个意义上,我们发现了一个为中国古代文化所独有的思想怪圈:人们越是抱定"治国、平天下"的社会使命感而到儒家排定的修为次序中先来"正心、诚意",就越会因为体验到了"反身而诚乐莫大焉"的审美快感而"乐以忘忧",或者说,人们越是出于"先天下之忧而忧"的社会责任感和文化危机感而去养心正志,就越会因为寻找到了"孔颜乐处"而"先天下之乐而乐"!话头落到此处,尽管我们仍然没有权利把儒家哲学对于中国文化的"决定性范导"说成是"决定性误导",但总还有理由指出——既然人们对这种哲学尊奉得越虔敬越真诚,就越会形成与现实脱节的"超功利"心理,那就难怪此种审美类型的文化越是内在自足地走向开化,便势必要因之而益发走向弱化了。我们看到,宋人笔记中有一些与此有关的笑料,虽未必可被径作信史来读,却不能说完全没有触着儒者的痛处:如《东山谈苑》尝载——"伊川过汉江,遇风,船几覆。舟人皆号泣,伊川正襟安坐而已。及岸,老父曰:'船当危时,君正坐甚严,何也?'伊川曰:'心存诚敬耳。'老父曰:'心存诚敬,不若无心。'伊川更欲与言,忽不见"①。又如《癸辛杂识》亦载——"真文忠负一时重望,端平更化,人徯其来,若元祐之涑水翁也。是时楮轻物贵,民生颇艰,意谓真儒一用,必有建明,转移之间,立可治致。于是民间为之语曰:'若欲百物贱,直待真直院。'及童马入朝,敷陈之际,首以尊崇道学,正心诚意为第一义,继而复以《大学衍义》进。愚民无知,乃以其所言为不切于实务,复以俚语足前句云:'吃了西湖水,打作一锅面。'市井小儿,嚣然诵之。"②由此一来,我们真不禁要对儒家的所谓"内圣外王"之道大打折扣了——反吊一下张载有名的说法,这两者之间的深层关系竟毋宁是:受儒

---

① 余怀:《东山谈苑》。
② 周密:《辛癸杂识》前集。

家哲学之本质特点的制约，其实宋儒们越是希望"为往圣继绝学"，就越是无法"为万世开太平"了！

由此我们难免想到要来追究历史表象背后的另一种深层规律。寻常人们一提及宋代国运"既强又弱"的这种两面性，总会油然记起赵匡胤在"杯酒释兵权"之后所采取的所谓"守内虚外"、"强干弱枝"之类的谋略；① 他们总觉得恰恰是赵宋王朝的这种"其得天下也不正，而厚疑攘臂之仍；其制天下也无权，而深怀尾大之忌"②的猜疑心理，才积成了终有宋一代之"重文轻武"的慢性病，从而也才酿成了它一味忍辱求和的苟安格局。上述看法当然是其来有自的，不过它的眼光却毕竟只是停驻于历史的表面，而未能更深地切入如下的要害问题：其一，从排列组合的逻辑可能性来看，作为基本国策的"重文"并不一定非要跟"轻武"连在一起不可，因此我们决不可笼而统之地检讨宋代的"重文"倾向，而应更进一步去检讨它所倚重的究竟是什么样的"文韬"，以至于在这种文化规则下竟然会一发不可收拾地要对于"武略"一再偏废？其二，从真实的历史情况来看，前文业已述及过宋廷那种"自来天下财货所入，十中八九瞻军"③的财政拨款比例，当时甚至还曾经对具体的军费支出进行过详细估算——"今天下大患者在兵，禁军约七十万，厢军约五十万，积兵之多，仰天子衣食，五代而上，上至秦汉无有也，祖宗以来无有也"④，因此我们也决不可笼而统之地指斥宋代的"轻武"倾向，而应更进一步去认清它究竟在什么意义上才堪称轻视武备，致使当时的国防态势竟然像叶适所说的那样——"进不可战，退不可守，百人跳梁，则一方震动，而夷敌之侵侮，无时而可禁"⑤？带着上述问题，我们不妨先来援引张荫麟在前朝最擅开疆拓土的汉武帝与后世最欲变法图强的宋神宗之间进行的对比，以从中发现中华文明是如

---

① 参阅赵铁寒：《关于宋代"强干弱枝"国策的管见》，台湾《大陆杂志》1954 年第 8 期；以及罗文：《宋代"强干弱枝"政策实施之一瞥》，《东方文化》（香港）1972 年第 1 期。

② 王夫之：《宋论》卷一。

③ 李焘：《续资治通鉴长编》卷一二四。

④ 蔡襄：《蔡忠惠公文集》卷一八。

⑤ 叶适：《水心别集》。

何在儒家哲学范导下于思想深处自我解除武装的:"……武帝承景帝深文酷法,繁刑严诛的余风,其时主威赫铄,法为国是,令出必行;而宋太祖'誓不杀大臣及言事官'的家法和真仁两朝过度的宽柔,浸假造成政治上一种变态的离心力;以敌视当权为勇敢,以反对法令为高超,以言事得罪为无上的光荣。政府每有什么出乎故常的施为,必遭受四方八面寻暇抵隙的攻击,直至它被打败为止。范仲淹的改革就在这样的空气里失败的……到神宗即位时这种政治上变态的离心力久已积重难返了。再者汉初去春秋战国'军事中心'的时代不久,尚武之风未泯,右文之政未兴,故将材易求,斗士易得,图强易效。宋初惩五季军人恣横之弊,一意崇文抑武,三衙实际的长官爵不过四品至六品,唐朝的武举制度也废而不行,军为世贱,士耻言兵,结果良将勇士,两皆寥落,神宗朝重大的战役多委之宦者李宪,其时军事人材的缺乏可想见了。"①大家读到这里,或要为两宋时期缺乏像汉武帝这样有为的国君而扼腕兴叹了,但具有反讽意味的是,由于受到了儒家所谓"武不可觌,而文不可匿"的正统观念制约,汉武帝的尚武精神其实恰恰是官修正史的批评对象! 在这方面,正如后世的赵翼所指出的那样:"汉书武帝纪赞,谓帝罢黜百家,表章六经,兴太学,修郊祀,改正朔,定历数,协音律,作诗乐,举封禅,绍周后,号令文章,焕焉可述……是专赞武帝之文事,而武功则不置一词。抑思帝之雄才大略,正在武功……统计武帝所辟疆土,视高、惠、文、景时,几至一倍。西域之通,尚无与中国轻重;其余所增地,永为中国四至,千万年皆食其利。故宣帝时韦也成等议,以武帝丰功伟烈,奉为世宗,永为不毁之庙。乃班固一概抹煞,并谓其不能法文、景之恭俭,转以开疆辟土,为非计者。盖其穷兵黩武,敝中国以事四夷,当时实为天下大害。故宣帝时议立庙乐;夏侯胜已有武帝多杀士卒、竭民财力、天下虚耗之语,至东汉之初,论者犹以为戒,故班固之赞如此。"②由是可想而知,在这种借以评说功过的价值尺度熏习下,华夏文明

---

① 张荫麟:《北宋的外患和变法》,韩复智编:《中国通史论文选辑》下册,台湾南天书局 1984 年版,第 180 页。

② 赵翼:《廿二史札记》卷二。

便理所当然地要越来越把"文武之分工"剖化成"文野之分层",从而在社会制度和文化心理方面自毁长城了!我们看到,一方面,由于专事文修者业已位居社会中心,所以尽管宋代士大夫是出名的爱好议论,但演武戍边的军国大事却往往成了这种议论的先定盲点,遂使后人对之有所谓"宋人议论未定、而兵马过河"之讥,正如富弼对时弊的痛惜那样——"澶渊之盟未为失策,而所可痛者,当国大臣议和之后,武备皆废,以边臣用心者谓之引惹生事,以缙绅虑患者谓之迂阔背时,大率忌人谈兵,幸时无事,谓虏不敢背约,谓边不必预防,谓世永安,谓兵永息,恬然自处,都不为忧。"①而在另一方面,由于行武者已从"公侯干城"沦落到社会边缘,其职业荣誉感就受到了毁灭性的摧残,其精神状态和文化素质亦不免因之低下,而这就更加恶性循环地在全体国民中助长了鄙夷厌恶武人的倾向,从而使军卒们在整个社会中的地位每下愈况,所以"具有讽刺意味的是,政府招募士卒的直接目的,往往并不是为了作战,而是为了要把'强梁亡赖者悉拘于军'(《小畜集》),以免'不收为兵,则恐为盗'(《欧阳文忠公文集》),这就导致了'好男不当兵,好铁不打钉'的普遍社会心理。缘此,军人的备受歧视和素质低劣也必然会互为因果地成正比发展。在中华文明相对成熟的年代(从唐末到宋),当局竟将军士看得像罪犯和官奴一样卑贱,在其脸、臂、腕等部位刺上了防其逃亡的字;而这种侮辱性的标志,就连名将狄青和岳飞都不得幸免。在这种情况下,中国的军队往往是所有社会阶层中文化素质最低的,就不难理解了"②。

正是鉴于天水一朝居然在"重文"的同时势必要"轻武"的怪诞现象,后世的学人为了总结惨痛的历史教训,遂不免要把批评的矛头直接对准被宋儒推重和弘扬的文化理念本身。早在三百多年以前,颜元就曾写诗讽刺过宋代理学家的"空谈误国":"充却百栋汗千牛,大儒书卷递增修。闻道金人声势重,紫阳斋里泪横秋。"③而到了现代,人们对于颜元所发出

---

① 《历代名臣奏议》卷三二七。

② 刘东:《尚武精神》,刘东主编:《中华文明》,中国社会科学文献出版社1994年版,第510页。

③ 颜元:《习斋记余·驳朱子分年试经史子集议》。

的悲愤质疑——"人物甚盛,功业不及汉唐,有此理乎?……世有袖手呻吟,不习行业,不斡旋一事,间谈间著,在上在下皆苟安忍耻,媚敌之君子乎?"①——更是众口一词地归罪于儒家的性命之学。比如萧公权就曾写道:"宋兵之弱,原于太祖。太祖由将士拥立以践阼,惩于兵强之危险,乃'务弱其兵,弱其将以弱其民。'……然而其失也,悉变雄武可用之材为偷惰文弱之卒。内不足以为乱,则外不足以御侮。又况兵额日增,坐失廪币。积弱之兵,复为积贫之直接原因乎。……国力衰弱,危亡可虞。至仁宗时其赀盖已可睹。朝廷不能及时整顿奋发有为,反'解散天下而休息之',真如燕巢鱼呴,坐俟焚涸。于是深思远识之士,怵焉忧之,发为富强之议,图振萎弛苟安之习,及南渡定局,故态依然。和议或求瓦全,主战亦乏胜算。论者惩前世之失,度当时之要,益信理国非恃空言,救亡必资实学。朱陆一切心性仁义之学,不啻儒家之'清谈',足以致中原于沦丧而莫可挽回。"②又如李震也曾写道:"中国历史中,文风最盛者莫如宋代,硕学之士最众者亦莫如宋代,此皆赖宋祖太宗的倡导与奖掖所获致的成就……盖'重文轻武'虽使一代文风盛炽,学术甚多发扬;'苟安'的政治环境,及法网严密,致使'与人稍谈及度外之事,辄摇手而不敢为'的思想钳制之下,只有'道学家'的学术思想与日俱盛,而这些'道学家'与魏晋时'清谈家'又可前后媲美,直至外寇深入国家危如累卵的时候,犹'谈道德性命,偷安苟幸'以待亡。"③再如林天蔚亦尝写道:"(道学)这种风气之养成,知识分子之徒事空言,不切实用,更为宋代积弱不振之另一原因。据谢肇淛之《五杂俎》卷十三:'事功之离学术,自秦始也,急功利而焚诗书。学术之离事功,自宋始也,务虚言而废实用。故秦虽霸而速亡,功利之害也;宋虽治而不振,虚言之害也。'所谓'学术之离事功',此'学术'显然的是指'理学',理学之侈言'心'、'性'、'理',当然于国事无补,南宋时之浙

---

① 颜元:《朱子语类评》。

② 萧公权:《中国政治思想史》下册,台湾中国文化大学出版部 1985 年版,第 456—457 页。

③ 李震:《论北宋国防及其国运的兴废》,《宋史研究集》第四辑,台湾中华丛书编审委员会 1969 年版,第 496—497 页。

东学派,提倡事功以补救之,惜为时已晚。"①上述议论或因作者发言时的具体语境所激而不乏偏颇之处,但若就其大体观之,它们仍然一针见血地挑明了宋儒在文化心理上的严重错位现象:问题的症结其实并不在于那些先贤们是否明确接收到了外侮边衅的文化信号,而在于受儒家哲学先行设定的运思逻辑之规定,这种信号却只能促使他们朝更加"内封闭"的方向去发展;因此,他们居然以全然内倾性的武器来应对当时已是迫在眉睫的外部挑战,这充分显示出了一种审美文化类型所无法绕开的误区,表明其"原教旨"越是在后人的认真释读中被发挥得淋漓尽致,潜藏在其原有文化基因中的致命病根也就越是要瓜熟蒂落地暴露出来!

平心而论,在迄今为止最受审美价值理念熏习的宋代社会中,无论我们刚刚述及的"新儒家"曾经显示出过何等令人嗟呀的心理错位和误区,但究其本心却仍然是最富于忧患意识的。他们所以寄望于以纲常伦理来收拾人心,在很大程度上恰恰是痛感于全社会上上下下都沉迷在宴安偷乐的气氛中,竟致于哪怕已是大敌当前国难当头也仍自无所忌惮地一晌贪欢——正如朱熹在《戊午谠议序》中所自述的那样:"呜呼!秦桧之罪,所以上通于天、万死而不足赎者,正以其始则唱邪谋以误国,中则挟虏势以要君,使人伦不明,人心不正。而末流之弊,遗君后亲,至于如此之极也。夫惟三纲不立,是以众志无所统系,而上之人亦无所凭藉以为安,斯乃有识之士所为长虑,却故而凛然以寒心者……"②所以,要是连最关切国事民瘼,且被称为"中国的脊梁"的士子们都终于要不期然而然地沉湎于玩心之乐,那么我们就真不敢想象,在审美文化的总体背景之下,身属其他阶层的人们将会采取什么样的社会姿态了。在阅读卷帙浩繁的宋代史籍时,人们总难免要慨然长叹:怎一个"乐"字了得,怎一个"戏"字了得!如王夫之便这样批评徽宗及其廷臣的玩忽职守——"徽宗之相京也,虽尝赐坐而命之曰:'卿何以教之?'亦戏也!实则以弄臣蓄之而已。京之为其

① 林天蔚:《北宋积弱的三种新分析》,《宋史研究集》第九辑,台湾中华丛书编审委员会 1977 年版,第 169 页。
② 《晦庵先生朱文公文集》卷七十五。

所欲为也,虽奉王安石以为宗主,持绍述之说,以大残善类,而熙丰之法,非果于为也,实则以弄臣自处而已⋯⋯计自其进用以迄乎南窜之日,君亦戏也,臣亦戏也!⋯⋯花鸟、图画、锺鼎、竹石、步虚、受箓、倡门、酒肆,固戏也;开熙河、攻交趾、延女真、灭契丹、策勋饮至、献俘肆赦,亦莫非戏也!"①而我们需要对之补充的则是:由于审美文化的要义恰恰在于以追求"无压抑境界"为其终极指归,而获得这种自由心境的不二法门又只能是最大限度地释放席勒意义上的"游戏冲动",所以"乐"字虽有雅俗之辨、"戏"字虽有深浅之别,但无论是开国之君还是亡国之主、无论是有识之士还是芸芸众生、无论是在承平岁月还是在战乱年代,人们于审美文化的长期熏染下,都终究会成为享乐主义者,而且不管他们更沉湎于玩心、玩文、玩世还是玩物,总归都脱不开一个"玩"字!宋太祖于"杯酒释兵权"时对群臣所说的那一席话,很能说明在"三重结构"的宇宙论模式下,作为其价值内核的高雅的审美精神已经如何在后世自然而然地外化和异化成了作为其世俗心理的普遍的玩乐要求——"人生如白驹过隙,所以好富贵者,不过欲多积金钱,厚自娱乐,使子孙无穷乏尔,卿等何不释去兵权,出守大藩,择便好田宅市之,为子孙立永远不可动之业;多置歌儿舞女,日夕饮酒相欢,以终天年。"②而有关宋真宗的一件佚事,更是突出地表明了在这种人人追求及时行乐的心理预期之中,士大夫们的"乐以忘忧"已经如何转化成了积重难返的普遍社会风尚,甚至反而可以被统治者视作自己地位稳固的最好象征——"李和文都尉好士,一日召从官呼左右官妓,置会夜舞。台官论之,杨文公以告王文正。文正不答,退朝以红笺书小诗,遗和文,且以不得预会为恨。明日,真宗出章疏,文正曰:'臣尝知之,亦遗其诗,恨不得往也! 太平无象,此其无象乎!'上意遂释。"③可想而知,有了这样的君臣,一遇到马背民族的侵扰,若不说"常思息战以安人",若不说"姑了事,亦可耳",那才是咄咄怪事! 其实,尽管从表面上看来不无抵牾

---

① 王夫之:《宋论》卷八。
② 语见《宋史纪事本末》第一册,第 8 页。
③ 李之纲:《厚德录》。

之处,但若从本质上深究起来,一种审美文化类型中的"道德意识"和"非道德意识"仍属在逻辑上可以两极相通的近亲系谱:既然具有唯一性的人生旅途是"譬如朝露,去日苦多",那么这种益发显得宝贵的生命就愈加需要尽享,因此发轫于先秦时代的"人文精神跃动"和"清醒理性主义"便很容易在当时激发出同样具有中国特色的杨朱主义,也很容易在后世再转化成"梦里不知身是客"式的自觉逃避和着意迷醉。在这方面,有关宋代士大夫的一件有趣故事,可以说是再典型不过地表达出了中国式的幸福观念——"薄付正知杭州,有术士请谒,盖年逾九十,而犹有婴儿之色。付正接之甚欢,因访以长生之术。答曰:'其术甚简而易行。他无所忌,惟当绝色欲耳。'付正俯思良久,曰:'若然,则寿虽千岁何益!'"①而正是在这种两极相通的文化规则之下,正是在这种既安分又狂放地追求现世幸福的普遍氛围之中,我们才能设身处地地体谅——究竟为什么中国文人的"有行"和"无行"往往只相距一步之遥。所以,且莫列举某些屡遭后人唾骂的"佞幸"和"奸臣"的无耻行径罢,那会使人误以为宋代历史的变局纯属偶然;或许我们省察一下那些被公认为功在社稷的一代名臣的心理定势和行为方式,反而更能看透赵宋王朝之在劫难逃的宿命!比如,就连临危不惧劝驾亲征的寇准,也照样发自心底地写道——"更尽一杯酒,歌一阕。叹人生,最难欢聚易离别。"(《阳关引》)而由此我们就不难理解,他晚年何以会"奢纵宴饮过度"——"邓州花烛名天下,相传是莱公烛法。公尝知邓州,早贵豪侈,每饮宾席,常阖扉辍骖以留之。尤好夜宴,剧饮未尝点油,虽溷轩马厩,亦烧烛达旦。每罢官去,后人至官舍,见厕溷间,烛泪凝地,往往成堆。"②再如,就连锐意图新的改革主将范仲淹,也照样看破红尘地写道——"昨夜因看《蜀志》,笑曹操孙权刘备。用尽机关,只得三分天地。屈指细寻思,争如共、刘伶一醉!"(《剔银灯》)而由此就难怪尽管"范老子胸中有十万甲兵",也仍要对镇守边关的艰辛生涯满腹幽怨——"浊酒一杯家万里,燕然未勒归无计。羌管悠悠霜满地。人不寐,将军白

①　彭乘:《墨客挥犀》。
②　欧阳修:《归田录》。

发征夫泪。"(《渔家傲》)这样一来,我们就可以想见宋代社会那种令人绝望的病态了。宋人《一剪梅》词中每每有这样的诘问:"山东河北久抛荒,好去经量? 胡不经量?""朱门日日买朱娥,军事如何? 民事如何?"也许我们正好借文及翁的那首《贺新郎》来作答:"国事如今谁倚仗? 衣带一江而已! 便都道,江神堪恃。借问孤山林处士,但掉头,笑指梅花蕊。天下事,可知矣!"

这是何等令人触目惊心的映照与反差! 而在我看来,宋代史实的重要性,恰也悉出于它的这种两面性! 再回到我们于文章之初挑起的一个话题来:尽管国际上的中国研究界已经对于宋代历史给予了相当程度的重视,比如由日本内藤湖南提出的"唐宋转换期"的分期范式,再如由法国白乐日(E. Balazs)创始的"宋史研究工程",但从总体上看,这些研究工作仍嫌未能从中国文化终极价值理念的特定参照系出发,而对有宋一代在整个中华文明史中的重要地位给予同情式的理解;职是之故,这类研究的关切重心或许就更会落在宋代社会是怎样朝向某种外在于中国古人原有动机的其他文化路径转变的,而不是聚焦在这个社会对中国文化史本身具有怎样独到的价值。不待言,现在已是认真破除这一层无形隔膜的时候了:我们必须在"文化相对主义"的谨慎框架中,从追溯任何一种古代文明都曾经禀有的先入为主的独特精神追求出发,来清理它们各自的发展历程、并且定位它们内在的起承转合;而有了此种标尺做前提,我们就不难发现,正像关切着"死后世界"的埃及古代文明需要经历长期的文化积累才足以建筑起一座既象征着其国力鼎盛,又象征着其国运衰朽的法老胡夫金字塔一样,关切着"现世生活"的中国古代文明,受其审美类型的规范和内倾取向的驱动,也必须积累千百年的精巧创造才会等到一个全方位发达审美维度的时机,以便尽情地享受自己的文化成果。正是在此种意义上,宋代历史才真正堪称中国马鞍形文化史的"高峰":只有在这个时期,人们才充分满足了自己的审美愿望,以艺术的手段点化了整个人生——那些被后人叹为"空前绝后"的物质文明和精神文明,实不过是他们借以满足自己"游戏冲动"的更为高级的手段;而那些令后人追念不已的"销金"的好去处,亦实不过是他们借此尽享浮世欢娱的游乐中心。中国古人最清醒地意识到,虚幻的天堂实际上是根本不存在的,因此除了尽心营造出一个"人间仙境"之外,他们更无任何非分的祈求;由此我们就不妨说,两宋时代的文物之盛,恰正是中国文化精神之最突出的反映,而汴京与临安的繁华市景,则更是现世生活观念之最集中的缩影。只可惜,这个缩影偏偏又有如此悖反的两面性,而适足以被当成"风月宝鉴"来催人大彻大悟!我们看到,在镜子的正面,宋人的文化创造简直太美轮美奂了,竟至于无法不让人贪恋流连——正如冯梦龙在一段笑谈中所惟妙惟肖地刻画的:"熙宁中,王仲荀谒一朝士,阍者以'不在'辞之。王勃然叱曰:'凡人死称不在,汝乃敢出此言!'阍者拱谢曰:'然则当何辞?'王曰:'第云出外可也。'阍者愀然蹙额曰:'我主宁死,讳却出外字面。'"[1]而在镜子的背面,宋人忘情耽迷于其中的文化成就又确乎太精致高超了,竟致于无法不让野蛮民族也对之垂涎三尺——正如罗大经曾在一段佚闻中痛心疾首地传达的:"孙何帅钱塘,柳耆卿作《望海潮》词赠之云:'东南形胜,三吴都会,钱塘自古繁华。烟柳画桥,风帘翠幕,参差十万人家。云树绕堤沙,怒涛卷霜雪,天堑无涯。市列珠玑,户盈罗绮,竞豪奢。重湖叠巘清嘉,有三秋桂子,十里荷花。羌管弄晴,菱歌泛夜,嬉嬉钓叟莲娃。千骑拥高牙,乘醉听箫鼓,吟赏烟霞,异日图好景,归去凤池夸。'此词流播,金主亮闻歌,欣然有慕于'三秋桂子,十里荷花',遂起投鞭渡江之志。……余谓此词虽牵动长江之愁,然卒为金主送死之媒,未足恨也。至于荷艳桂香妆点湖山之清丽,使士夫流连于歌舞嬉游之乐,遂忘中原,是则深可恨耳。"[2]由此一来,正像我们无法不惊叹古代埃及法老胡夫金字塔既大得如此雄伟壮观又大得如此不可思议一样,当我们以宋史为鉴的时候,我们也不可能不领悟到——古代中国文化真是既"美得如此可爱"又"美得如此可怕":一方面,它绝对是顽强耐久的,因为中国古人精微的审美感受能力和高明的艺术结构技巧,至今仍然抵抗着时间的风化而向我们显示出令人陶醉的永恒魅力,并且构成了中国人之文化向心力和认同感的主要

---

[1]　冯梦龙:《古今谭概》微词部第三十。
[2]　罗大经:《鹤林玉露·十里荷花》。

内核;但另一方面,它又绝对是脆弱不堪的,因为具有诗人性格的民族从来就竞争不过具有猎人性格或商人性格的民族,故此在弱肉强食的恶劣生存环境中,他们天真的文化成果只能像孩子所搭的积木那样经不起外力的轻轻一推……

由此我们便自然要得出这样的看法:既然中国古代文明的成因和败因说到底只是审美文化类型的一体两面,而且这两种因素都最明显地凝聚在宋代的史料之中,那么对于两宋时代的深入研究,诚乃中国文化史研究的命脉所系!纵观"轴心期"之后的历史,恐怕这样讲并不为过:在两宋以前的文明进程,实不过是替这个辉煌的高峰做着铺垫,就像王夫之纵然百般挑剔也终得承认的那样——"太祖之得天下虽幸也,而平西蜀,定两粤,下江南,距北狄,偃戈息兵,布宽政,兴文治,以垂统于后,固将夷汉、唐而上之"①;而在两宋以后的文明进程,却又实不过是在替这次辉煌的陨落付出代价,恰如严复在一封书简中敏锐觉察到的那样——"古人好读前四史,亦以其文字耳!若研究人心政俗之变,则赵宋一代,最宜究心。中国所以成为今日现象者,为善为恶,姑不具论,而为宋人之所造就,什九可断言也。"②缘此必须说明:本文所提出的研究报告仅仅为阶段性的,它与其说已是最终的"结论",毋宁说只是最初的"引言";而对于宋代文化类型的更为细致的结构性分析,尚有待于作者计划发表的一系列"续篇"。

(本文曾分别以《寻求中国研究的范式更新》和《审美文化类型的形成与落熟》为题,连载于《学人》第七、八两辑)

---

① 王夫之:《宋论》卷十一。
② 《严复集》第三册,中华书局 1986 年版,第 668 页。

理性限度之内的快乐

——中国饮酒文化

  产地不同、传承各异的中国酒，构成了风味繁多、品不胜品的庞大系列，向人们诉说着华夏民族赓续历史的久长和生息地域的广阔。人们只要看一看古往今来那些诱人的酒名，什么剑南烧春、杭州秋露白、山西羊羔酒、潞州珍珠红、相州碎玉、西京金浆……便会胃口顿开，甚至有几分醺醺然了。弥足庆幸的是，尽管历经数千年风雨的洗汰，那中间的许多名酒却并未失传。像曹操所谓"何以解忧，唯有杜康"中的杜康酒，李白所谓"兰陵美酒郁金香，玉碗盛来琥珀光"中的兰陵酒，杜牧所谓"借问酒家何处有？ 牧童遥指杏花村"中的杏花村汾酒，等等，至今还在发出透着诗意的酒香，使人们为之酩酊而醉。

  如果从质地和口感上讲，这些历时悠久的传统名酒，以及许多后来居上的当代名酒，当然各有各的特色，各有各的妙处。大曲酱香型的茅台酒、郎酒，大曲清香型的汾酒、西凤酒，大曲浓香型的五粮液、剑南春、泸州老窖、古井贡酒、洋河大曲，药香型的竹叶青，以及黄酒中的绍兴加饭、花雕等，均为其中极上品。但可惜的是，即使笔者是最擅知味的品酒师，也不大可能把自己在品尝这些美酒佳酿时的奇妙味觉享受借文字道出，以邀读者共享。所以，本文着墨的侧重点，毋宁在于中国人饮酒时所形成的独特"酒文化"。毫不夸张地说，这种围绕杯中物所形成的特殊行为模式和文化氛围，比起中国酒的独特口感来，更具有地道的中国味道。而且，饮酒文化之发生和发展的过程，也正是不断嬗变的中华文明史的一个缩影。

　　饮酒方式之所以能够随着历史的演进，而被纳入不同的文化范式之中，赋予不同的文化涵义，实与酒的自身特点有关。《说文》上对"酒"字有两种解释：一曰"就也'——"就人性之善恶'；二曰"造也"——"吉凶所造起也"。这当然不足以说明"酒"字的真正起源，因为"酒"字最早通"酉"字，其字形在甲骨文和金文中显出了与陶罐的密切关系。不过，若就"酒"本身的性质而言，许慎的上述解说却有相当的道理。所谓"就人性之善恶"，包含着这样一层意思：酒乃是一种助兴之物，它并不能改变人们原有的心态，而只能通过对神经中枢系统的刺激来增强这种心态。欣喜的时候，会觉得"白日放歌须纵酒"①；抑郁的时候，又会觉得"举杯消愁愁更愁"②；兴奋的时候，可以像苏舜钦那样"汉书下酒"；颓废的时候，又可以像陶潜那样挂印酒隐。而所谓"吉凶之造起也'，则可借药圣李时珍的下述说法作为注脚——"酒，天之美禄也。面曲之酒，少饮则和血行气，壮神御寒，消愁遣兴；痛饮则伤神耗血，损胃亡精，生疾动火"。邵尧夫诗云，"美酒饮教微醉后"，此得酒之妙。所谓醉中趣，壶中天者也。若夫沉湎无度，醉以为常者，轻则致疾败行，甚则丧邦亡家而殒躯命，其害可甚言哉！尽管人的酒量有大小，但现代医学却证明，当血液中酒精浓度达到 0.05% ～ 0.1% 时，会对人的神经中枢系统起兴奋作用，使人欣快轻松；而当血液中酒精浓度上升到 0.2% ～ 0.3% 时，又会对人产生抑制作用，使人烂醉不醒，这一规律人们概莫能外。正因为酒可以对人产生这样复杂多变的作用，便使它足以充任具有多重阐释可能的文化讯息载体，来适应人类各个文明阶段的不同需要。

　　中国酒究竟为何人所发明，已难于确考。传统酒业供奉的祖师爷，一般为杜康和仪狄，正如晋代江统《酒赋》所云："酒之所兴，肇自上皇。或云仪狄，一曰杜康。"不过，细究起来，上述说法却多属以讹传讹。宋代高承《事物纪源》已云："不知杜康何世人，而古今多言其始造酒也。"姑依汉代许慎《说文》"古者少康初作箕帚、秫酒。少康，杜康也"的说法，这位杜康

---

①　杜甫：《闻官军收复河南河北》。

②　李白：《宣州谢朓楼饯别校书叔云》。

也只是夏朝第五代的君王,比向夏禹进贡"旨酒"的仪狄晚了许久,根本不可能是酒的发明者。再进一步说,那位和大禹同时的仪狄,亦只生活在四千年前左右,比起五千多年以前的龙山文化早期的酒器来,也晚了一千多年,同样不可能是酒的开山祖。一追溯到五千多年前,读者们便自然会想到,那时候尚没有出现文字记载。所以,无论是谁首创了酒,后人都无从知悉了。可以约略推断的只是:考虑到酒的发明并不困难(如《酒经》所谓"空桑秽饮,酝以稷麦,以成醇醪,酒之始也"),又考虑到"酒"字原型与陶罐的关系,中国酒的诞生绝不会比原始陶业的出现晚太久,应在至少六千年以前。

所幸的是,就本文而言,弄清酒的确切肇始年代并不重要。真正重要的是,我们尚可以准确地知道,酒一经形成,便对华夏民族的性格产生了巨大影响。有关酒和民族性格的问题,受到了文化人类学家的重视。露丝·本尼迪克特在《文化模式》中甚至据此把原始文明分为两类——"酒神型"和"日神型"。她说,在酒神型的文明中,"人们用喝发了酵的仙人掌果汁的办法在礼仪上获得那种对他们说来是最有宗教意义的受恩宠状态。……在他们的习惯做法和他们的诗歌中,喝醉酒和宗教信仰是同义词。喝醉酒能把那种朦胧的梦幻和明察洞鉴混而为一。它使整个部落感到一种和宗教信仰相关的兴奋"。以这种标准来区分,华夏文明的最初阶段,正可以说是一种"酒神阶段"。历史残留的材料表明,商人相当迷信原始巫术,而这种盛行的巫风恰恰又是和饮酒之风密不可分的。据罗振玉等人考证,甲骨文和金文中与施行巫术有关的"祭"、"奠"、"礼"等字,均从"酒"中脱出。其所以如此,又正如张光直在《商代的巫与巫术》一文中所推测的:"酒也是一方面供祖先神享用,一方面也可能是供巫师饮用以帮助巫师达到通神的精神状态的。"正因为这样,在后人心目中,夏、商两代,尤其是后者,既是迷信天命的朝代,又是醉生梦死的朝代,就有了合乎逻辑的内在联系。根据传说,夏末的亡国之君桀,尝造"酒池"以取乐,其"酒池可以运船,糟堤可以望十里"[①];而商末的亡国之君纣,则造"肉林"以资

---

① 刘向:《新序·刺奢》。

"长夜之饮","令男女裸而相逐其间,是为醉乐"。① 更有甚者,《尚书·酒诰》上讲,不仅商王"惟荒腆于酒",就连臣民也"庶群自酒",以至于腥气传到了天上,"故天降丧于殷"。究竟殷商是否纯因酒而误国,似还有待讨论。不过,这个处在"酒神阶段"的国家上上下下一片迷狂,醉心于原始宗教,并因而败给了另一个较为清醒理智的国家——周,却是不成问题的。

由于"殷鉴不远",深怀忧患意识并希望以德配天的周人,便更少执迷于需要狂热体验的宗教境界,而更多地关切需要去冷静处理的人事。缘此,借马克斯·韦伯的术语来说,"巫魅"便被大大地"祛除"了。正是在这种思维方式的蜕变中,必然地出现了周公的"制礼作乐"。从此,既然强调以"礼"所蕴含的理性、规范、节制去统摄"乐","乐"字所蕴含的感性欢悦便不再意味着放纵、陶醉和沉迷于自由狂想,而是意味谐调、中和及随心所欲不逾矩。李泽厚曾在《华夏美学》中指出:"即使不说'礼乐'传统是日神型,但至少它不是酒神型的。"殷周之际这种从"酒神型'到"非酒神型"的转变,是中华文明在文化基因上的一次突变,它在很大程度上改变了华夏民族的精神风貌,塑造了许多现在看来是"中国人之所以成为中国人"的性格特征。不过,又有谁能想到,这种在文化类型上翻天覆地的巨大变化,竟是和当时人们对小小的酒的态度转变分不开的呢?

《战国策·魏二》)中记载,鲁君(一作鲁共公)在酒席间说:"昔者,帝女令仪狄作酒而美,进之禹,禹饮而甘之,遂疏仪狄,绝旨酒,曰:'后世必有以酒亡其国者。'"这故事的内容很可能是假托的,作为国家的首创者,大禹还不太可能具备"亡国'的历史经验。不过,鲁君讲故事这件事本身,却可以当作信史来读,因为它的确符合"酒神阶段"之后人们对酒的普遍警觉。在刚才提到的《酒诰》中,周公明确要求人们"无彝酒","饮惟祀",希望把过去常常破坏人们思考力和意志力的酒严格限制在举行祭礼的特定场合,以便把人们的行为举止乃至思想感情统统纳入礼的规范。从这种精神出发,周朝发展出了酒礼,如《礼记·乐记》所云,"豢豕为酒,非以为祸也,而狱益繁,则酒之流为祸也。是故先王为酒礼。一献之礼,宾主

---

① 王充:《论衡·语增》。

百拜,终日饮酒而不得醉焉,此先王之所以备酒祸也"。时至今日,透过《仪礼·乡饮酒礼》的规定,我们尚可依稀看到举行这种"一献之礼"的完整过程。根据杨宽《"乡饮酒礼"与"飨礼"新探》一文的梳理,它分为六个阶段:一曰谋宾(商谋宾客名次)、戒宾(告知宾客)、速宾(催邀宾客)、迎宾之礼;二曰献宾(宾主相互敬酒)之礼;三曰作乐(分升歌、笙奏、间歌、合乐四阶段);四曰旅酬(按尊卑秩序依次相酬);五曰无算爵、无算乐(不断饮酒作乐,醉而后止,尽欢乃罢);六曰送宾及日后的拜谢。这种乡饮酒礼的古风曾为士大夫们长期传承,以致我们在清代吴敬梓的《儒林外史》中还可以看到这样的场面。一般人或许会以为,那不过是一大套繁文缛节罢了;但据传说,大哲学家孔子却一眼便看穿了那背后的两个相互依赖的要点:其一是能明确"贵贱"、"弟长"之类的等级秩序;其二是能使人"和乐而不流","安燕而不乱"。这两者综合起来,差不多已经是"礼乐文化"的全部精义所在了,故而孔子又说,"吾观于乡(《饮酒礼》),而知王道之易易也"①。从本文的角度来看,特别值得注意的是:一旦过去那种醉醺醺的文化模式随着文明的进程而被否定,酒本身也就被赋予了新的价值内涵,以执行新的文化功能。它所造成的形神相分的欣快幻觉,不再被用来谋求人与神的相通,而转过来被用于化解人与人的隔膜和差别。尽管等级是森严的,礼法是刻板的,但只要循规蹈矩,人们毕竟可以相安无事地饮酒作乐,尽欢而散。在这里,适度的酒精仍足以给人带来快乐,只不过它已变成了一种理性限度之内的快乐,而不是非理性的快乐。

读者们真要为酒对各种文化要求的广泛适应性而称奇了。不过,更绝的是,即使在同一个文明结构中,甚至在同一场合下,只要语境一转,酒的意味也可能大大不同。这方面最极端的例子,要数《周礼》中的初看不无矛盾的规定——乡大夫的职责,是每三年查考一次人们的德行道艺,并举办乡饮酒礼向选出的贤者、能者致敬;而间胥的职责,竟又是在举行这类礼仪时,向失礼者处以罚酒(乃至鞭挞)。简直是眼睛一眨,酒味儿就魔术般地变了。酒居然被同时赋予如此截然相反的两种涵义,似乎叫人难

---

① 《礼记·乡饮酒义》。

以理解。然而细究起来却不难发觉,酒的赏罚功能都是从礼乐文明的同一种逻辑中推出的。问题的关键在于:一方面,礼法规定,凡表示尊敬,"必上玄酒(兑了水的酒)",而"唯飨野人皆酒(醇酒)";另一方面,礼法又规定,敬酒时用较小的爵,罚酒时用较大的觥(据《考工记》、《释文》等,这两种酒器的容量之比为 1 升∶5 升或 1 升∶7 升)。原来,从制礼作乐者的角度来看,既然对酒的诱惑和危害保持理性的节制和警惕,实乃文明的标志,那么,强迫一个人用照后人看来简直是专门盛酒的大酒器(容庚即持此说)来过量地饮浓酒,使之在行为举止上野蛮地逾越了中庸的尺度,那不啻一种羞辱性的惩处。在乡饮酒礼的特定场合,这种因受罚而导致的肉体与精神上的双重苦痛,的确和别人其乐融融地以小杯品淡酒形成了鲜明的对照。

尚秉和曾在《历代社会风俗事物考》中列举了《礼记》、《晏子春秋》、《淮南子》、《世说新语》中以刑、罚的事例,并困惑地说:"夫酒者人所喜欢,而以是为罚,且以酒代刑,倘遇嗜饮者,不愈得意乎? 然其风至今未已。此等习惯殊不可解已。"可现在,有了上文的分析,我们已经知道,这种"敬也饮酒罚也饮酒"的习俗,实乃中国人源自礼乐传统的特异古风,与他们对酒的警惕和节制有关。当然,真正以酒为刑的做法,以后慢慢地绝迹了。不过,其流风所被,仍使中国人在后世养成了相互劝酒、派酒的习惯。正因为人人都要对酒保持节制,所以他们偏又要彼此太过殷勤,甚至软硬兼施地劝酒,看看究竟有谁被打破了防线,因不胜酒力而出乖露丑。这种以谈笑之资为目的的小小恶作剧,正是以酒为罚的古礼之孑遗和积淀,也是最最中国化的文化情结(设想若有一位俄罗斯人同席,他准会正中下怀地将此全当好意来领教)。毋庸讳言,这种劝酒之风经常会演成不可开交、大伤和气的灌酒、闹酒、斗酒,而流为一种中国特有的陋俗。不过,这种带有一点儿强迫性的饮酒方式,却也翻出了各种各样妙趣横生的酒令。举凡射箭、投壶、猜拳、下棋、诗词、对联、笑话、谜语等,均成了助兴佐饮的游戏。这类嬉戏的场面,当然有雅俗之分,前者如李白的"如诗不成,罚依金谷酒数(三斗)",后者如《红楼梦》中薛蟠的"女儿乐……"但无论如何,严峻庄重的古礼在这里已经变成了轻松喧闹的行乐,尽管输者仍要在哈哈大笑声中心甘情愿地被"浮（罚）以大白（杯）"。

只可惜，恰恰是在这"没有不散的筵席"前，古人又油然兴叹，人生的欢乐聚会是何等有限而短暂——"对酒当歌，人生几何，譬如朝露，去日苦多。"缘此，正是出于对浮世之欢娱的依恋和执著，反而在中国历史上乐极生悲地逼出了海德格尔式的存在主义主题。而无巧不巧，由于酒本身的广泛适应性，这种因关切死亡而导致的对生命的自觉恰恰又是和它紧紧连在一起的：

> 服食求神仙，多为药所误。不如饮美酒，被服纨与素。①
> 慨当以慷，忧思难忘。何以解忧，唯有杜康。②
> 五花马，千金裘，呼儿将出换美酒，与尔同销万古愁。③
> 故国神游，多情应笑我，早生华发。人间如梦，一樽还酹江月。④

汉魏以降，这些名句一直在回旋的共同音调是十分复杂的——既因酒所带来的欢乐而慨叹人生如寄，又因对青春不再的忧思而更要开怀畅饮。酒在中国文化史中的内涵又被大大深化了。如果说，在夏、商两朝，它主要被借以加强人与神之间的联系，而在西周一代，它主要被用来加强人与人之间的联系，那么经过了魏晋文人的发掘，它的主要功用则在于帮助体验人和本己的关系。此时，酒之所以能促使人挣脱种种社会的羁绊而赢得自由的心态，如晋人张翰所谓"使我有身后名，不如即时一杯酒"，再如李白所谓"天子呼来不上船，自称臣是酒中仙"，那倒未必是因为受酒精的麻醉而产生了庄子式的超越有待世界的幻觉，而是因为受饮酒的启发而领悟了个体生命的本真性和不可替代性。且让我们再引两首诗看：

> 扰扰驰名者，谁能一日闲？我来无伴侣，把酒对青山。⑤

---

① 《古诗十九首·驱车上东门》。
② 曹操：《短歌行》。
③ 李白：《将进酒》。
④ 苏轼：《念奴娇·赤壁怀古》。
⑤ 韩愈：《把酒》。

日日无穷事，区区有限身。若非杯酒里，何以寄天真。[1]

照这样子喝酒，真可以说是越喝越清醒了！

（此文为刘东主编的《中华文明》中的一节，社会科学文献出版社1994年版，第407—414页）

---

[1] 李敬方：《劝酒》。

默契天道的养生之术
——古代体育文化

　　人们一提"体育"二字,难免马上联想到选手们在狂热欢呼声中的竞技,因为这正是现代传媒努力向大家灌输的观念。但实际上,所谓体育,顾名思义,不外指人们为增强本身的体质以及与之相应的技能而施行的自我训练。若从这个意义上讲,说我国古代有相当发达的体育活动,是绝不过分的。因为,尽管我们在古代文献中并没有找到"体育"这样一个专门名称,却可以发现大量与强身健体有关的锻炼方法和教育活动。

　　只不过,需要特别注意的是,尽管中国古代体育的一些部分的确和现代流行的体育活动相类似,但这并不意味着,我们只要把过去那些能和现代体育项目的外延相重合的健身活动搜罗到一起,就算是讲清了古代的体育。事实上,中国特有的体育文化,作为古人须臾不可离身的生活方式,作为和古代思想相交融的体验宇宙与人生奥秘的实践功夫,是中华文明系统的一个有机组成部分。它紧紧镶嵌于中国文化的总体背景之中,具有不可归约为外来体育观念的独特境界。所以,如果我们认识不到贯穿于中国古代体育活动之中的内在精神,即使我们把这类活动的细节全都再现出来,也算不得把握到了它的真谛。

　　那么,中国古代体育活动所追求的境界到底是什么呢?笔者大胆地断言一句——正在于"阴阳调谐"四字。也就是说,古人把宇宙间的一切,包括人体自身,都看成是由对立力量之消长而导致的大化运行,而又于此流变过程之中,努力去把握和守护某种不变的平衡状态。有了这种独特的价值准则,自然也就有了中国独有的健康概念,从而步步地接引出相对封闭于其他体育体系的独特健身体系。从外部关系来看,它不是号召人对自然的独立、挑战与对抗,而更强调两者的同构、融洽与顺遂。由内部关系来看,它也并非判然划定体育和智力发展的界限,而更追求身体和精神能够在同一过程中得到营卫和颐养。正因为这样,我们不妨说,中国古代的养生健体之道,同时也正是人们默契天道的路径和悦智悦神的方法。它从根本上堵住了人们通过锻炼后落得"四肢发达,头脑简单"的可能。这是它与外来体育文化的本质不同之处。

从这种高度出发,可以使我们对中国古代体育体系认识得更深入和清晰些。有些作者,总是以现代世界所流行的体育活动为潜在的参考框架,到过去的史料中去翻拣可资比附的东西,甚至似是而非地讲出许多"中国第一"来。这中间最具代表性的例子,就是举出曾经随着胡风而一度传进中土的蹴鞠活动,来证明中国才是"足球的故乡"。这类做法,从表面上来看,似乎是给中国人争来了一点面子。但实际上,由于它骨子里还是以西方体育体系作为衡量标准的,所以说到底还是忽略了中国古代体育的真正优点和特长。比如,针对那种把中国讲成是现代足球发源地的说法,人们不禁要问:既然如此,那么足球到底为什么会在中国丧失了传承的基础呢?为什么中国人至今还在体质上和心理上表现出对这种活动的左支右绌呢?

其实,根本用不着像那样去生搬硬套,因为不同的体育文化本有不同的宗旨,它们各有各的正面,也各有各的负面。的确,从一个角度讲,由于中国古代体育本来就不太注重竞技性,它甚至并不刻意追求超乎自然常态的和令别人叹为观止的体格与体能,所以,当现代体育场馆刚一向中国人敞开大门的时候,他们当然会显出最初的不适应,甚至免不了要被不了解中国体育精神的人认作羸弱的"病夫"。可是,若是掉换一个角度看,既然这种体育活动强调内外修为的一致与调适,那么,它也完全有理由拒绝仅仅用一些竞赛场上人为规定的量化指标去片面地判定人们的实际健康水准,特别是在人们为了身体某一部分的过度发达而牺牲了另一部分的正常发育时。更何况,正因为中国古代体育讲究自家的体会,而非他人的评判,无论老者少者强者弱者皆可身体力行,所以这种质朴无华的锻炼活动倒很可能更接近体育的真精神。最起码,它比较不容易从"为己"的健体活动异化为"为人"的商业行为,以至于引得大多数人放弃了积极参与运动的锻炼时间,去观赏甚至逼迫少数人在竞争中把身体拼坏。当然,笔者这样极而言之,并不是想要在不同的体育体系中间强分出孰高孰低来。毋宁说,笔者在这里提倡的是一种"理解"的态度。有了这种态度,人们才足以对一个民族的健康状况和体育能力进行合乎实际的评价,也才足以对一种自成系统的体育传统进行设身处地的了解,发现其真正有价值的符号资源。

若从纵的角度来分析,可以看出,共同孕育出中国古代体育体系的原初因素是多种多样的。它们可以被大体上区分为两类。其一是创化原始物质文明所必不可少的体质及技能训练,它主要包括来自原始生产劳动和原始部落战争两方面的内容。其二则是原始精神文化所带有的最初价值取向,以及相应伴生的对于人类形体活动的种种要求(如史前舞蹈);这些内容一般被包容在集原始教育、医疗、娱乐于一体的原始宗教活动之中。而若从横的角度来分析,又可以看出,中国古代体育活动的种类也是五花八门的。为叙述方便,它们可以被粗略地依据其在古代体育文化中的重要性而排定为四类。其一,是从古老的医疗保健活动中发展起来的吐纳导引之类的养生术。其二,是从狩猎搏击和军事战斗技能中转化出来的,从周代的射、御教育开始就代代传习的武艺,以及它在后世演成的武术。其三,是从春秋时期已相当普及的博弈一脉承袭下来的棋类活动。其四,是其他一些具有地方色彩的体育活动(如竞渡),以及在民族文化交流中引入并一度开展过的体育活动(如蹴鞠、摔跤)。在这篇短文里,笔者不可能面面俱到地逐一叙述这些体育活动的来龙去脉,而只能挑选部分最能反映古代体育精神,因而最具有华夏民族特色的体育活动项目,作扼要的个案分析。

应该最先而且最多着墨的,无疑是被现代人称为"气功"的吐纳、导引之类的养生术。其所以如此,不仅是因为它在后来各种体育因素的融合中逐渐演成了其他运动项目的基础,从而在中国古代体育体系中占有中心的位置,而且因为它是最具有顽强生命力和广泛普及性的体育项目,以至于直至今天仍然是活生生的体育传统。我们只要看看,一方面,根本用不着大力提倡,在民间就自发兴起了广泛而持久的"气功热";另一方面,无论怎样千方百计地扶植,那种欲以足球之振兴来象征国运之昌盛的梦想,终归成不了现实,就足可以省悟到,吐纳导引之术和蹴鞠之戏在中国古代体育传统中的地位原是不可比拟的。唯其如此,现代中国人在习练它们时才会显出能力上的巨大差异。

受现存史料局限,我们尚不能准确地断定,这种历千百年而不衰的气功养生,究竟发端于何时。如果根据《黄帝内经》所谓"余闻古之治病,惟其移精变气";《吕氏春秋》所谓陶唐氏因"民气郁阏而滞着,筋骨瑟缩不达,故作舞以宣导之";《庄子》所谓"吹呴呼吸,吐故纳新,熊经鸟申,为寿而已矣;此道引之士,养形之人,彭祖寿考者之所好也"等材料,似亦可将其历史线索依稀上溯到远古。但问题却在于,上述材料都较为晚出,难免被人怀疑那些战国以后的作者有假托古人以神其说之嫌。所以,如果把眼光只盯住这些正面叙述气功的材料,势必导致一些人认为它们大致可信,另一些人认为它们不足为凭,从而把气功的起源搞成聚讼的悬案。既是这样,也许在这个问题上另辟蹊径,反可以触类旁通地推断得更笃定些。我们都知道,中国独有的针砭医术起源得特别早。《说文》云:"砭,以石刺病也";《广韵》云:"砭,石针也"。这种以石头而非金属制造医疗工具的做法,显系石器时代之遗风。那么试问:不管远古时代的针砭医术如何粗浅,发明它的医学根据是什么呢?合乎逻辑的回答只能是:于此之前原始人已经发现了(哪怕是再朦胧简单的)经络现象。想到了这一点,人们就很难再全盘怀疑前引那些文字材料的可信性了,因为到现在为止,唯一能真正认明这种运行气血之通路的,仍然不是西洋医学的外科解剖,而是中国气功的气机发动和收视返听,正如李时珍《濒湖脉学》所说,"内景隧道,唯返观者能照察之"。因此,如果传说中伏羲氏"尝味百药而制九针"[①]的说法其来有自,如果史前考古学关于砭石、骨针的发掘报告言之有据,那么,我们以互证之法,把原始状态的气功养生术推溯到原始针砭

① 皇甫谧:《帝王世纪》。

术的同时代甚至更早,应该是不成问题的。

倘若上述推想不中亦不远,那么,我们就可以顺势看到文化发展史中的一个既重要又有趣的现象——一个民族之基本生活态度的定型,看来是早出于并且决定性地影响着其哲学取向的定型。寻常人们总爱说:中国文化主静,西洋文化主动;中国文化重合,西洋文化重分;中国文化向内,西洋文化向外……这类说法当然是有根据的。而根据雅斯贝斯的提示,我们也已经认识到,中国文化的这些与众不同的特点,是落成于"轴心时代"。不过,即使认识到达了这一步,也仍然只算是知道了古人思想方式的"其然",而并非"其所以然"。如果我们进一步追问:为什么先秦诸子尽管思想那么活跃,形成了"百家争鸣"的热闹景象,却仍然显示出了莱布尼茨式的"前定和谐",不约而同地具有"天人合一"、"气一元论"、"中庸之道"、"内在超越"的思想倾向呢?其答案无疑只能隐藏在即使对那些创造大传统(显文化)的古人来说也已是耳濡目染的小传统(隐文化)之中。毕竟,无论多么伟大的文化创造,也绝非空穴来风,而只能是对传统的激活。这既可以说是置身于历史之中的人们的局限,也可以说是他们成功的唯一现实条件。缘此,顺着本文前面的叙述,我们就不能不惊异地关注到:潜伏在原始气功中的文化密码,和"轴心时代"所酿成的中华文明的主导倾向之间,居然有着非常贴近的"亲缘关系"!

问题的关键在于:当初民们逐渐开始自觉地意守脐下气海(即后来道家所谓丹田、医家所谓胎息之处)的起伏,感觉到有明显的热气团沿体内的一定通路(即后世所谓十二正经和奇经八脉)循行时,他们不仅仅得到了身舒体畅、神清智明、祛疴伐病的锻炼效果,还更于气功状态中获得了与现代物理学的框架格格不入的关于大、小宇宙的"原则同格论"。通过战国时代《行气玉佩铭》上的短短45个字——"行气,深则蓄,蓄则伸,伸则下,下则定,定则固,固则萌,萌则长,长则退,退则天。天几舂在上,地几舂在下。顺则生,逆则死。"我们便可以发现,当时人们是怎样借助于深沉平稳的腹式呼吸以及它对人体产生的神奇效用,来达到对内外世界之本质及其关系的总体理解的。恐怕并非凑巧的是,这样的升发过程,在先秦诸子那里也都能找到。我们先来看《道德经》:从"营魄抱一,能无离乎?

专气致柔,能婴儿乎? 涤除玄览,能无疵乎",到"天地之间,其犹橐籥乎? 虚而不屈,动而愈出",到"道之为物,惟恍惟惚。惚兮恍兮,其中有象;恍兮惚兮,其中有物",再到"人法地,地法天,天法道,道法自然",类似的关联何等清晰! 我们再来看《庄子》:从"真人之息以踵,众人之息以喉",到"无听之以耳而听之以心,无听之以心而听之以气",到"人之生,气之聚也。聚则为生,散则为死。若死生为徒,吾又何患? 故万物为一也",再到"缘督以为经,可以保身,可以全生,可以养亲,可以尽年",其思路又何其相近乃尔! 同样,从《管子》的"灵气在心,一来一逝,其细无内,其大无外",到它的"精存自生,其外安荣。内藏以为泉原,浩然和平,以为气渊。渊之不涸,四体乃固;泉之不竭,九窍遂通,乃能穷天地被四海",再到它的"血气既静,一意专心,耳目不淫,虽远若近",或者从《孟子》的"我善养吾浩然之气",到它的"其为气也,至大至刚,以直养而无害,则塞于天地之间",再到它的"万物皆备于我矣,反身而诚,乐莫大焉",也都可以发现共通的家数。笔者于此不遑详论,要之由于古代境界原本不分身心、物我,气功这种集身法、息法、心法于一体的养生术,就很容易接引出和它相近的宇宙论和人生观来。难怪海德格尔越是憧憬古希腊主、客体一如的原初境界,就越是对和古代气功关系最密的道家思想有兴趣。

这样,从发生学的意义上,我们对"轴心时代"的中华文明的"基因突变",就又多了一层理解。由于此后的文明进程无论怎样一波三折,各种文化现象总是万变不离其宗,而且越到后来各种文化因子就越多地浸染了文化基因的特征,从而使作为一个整体的中国文化日益显出系统的成熟,所以,只要我们紧紧抓住这个文明之价值内核中的精神走向,再来理解其他的文化现象,就会势如破竹了。

当然,在这篇短文里,笔者仍只能以中国古代体育体系为典型案例分析的对象。显而易见,尽管中国古代的健身活动极为丰富多彩,但各种偶因中却隐藏着深刻的必然性:要么某种体育活动在中国体育精神所容许的范围内蓬勃发展,从而不管它禀有多少独具的特色,到头来总会对中国文化的价值理念显示出一种柏拉图式的"分有";要么某种体育活动无论如何也漏不过中国体育精神的筛眼,从而不管它是从上古还是从域外传来,都只能逐渐地萎缩和失传。后一种情形,笔者在前面已借叙述蹴鞠在中国的命运而有所涉及。所以,在余下的一点篇幅里,仅就前一种情形作约略的分析。

首先"分有"了中国古代体育精神的,正是在后世逐渐形成的各门各派的气功功法本身。据笔者和爱好气功的朋友的不完全统计,到现在为止,仅仅经过今人发掘并且亲身实践的气功功法,就达 340 种之多。其中,除了晚近创编出来的融众家之长的综合功法之外,尚可析理出历史传承线索比较清晰的六大派别,即道家功法、医家功法、佛家功法、儒家功法、武术家功法和民间功法。从表面上看,这些气功派别之间是门户森严、互不授受的。可是,在林林总总的不同细节背后,却潜藏着也许并未被人们自觉意识到的、唯中华文明独有的共同前提。这中间,素来讲究"致虚极,守静笃"的道家,和主张"恬淡虚无,真气从之;精神内守,病安从来"的医家,似乎毋须多论,因为它们本是气功的源头和正统。最耐人寻味的倒是佛家:这种原本强调"四大本空"、"五蕴无我"的"西学",一旦被接种在具有贵生倾向的华夏文明的土壤中,也居然不顾徒增"身执"、"我执"的危险,而发育出了种种具有中国佛教特点的气功功法。也许,从本意上说,佛门弟子之"由定生慧"的日常功课,并非想在躯壳上下什么工夫。他们绝不是想落入第二义而成为"守尸鬼",而只图关切脱离肉体的精神智慧的永恒。可话说回来,人的身心毕竟是一个互相牵连的整体,所以只要在修持中锻炼运用内向性的意念,就自然会增强人对自身生命运动的调节、运用和控制能力,从而达到强身益智、祛疾增寿的养生效果。正因为这样,在中国文化的大氛围下,作为入门手段而本欲追寻人能否成佛和如何成佛的禅定功夫,竟然和"性命双修"的道教殊途同归,演出了天台宗、禅宗、净土宗、密宗等具有不同家法的气功门派,并广泛流入民间而被用之于体育锻炼。这种在文化传播中的有意误读现象,正是根据中国精神来筛选和重组外来文化信息的鲜明例证。

接下来,话题就该轮到武术家的气功了。而武术和气功这两种体育活动的交叉,也恰好给了我们机会去转而审视古代体育的另一支脉是如何"分有"中国文化的基本理念的。笔者在《尚武精神》一文里,曾主要从社会结构分析的角度入手，谈到汉以后的统治者是怎样承袭秦朝的弱民之术，把先秦盛行过的尚武精神压制到社会边缘，从而在居于社会中心的精英分子中逐渐酿成了"重文轻武"之风气的。而与此相呼应，本文要叙说的则是，恰恰借着"去武行文，废力尚德"的历史势头，过去从搏击和战斗技能中脱胎出来的实用武艺，就获得了被重新进行文化阐释的可能性，从而转变成了和古代气功一表一里的、中国人特有的体操形式——武术。当然，这类从宋代以后逐渐发展分化出来的武术套路，无论如何总还保留着一些格斗的功用。不过，谁要是以为那些花拳绣腿的每一招式都是专为实战而设计的，可就大上其当了。实际上，于史有征的古代战争，从来都不会像明清小说所描写的那样，让两支大军都按兵不动；只各派一员大将捉对厮杀以决胜败。所以，应着集体战阵的实用需要，真正的武艺动作倒是较为简捷朴素的。只有当它逐渐从开阔的疆场而进入狭小的私宅时，或者说，只有当它不再以军团而是以个人为习练单位时，人们才会有工夫去讲究演武动作的审美效果，种种表演性的技击形式才会发展出来。而与之相联系的是，一旦武术借着多种契机变成了个人的私事，其基本内涵也自然就从军事训练转变成了体育锻炼。也就是说，它主要关心的不是如何去杀伤别人，而是怎样来保养自己。这样，武术的旨趣就与气功相当接近了，所以它也就水到渠成地与后者交融在一起。且不说太极拳、八卦掌、形意拳等似乎专为健身设计的"养生拳"了，就是那些仍然保有打斗功效的武术套路，也都讲究"内练一口气，外练筋骨皮"，从而各自发展出了一套作为练武基础的站桩气功。这样的锻炼效果，遂使中国的武林高手往往同时就是养生方家，而和只讲究排打外功的泰拳师大多不寿形成了显著的反差。

最后，还应对中国源远流长的棋类活动（据清人辑本《世本》："尧造围棋，丹朱善之"）略作分析。无巧不巧，从表面上看，它和前述的武术活动相仿佛，也脱不尽演化自古代战争的痕迹。即使撇开仍保留着"将"、"士"、"相"、"车"、"马"、"炮"、"兵"等具体军事术语的中国象棋不谈，就是以抽象形式出现的"黑白"、"方圆"（均为中国围棋之别称），也正如应场《弈势》所云："盖棋弈之制所尚也，有像军戎战阵之纪。"马融《围棋赋》曰：

"略观围棋,法于用兵,三尺之局,为战斗场。阵聚士卒,两敌相当,怯者无功,贪者先亡。先据四道,守角依傍……"谢肇淛《论棋》道:"观其开阖操纵,进退取舍,奇正互用,虚实交施:或以予为夺,或因败为功,或求先而反后,或自保而胜人,幻化万端,机会卒变,信兵法之上乘,韬钤之秘轨也。"这类古往今来征引不尽的以弈喻兵的说法令人想到,尽管疆场上的斗勇已转化为楸枰上的斗智,围棋仍是中国本土固有体育活动中最具竞技性的一种。正因为这样,在所有的古代体育项目中,围棋也就最容易被"创造性地转化"为一种现代体育活动,从而纳入国际性比赛之中。

不过,每当笔者于电视屏幕上看到国手们在"读秒"声中手忙脚乱地落子,却不免为"分有"了中国古代体育精神的围棋活动已为日本的武士道所异化而痛惜。因为,围棋在中国原有"烂柯"、"坐稳"之称,其本意恰恰在于让弈者忘却时光的流逝。所谓"棋罢不知人换世"①、"闲敲棋子落灯花"②,正说明围棋在中国古代本属排遣消闲、养性乐道之具。传说中孔融二子因下棋而不避杀身之祸③、谢安因下棋而不露破贼之喜④的故事,均喻指此等忘情尘世的境界。所以,和从武艺向武术的转变过程相通,围棋也是从"兵法之类"⑤转化成了"施之养性,彭祖气也"⑥,从而被中国体育的内在精神点化成了益智悦神的健身活动。作为士大夫们超功用的艺术活动——"琴棋书画"的一种,它绝对不会压迫得棋手去大口地吸氧,而只会使他们通过沉着雅致的"手谈"而神闲气定。当然,既然是下棋,势必就要一决胜负;不过,在中国文化的特定氛围中,人们高雅的弈趣却又是远远超乎这"兵家常事"之外的。黄俊曾在《弈人传·自序》中这样描绘围棋的境界——"无人我故无胜负,无胜负故无喜愠。"这两句话其实都不对,因为若无人我、胜负、喜愠之分,人们就不可能全神投入这场游戏

---

① 欧阳修:《梦中作》。
② 赵师秀:《约客》。
③ 参见《魏氏春秋》。
④ 参见《晋书·谢安传》。
⑤ 桓谭:《新论》。
⑥ 班固:《弈旨》。

了。所以,在这方面,究竟还是坡翁的手眼最高,只有他那句"胜固欣然,败亦可喜"①,才道出了棋中三昧——恰恰是通过这种既斤斤计较又优哉游哉的手谈,对弈双方的心境才能同时得到积极的修养和欢悦的净化。可惜的是,眼下已沦为"名利场"的棋枰,竟与这种古代的体育精神有天渊之别了。

　　(本文为刘东主编的《中华文明》的一节,社会科学文献出版社 1994年版,第 367—377 页)

---

　　①　苏轼:《观棋》。

儒家思想中的自然观念

一

美国总统克林顿先生一次访问北京时,一边用手示意着呼吸不很舒畅的胸口,一边好心地承诺要帮助治理这里的空气污染。他还预言随着公众环境意识的增强,中国人终将发现与美国就此的合作是富于远见的。

上述演说给人的印象是相当深刻的。也许目前的中国真的就需要美国人来坦诚地提醒:依中国自身的人口和资源之比,根本就不可能支持他们去追求一种美国式的生活方式。和他们所憧憬的"可持续发展"的目标相反,即使想当个可怜的"单向度的人",①只怕当代中国人也并无多少资格。②

但这类教诲中所潜含的优越感,又无论如何都让人感到抵触。一方面这是因为,在弗兰克笔下的差序经济格局中,③在渥伦斯坦笔下的现代世界体系中,④当前作为发达国家主要富裕标志之一的良好生态,本来就

① Herbert Marcuse. One Dimensional Man. London: Routledge & Kegan Paul Ltd. , 1968.

② Vaclav Smil. China's Environmental Crisis: An Inquiry into the Limits of National Development. New York: M. E. Sharpe, Inc. , Armonk, 1993.

③ A. Frank. Dependent Accumulation and Underdevelopment. London: MacMillan, 1978.

④ I. Wallerstein. The Modern World-System Vol. I & II. New York: Academic Press, 1974 & 1980.

是以欠发达国家的环境日益恶化为代价的。因此,由发达国家的总统向发展中国家的人民来提示环境问题,开导他们过一种"更合理"的生活方式,总难免显得有些伪善和滑稽。另一方面这更是因为,在西方社会本身享受良好生态的同时,又千万不要忘记,那些非西方社会其实只是在受到西方冲击并且纷纷效法西方以后,其生存环境才变得如此恶劣。因此,在迄今为止的文明进程中,最不公正的历史事实之一是,原本产自某一文明内部的恶果,竟要由所有其他文明来痛苦地承受。

即使西方生活方式已波及全球,相互造访仍会带来一些新奇的感受。比如:虽说在从环境和资源方面大量"透支"的前提下,少数中国人如今也可以享受到汽车和洋房,但他们却和其他中国人一样,无法再享受到这里的蓝天与白云了;正因为这样,现在若让一个中国人来到美国,也许打动他的就不再是曾经使他神往的摩天大楼,而是原先似乎对他不在话下的青山碧水。反之,虽说中国文明的原有结构已在西方冲击下土崩瓦解,虽说它那"过时的"精神遗产已在现实世界踪影无存,可我眼下如果引领你们到它的古代生活世界里去漫游,你们也许照样会被它那独有的魅力和情调所打动。你们甚至还有可能把这种重新唤起的人类记忆,转变成当今世界的价值坐标和精神资源之一,使之有助于对摆脱人类困境的共同探索。

二

由于古代中国的思想世界自成一体,迥异于大家所熟知的西方精神体系,所以,刚一开始从事这种精神漫游,马上就会发现相当棘手的文化障碍。比如,尽管这次讨论的题目是"儒家思想中的自然观念",但又必须申明,在中国古代话语中并不存在能跟英语的"nature"一词精确对译的术语。"nature"这个外语词汇虽在现代汉语中被译成了"自然,zi-ran",但"自然"一词在古代汉语中的原初意义,却并不像英语中的那个具体名词"nature"那样,在确定地指称作为一个独立存在的"自然界",而是作为"副词"在描绘某种"自得状态"(self-so),或者作为抽象名词在泛指"天然如此"（naturalness）。由此，在中国古代宇宙论的范畴内，"自然"这个词虽不能说与现在所讲的"concept of nature"全然无干，却自有其难以简单译解的独特含义。

幸而，从中国古代浩如烟海的经典著作中，我们尚能找到一个至少其部分意义更跟英语所谓"nature"接近的汉字——"天，tian"，而且一旦追踪它最初的含义演变，还能方便地梳理出一条有关儒家思想之形成过程的明晰线索。所以，大家只要先把心情上溯到雅斯贝尔斯笔下那个世界史的"轴心期"（axial period），①去体会另一位古代"圣哲"（paradigmatic individual）在创造其教义时的思想步骤，就不难跟我一起去简要地回顾：一种审美型的自然观念是怎样在儒教内部逐渐生成的。

第一，"天"这个汉字，不仅在中国最早的文字"甲骨文"中，显出过一副人格神的形象，而且在中国最早的经典《尚书》中，也确实具有"至上神"的含义，比如"天佑下民"（天保佑位于其下的人民）②云云。我们可以把"天"的这一层含义看成是在"轴心期"以前的、具有萨满教性质的远古宗教的反映。③依照雅斯贝尔斯的说法，那还属于心灵宁静和真理自明的神话时代，让人们去发挥自主性以选择不同文化取向的历史契机尚未出现。由此则不难想象：越从"轴心期"往上回溯，各人类共同体之间的精神差异便越小。这正如卡西尔对于神话时代精神内容的分析："尽管神话作品有着这样的多样性和差异性，神话创作功能本身却并不缺乏真正的同质性。人类学家和人种学家们常常极为惊讶地发现，同样的一些基本思想遍布于全世界，并且在相当不同的社会文化环境中都得到传播。"④另外，也正因为这种强调"整体的交感"（sympathy of the whole）的巫术性思维方式在原始初民那里普遍存在，张光直在引述了 Peter T. Furst 有关人类文明的"活化石"——美洲印第安人之"萨满式的"（Shamanist）意识

---

① 参阅 Karl Jaspers. The Origin and Goal of History. New Haven: Yale, 1953.

② 《尚书·周书·泰誓》。

③ 参阅郭沫若：《青铜时代》，群益出版社 1946 年版，第 16—21 页；陈梦家：《殷墟卜辞综述》，中华书局 1992 年版，第 646 页。

④ 恩斯特·卡西尔：《人论》，甘阳译，上海译文出版社 1985 年版，第 93—94 页。

形态的种种归纳之后,才会有理由认为这种思想特点"在早期中国文明的适用性亦不下于在西班牙人以前文明时代中美洲的适用性"。① 冒点儿被后现代主义者批评为"本质主义"的风险,我们似乎可以断言,当时的中国文明还没有落成为真正的中国文明。

第二,正因为有了"天"的第一层含义,所以此后随着无神论和理性主义思潮的日益兴起,"天"在中国的周朝又曾经变成了人们,特别是上层知识分子的怀疑对象。比如《诗经》就曾经批评道:"荡荡上帝,下民之辟。疾威上帝,其命多辟? 天生烝民,其命匪谌。靡不有初,鲜克有终!"(上帝真是坏透了! 他还是其统治下的人民的君主呢。可恨可怕的上帝,他的本性该是多么邪恶呀? 上天生下来民众,他们的本性不可信? 开始时总是很好,却鲜能善始善终!)②"天降丧乱,饥馑荐臻。靡神不举,靡爱斯牲。圭璧既卒,宁莫我听?"(天降下了死亡祸乱,饥馑灾害连年不断。从来没有哪位神明未被祭祀过,我从来没有吝惜过作为牺牲的供品。敬神的玉器都已经被用尽了,为什么他们没有听见我的呼声?)③人事的无常和道德的沦丧,使承诺护佑人们命运的旧有意识形态丧失了说服力,进而使无神论就此变成了中国文明的基本倾向之一。这既向孔子提出了十分艰巨的文化使命,也向他敞开了千载难逢的创造良机。正因为敏感地注意到了"天下之无道久矣"④,这位圣哲才感到必须以"朝闻道夕死可矣"⑤的精神,来寻找一个足以安身立命的价值支点,以改变人们"德之不修,学之不讲,闻义不能徙,不善不能改"(品德不加以培养,学问不加以讲习,听到了义不能趋赴,有缺点不能改正)⑥的文化失范现状。

第三,又因为"天"已不再能作为全知全能的至上神来保佑人们,它就

① 张光直:《中国青铜时代·二集》,生活·读书·新知三联书店 1990 年版,第137—138 页。(Ernst Cassirer. An Essay On Man: An Introduction to a Philosophy of Human Culture. New Haven: Yale, 1944)

② 《诗经·大雅·荡》。

③ 《诗经·大雅·云汉》。

④ 《论语·八佾》。

⑤ 《论语·里仁》。

⑥ 《论语·述而》。

逐渐地与人间事务疏远了,并由此而惊醒了人类主体的道德意识。如《左传》上说:"天道远,人道迩,非所及也。"(天上的规律很远,而人间的规律很近,两者没有什么关系。)①再如《尚书》上说:"天不可信,我道惟文王德延。"(天的变化不足以信赖,我们周朝的统治只有靠文王的道德才能延续下去。)②对于人事的关注使他们发现,即使既定条件全都相同,人们仍有可能自主地选择作恶或扬善的不同行为,故其命运或然地掌握在自己手上。郭沫若早在其《青铜时代》一书中,便提示过中国古人在道德意识上的这种警醒。③徐复观更据此而明确指出,在周初的意识形态中有一种"人文精神的跃动",而此种倾向对奠定中国文化之基型影响深远。④在原有的宗教日渐式微以后,人们既摆脱了神意的重压,又失去了它的护佑与范导,无所遮蔽地暴露给了无情的荒原,只有为自己的存在而忧患操心。正因为这样,孔子才会说出那句"人能弘道,非道弘人"(人能弘大道,道不能弘大人)⑤来。他所以要这样来高扬主体意志,实非出自对天的狂傲亵渎,而是在"被抛状态"中的一种迫不得已的自我拯救。既然外在世界的非人格化,以及它对于人类命运的漠不关心,已成了那个时代的普遍共识,那么,中华民族相对早熟的理性主义精神,就根本不允许他到主体之外去寻求价值支点。

第四,正是在"天道"和"人道"不断分化的前提下,"天"这个汉字也就在中国古代思想家那里逐渐获得了类乎西方语言中所谓"自然"(nature)

---

①　《左传·昭公十八年》。

②　《尚书·周书·君奭》。

③　"这种'敬德'的思想在周初的几篇文章中就像同一个母题的叠奏曲一样,翻来覆去地重复着。这的确是周人所独有的思想……德的精神上的推动,是明白地注重在个'敬'字上的,敬者警也,本意是要人时常努力,不要有丝毫的放松。"郭沫若:《青铜时代》,群益出版社1946年版,第29—30页。

④　"敬字的原来意义,只是对于外来侵害的警戒,这是被动的直接反应的心理状态。周初所提出的敬的观念,则是主动的、反省的,因而是内发的心理状态。这正是自觉的心理状态,与被动的警戒心理有很大的分别。"徐复观:《中国人性论史》,台湾商务印书馆1962年版,第22页。

⑤　《论语·卫灵公》。

的含义,也就是说,它显示出了相对于"主体"而言的"客体"以及隐藏在这种客体背后的客观本性和客观规律的意义;比如孔子说过:"天何言哉? 四时行焉,百物生焉,天何言哉?"(天何尝说过什么呢? 春夏秋冬四季在演化,万事万物在生长发育,天何尝说过什么呢?)①又如庄子也说过:"知道易,勿言难。知而不言,所以之天也;知而言之,所以之人也;古者至人,天而不人。"〔把握规律容易,而不把这种规律说出来就困难了。知道了它而不说,这是合乎"天"(即自然)的;而知道了它就说出来,这是合乎人为的;古代的圣哲们,是顺应"天"(即自然)而不做人为之事的。〕②当代中国人对西文"nature"一词的理解,多少会渗入古语中对"天"的这一层界定。然而应予辨析的是,由于已经更彻底地对世界进行"祛除巫魅","天"在这里仍与西方的自然观念有相当的区别。如果海德格尔晚年根据自己的文化"前理解",还能把聚集在一把陶壶中的"物性",解析为所谓"天、地、人、神"四大要素,从而见微知著地勾画出了西方文明的宇宙图式,③那么,由于神性的尺度在中国的生活世界早已消失,大自然在这里毋宁显出了更加赤裸裸的科学意义上的"物性"。

第五,恰又因为中国古代的世界观曾在"轴心时代"被分解为上述那种二元论的,被誉为中国之苏格拉底的、亦即开创了中国哲学史上"伦理学转向"的孔子,又不能不像刚刚写完了其两大"批判"的康德一样,发觉在"天"和"人"之间存在着一道巨大的鸿沟,因而既面对着外在自然的陌生性,又面对着道德法则的严峻性。因此,他就合乎思想逻辑地要试图通过对于一本古代经典——《易经》的创造性解释,来重新构造一种崭新的哲学本体论,从而把已经落成为根本价值支点的性善论生命本体——"仁"再外推出去、重新赋予"天"以道德的意义,以期把天、人关系从相互隔膜的"我与它"化解为具有前定亲和性的"我与你"。无论那本解释《易经》的著作《易传》究竟是否出自孔子本人之手,但我们从他所谓"五十而

---

① 《论语·阳货》。

② 《庄子·列御寇》。

③ 马丁·海德格尔:《物》,载《海德格尔选集》下卷,孙周兴编选,生活·读书·新知三联书店 1996 年版,第 1165—1187 页。

知天命,六十而耳顺,七十而从心所欲不逾矩"(我活到五十岁,便知道什么是天的命数了,活到六十岁,便会对于一切听到的东西都能融会贯通,活到七十岁,便即使是放任自己心中的全部欲求,也不会逾越出法则规律之外了)①的自述中,总能体会出他越到晚年就越向往着与"天"重归于好,并希望使"天"成为道德生活和伟大人格的衬托,以便从中获得一种"天人合一"的自由感。而如果我们再拿孔子的这段话和《易传》中的主题对照一下,就更不难发现,后者所讲的那种"与天地相似,故不违。知周乎万物,而道济天下,故不过。旁行而不流,乐天知命,故不忧。安土敦乎仁,故能爱"(人们心中的规律与天地变化的规律相似,所以能够与它不相违背。他们能普遍地知道万物的情况,而且又能以其把握到的规律帮助世界,所以能够不犯什么过错。他们能够借此通行于天下而不产生流弊,并且喜好宇宙的本质和通晓它的变化,所以心中就没有什么忧虑。他们能安心于所处的环境,并且敦促施行"仁"的道德,所以心中就能够充满了仁爱)②的境界,的确也就是孔子在其生命终点时像歌德笔下的老年浮士德那样拼尽了最后一点儿心力所想要描绘的自由极地。所以,正像康德感到有必要应着伦理学的要求而去另行设定一个高出认识论的"自在之物"一样,孔子或孔子的学生们为了获得一种对于其性善论道德哲学的保护性假说,也似乎从表面上恢复了古代萨满教中的基本世界图像——万物之间的"连续性"。但无论如何,这却并非一次简单的还原,因为"天"在这时已经又具有了一种伦理学的含义,而且整个宇宙之所以被预设为与道德主体同构,也绝不是要去支持人们再去从事迷狂的、非理性的巫术性行为,而是要去支持人们进一步把属于社会的理性内在地转化为属于个人的感性。按照儒家哲学的观点,既然"天地之大德曰生"(天和地的基本特性在于创造和养育生命)③,也就是说,既然不仅人们的潜在本性而且整个宇宙的潜在目的都是仁爱的,那么,人们由于道德自觉而引起的内

---

① 《论语·为政》。
② 《周易·系辞》。
③ 《周易·系辞》。

在紧张便被转化为顺应自然规律的自发行为，而所谓"己所不欲，勿施于人"（你自己不希望别人对你做的事，你也不要对别人去做）①之类的严峻形式律令，也就转变成为自觉"参赞化育"的人类自由天性了。②

第六，上述所谓"参赞化育"中的"参"字，在古代汉语中具有两层含义，既是动词"协助"，又是量词"三"③，它突出地显示出了人类在儒教宇宙论体系中的特殊地位——介于天和地之间的、顺应和协助着宇宙之生命潜能的第三种存在。恰如《易传》所说的那样，"《易》之为书也，广大悉备，有天道焉，有地道焉，有人道焉"（《易经》这本书是包罗万象无所不备的，其中包括天的规律、地的规律、人的规律）④；上述所谓"天道"、"地道"、"人道"在中国古代哲学中被统称为构成整个宇宙的"三才"，而我们如果以这种"三重结构"的宇宙论模式和海德格尔所说的西方宇宙论的"天、地、人、神"的"四重结构"相对照，则不难发现，儒教文明和基督教文明在其价值内核之间的确有着相当本质的区别。如果说，"四重结构"的宇宙论模式会由于"神"的存在而被逻辑地规定为"宗教的"或者"神学的"，那么，"三重结构"的宇宙论模式则会由于"神"的消失而被逻辑地规定为"审美的"或者"诗意的"。这一方面是因为，既然儒学思想家们已经排除掉了"天"的外在性，而把他们介身于其中的客观环境（真）看成一个与自己的主观欲求（善）在本质上同构的世界，那么大自然就必然会被他们看作是一个充满诗意的家园（美）；另一方面也是因为，既然儒学思想家们已经不再像基督教思想家们那样认为"人性"是低于并且受压抑于"神性"的，而坚信如果去过一种非道德的生活对于一切人的本性来说都是不可忍受的，他们就势必会产生出一种基于价值信仰的沉着和安慰，而把整

---

① 《论语·颜渊》。

② "参赞化育"这个中国古代哲学的范畴缘出于下面这段话："唯天下至诚，为能尽其性；能尽其性，则能尽人之性；能尽人之性，则能尽物之性；能尽物之性，则可以赞天地之化育；可以赞天地之化育，则可以与天地参矣。"（见《礼记·中庸·二十一》）

③ 参阅庞朴：《稂莠集——中国哲学与文化论集》中的"说'参'"一文，上海人民出版社1988年版。

④ 《周易·系辞》。

个人生的经历都看成是一种时刻在、不断在发现宇宙本质的快乐体验。其实,上述这种被中国哲学家们分别称为"与天地合其德"(圣哲们的道德本性符合于天地的道德本性)①、"天地境界"②或者"天人合一"③的哲学观念,正是发生于主体和客体之间的所谓"人化自然"和"自然人化"的双向接近过程的逻辑结果。所以当宋代的程颢说出"天人本无二,不必言合"(天和人本来就不是两种东西,又何必说它们合而为一)④这句话的时候,他在其文化上的"先入的成见"⑤却正是建立在它们曾经在先秦时代先"分"又"合"的基础之上的;而对于这样一个双向接近的过程,只要我们再稍稍回顾一下黑格尔的美学学说,就不难发现那正是构成人类审美活动的本质要点。⑥ 正因为这样,"天"在儒教的价值观念中就又获得了一种新的含义——它从人们曾经为之忧虑和敬畏的冥冥中的命运,转变成了其审美愉悦活动的终极本源和永恒对象。正如孟子所说的那样,"以大事小者,乐天者也;以小事大者,畏天者也"(能以宽大的胸怀来应付小事的,是对于天感到快乐的人们;而以狭小的胸怀来应付大事的,却只是对于天感到畏惧的人们)⑦。所以,不仅先秦的孔子要说自己是"发愤忘食,乐以忘忧"(努力到了忘记吃饭的地步,快乐到了忘记忧虑的地步)⑧,孟子要说自己是"反身而诚;乐莫大焉"(反躬自问,觉得自己是真实而不悖谬的,便会感到最大的快乐)⑨,而且宋代的周敦颐还要对自己的弟子"每令寻颜子、仲尼乐处,所乐何事"(常常叫他们去寻找让孔子和孔子最好的

---

① 《周易·文言》。

② 冯友兰:《三松堂全集》第 4 卷,河南人民出版社 1986 年版。

③ 李泽厚:《中国古代思想史论》,人民出版社 1986 年版。

④ 《二程集》卷二上。

⑤ Hans-Georg Gadamer. Wahrheit und Methode. Tuebingen: J. C. B. Mohr, 1986.

⑥ Hegel. Aesthetic. Berlin: Aufbau-verlag, 1955.

⑦ 《孟子·梁惠王》。

⑧ 《论语·述而》。

⑨ 《孟子·尽心》。

学生颜回感到快乐的地方,看看他们到底为了什么事情这样快乐)①,邵雍还要把他的本来是"不蔽风雨"的住所称作"安乐窝"②。

三

于是,在古代儒学思想家的运思过程中,在人格化的"宗教之天"受到怀疑之后,随着作为道德根源的性善主体的无限上提,那个"自然之天"先转化成了"伦理之天",又最终转化成了"审美之天"。这种步步上升的演进阶梯,正合孔子体悟的三种人生境界或心理阶段:"知之者不如好之者,好之者不如乐之者。"(了解它不如喜爱它,喜爱它不如悦乐它。)③而我们今天所要追思的儒家思想中自然观念,则恰恰保藏在"天"的这些层层累积的含义里。

依照儒家伦理学的理解,尽管"天"所代表的宇宙万物的生成化育自有其客观性,但这种过程却并非体现为人类社会的"他者"。具体而言:正因为这种变化过程只是逻辑地展开了一个本具生命和道德潜能的宇宙本体的内在发展趋势,所以大自然在化育生命方面跟作为道德主体的人类在本质上是同构的;又正因为人类的生命本能只不过表现为去协助大自然的合乎伦理的化育过程,所以人类对于整个世界都负有与生俱来的责任和义务。孟子所谓"亲亲而仁民,仁民而爱物"(由热爱自己的亲人,而仁爱所有的人,又由仁爱所有的人,而爱惜万事万物)④,张载所谓"民吾同胞,物吾与也"(人人都是我的同胞手足,万物都是我的好友伙伴)⑤,都表现出了儒家哲学的这种思想倾向。而周敦颐之所以不清除自己窗前的青草,说它"与自家意思一般"(与我本人的想法和情致一样)⑥,王阳明之

---

① 《二程集》卷二上。
② 黄宗羲:《宋元学案》第 9 卷及《宋史》第 427 卷。
③ 《论语·雍也》。
④ 《孟子·尽心》。
⑤ 《张载集·西铭》。
⑥ 《二程集》卷三。

所以说"明明德者,立其天地万物一体之体也。亲民者,达其天地万物一体之用也"(体认到了完美道德的人,便确立了认为宇宙间万物为一体的形而上观念。能够泛爱众生的人,便达到了使宇宙间万物为一体的效用)①,也都是出于同样的理由。

如果面对自然的这种道德选择还表现为有意识的行为,那么在审美心理的进一步支持下,与自然的这种亲和性又足以转变为下意识的行为。凡是受到儒家思想熏陶的人,都会情不自禁地对着大自然反复吟哦:"惟天之命,於穆不已。"(想念到天的道理,美丽地运行不已。)②就像康德在最后一个"批判"里,曾希望借助于审美心理来织补主观世界在知识和伦理两大领域上的二元分裂一样,③儒学思想家们最终也凭靠审美的悦乐,化解了他们曾经最为之忧患的"天道"的外在性与靡常性。在这个意义上,就其对终极关切的形而上回答而言,儒家文化乃是一种有别于宗教文化的、更加肯定现世生活的审美文化。孔子讲修身次第是"兴于诗,立于礼,成于乐"(兴起在《诗》,卓立在礼,完成在乐)④,告诫弟子说"饭疏食饮水,曲肱而枕之,乐亦在其中矣"(吃着粗饭,喝着白水,曲着胳膊当枕头,乐仍可以在这里),⑤描绘自己是"发愤忘食,乐以忘忧,不知老之将至"(努力到了忘记吃饭的地步,快乐到了忘记忧虑的地步,甚至人生易老也忘记了),⑥并且表扬道"一箪食,一瓢饮,在陋巷。人也不堪其忧,回也不改其乐"(一竹筐饭,一瓜瓢水,又住在小巷子,别人都受不了那穷困的忧愁,颜回却不改自有的快乐),⑦都是在主张以审美的态度去游刃有余地过道德的生活。而与此同时,那个与内在欲求本质同构的外在世界,作为这种道德生活的象征与背景,当然也就会表现为足以诗意栖居的人类家

---

① 《阳明全书·续编一·大学问》。

② 《诗经·周颂》

③ Kant. Kritik der Urteilskraft. Leibizig:von Grossherzog Wilhelm Ernst Ausgabe.

④ 《论语·泰伯》。

⑤ 《论语·述而》。

⑥ 《论语·述而》。

⑦ 《论语·雍也》。

园。儒家对大自然的典型态度,被简洁地表达为"夫子与点"(孔子赞成其高足弟子曾点的志向),具体而言则是,在依次听完了由几位高徒各自抒述的志向之后,出于其对于整个有机宇宙的形而上预设,孔子并未首肯其他弟子对外在事功的追求,而独去赞成曾点所向往的境界——"莫春者,春服既成,冠者五六人,童子六七人,浴乎沂,风乎舞雩,咏而归"(在天气渐暖的晚春时节,换上了专为春天缝制的薄衣服,约请五六个成年人和六七个小孩子,一起到沂水边去洗浴,又乘着春风来到一座叫做舞雩的祭台下,然后一边歌咏一边回家)。① 长期以来,这种"夫子与点"的精神,逐渐化育范导出了中华民族的文化心理,由此人们更乐于以审美观照的心态去欣赏大自然,在这个美不胜收的家园里冶游生息吟诗作画,而从未把它当成一个冷冰冰的有待克服的"异类"。

当然,古代中国文明并非没有自身的弱点,否则就不会被近代西方文明如此轻易地战胜了。在我自己的国度里,我一向强调对这些弱点的深度反思,因为舍此就无法思考这个文明的出路进境。但今天面对西方的听众,我却必须强调问题的另一面:无论如何都应认识到,与我们的生存息息相关的环境问题,并不像某些人误以为的那样,只需"资金投入"、"经济发展"或"技术进步"便可一劳永逸地解决,因为它终究要取决于对待自然的基本态度,故应被归结为一个深刻的伦理道德问题、文明观念问题和价值理性问题。正如有个笑话所讽刺的:同样一棵绿叶青葱的树,如果一位艺术家看到了它,就会赞叹它是怎样的诗意盎然富有生机,而如果一位棺材店的老板看到了它,则只会算计它可以装下几个死人,足见不同的心态会导致何等不同的自然观念,而不同的自然观念又会导致何等不同的生态后果。由此不难想见:如果一种审美文化对待自然的态度更像那位艺术家,则一种太过强调短浅功利的文化便更像那位棺材店的可笑老板,它以人类的名义而滥用人类的力量,去征服一个外在于甚至敌对于人类自身的自然,遂造成了严重的生态破坏以及由此产生的人类自身的生存危机,好像是把整个自然都砍成了一口巨大的棺材,以便用来装殓正等着

---

① 《论语·先进》。

和自然一起死去的人类。

正因为这样,尽管真正属于儒教文明的自然观念,还只保存在落满尘土的图书馆中,或者还只残存在像我这样通过阅读尚能保留一些久远记忆的人文学者的想象中,但它仍然足以对我们的现存状态构成深刻的挑战。如果说,18 世纪的欧洲启蒙思想家最受中国文明启发的,乃在于世上竟可以有一个伟大的民族能在长期信奉无神论的同时又不失道德纲纪,①那么,在大自然的神性外衣同样也已被剥离殆尽的当代西方,人们也许可以借助于对儒家思想的更深入了解,来追问自己有无可能换一种态度来对待自己的唯一居所。在这方面令人欣慰的是:西方思想界如今也开始认真反思人类对于作为整个家园的大自然的伦理责任了;而且有的哲学家还撰文指出,相对于他们所关心的生态学问题而言,中国古代智慧有着非常重要的参考价值。② 但无论如何我还要补充一句:如果真心想把世界文明的研讨班举办下去,那就不能只站在西方知识生产的角度,以猎奇的心理去对"异国情调"摘章引句,而必须平等看待其他文明的思想进向,在此基础上探及和反思自家文明的基点,切实完成尼采所谓"对一切价值的重评"。

---

① 参阅艾田蒲:《中国之欧洲》下卷,许均、钱林森译,河南人民出版社 1994 年版。
② 参阅 Vittorio Hoesle. Philosophie der Oekologischen. Muenchen:Krise, 1991.

激活本土文化的思想资源

最提倡国学的人，反而可能是最了解西方的

记者： 在《思想的浮冰》中，您将您这代学人的学术任务定义为"译百家书，成一家言"，而主持清华国学院以来，您又将工作重心转向了国学研究，这种转向是否是因为当下的中国学术界如果想要"成一家言"，最亟须做的是重新梳理中国的本土文化？

刘东： 两者其实是相辅相成的。"译百家书，成一家言"的工作，并不一定要局限于中国文化，也应该交织和融汇很多的西方思想。此外，清华国学院当然是在坚持"内部研究"的视角，但与此同时，我又不断地提醒这边的学生，当年清华国学院里的五大导师，不仅国学水平是超一流的，即使以其西学水准而论，在当时的中国也是遥遥领先的。且不说那后三位曾经长期留洋的学者，即使是从未到过西方的王国维，也是第一个硬用西文去啃西学的中国人，而梁启超虽然只是通晓日文，但是他勤于游历、广交外国友人，又在不断复述信息的办报过程中，逐渐获得了对于西方社会的广泛通识。正因为这样，我们现在也自觉地恢复了这样的传统，而本院恢复之初召开的第一个国际学术会议，就是在非常专业地讨论以赛亚·伯林的思想，特别是他对于"自由与多元"之困境的处理，相关的论文集刚刚由译林印行出来。如果有人对此感到不解：为什么一个国学院会这样来讨论西学问题呢？那么我的回答就是——这恰恰是清华国学院的固有风格。

再进一步说,为什么这些国学大师反有如此的西学造诣呢? 就此我也写过长文《未竟的后期:〈欧游心影录〉之后的梁启超》,这篇文章的核心观点是,恰恰是在"跨越与回归"的过程中,以梁启超为代表的中国思想家们,才从国际视野中反观到了本土文化的价值。这一结论对当下中国的知识分子也同样适用,我们还是需要在"跨越与回归"的心路历程中,去重新构建"中国文化的现代形态"。在这个反复回环的构建过程中,我们要先走向世界去充满惊喜地扩大视野,然后再从跨文化的基点上,来重新反思那个既熟悉又陌生的、足以为我们带来同样惊喜的中国。回想当年,梁启超正是在游历了欧洲之后,并且参照着现代西方社会的某些病痛,才返回到了文化相对主义的平等立场,意识到再一味地去鄙夷本土的文化,既是在学理上站不住脚的,也是在实践上相当有害的。这种更为宽广的态度,跟那些缺乏世界眼光的、视野狭隘的人相比,恰恰形成了明显的反差。

与此相应,在九十年代以后我还发现过一个有意思的反差:如果当着那些出过国的人面前去反思西方,那么无论是它的理论还是现实,你都很容易跟他形成对话和共识;但要想对那些没出过国的人去反思西方,他简直就想跟你拼命,反而觉得你是不可思议、你是思想落伍,因为对后边这一种人来说,西方社会就是一个理想国、一个寄托了一切可能的乌托邦,那才构成了他捍卫改革开放的动力。由此我想,对于这样的人来说,其实最简便的方法就是找个机会,推荐他到国外去访问一年,这样等到他归国以后,批判的意识自然就会被唤醒,再也不会无原则地说西方样样都好了。这个现象也从另一个侧面反映出,为什么西学造诣和国学造诣,反有可能是同步发展和相互支撑起来的。

在编清华国学院的《四大导师年谱长编》的时候,我还曾为它写过一个弁言,其中有句话,后来应编辑的要求不得不改掉了,而它的原义本来是这样的:"而今距离那个神话般的年月,已经过去了八十余载,就连他们那些同样传为佳话的门人,也已悉归道山。不过,到这时反而看得更清了:尽管在国学院的众多门生中,同样不乏一代宗师,而且其总体学术阵容,更是令人啧啧称奇;然而,如果从格局与气象来看,仍然不能不承认:居然导师还是导师,学生还是学生。"

那么，为什么"导师还是导师，学生还是学生"呢？举个例子，王力作为赵元任的学生，也早已经是著作等身了，甚至具体成果怕已超过了老师，但如果就其格局而言，他毕竟还是要在老师的规范之下，因为刚一进入清华国学院，他就已经意识到自己要毕生研究国学，特别是其中的语言专业了。而赵元任呢，他最早却可以说是无所不学的，包括了数学、物理学、音乐、哲学、心理学，而他最终以此名家的语言学，只不过出于他本人的自由选择。由此我们也就看到了，赵元任对于国学的研究，是经历了一个自由选择的过程，并且具有广泛的西学背景，这样一来，他就对这门学科之外的东西，也能具有非常广泛的了解，足以知其然、更知其所以然，能在这门学科内部展开中西对话。而与此同时，这样的过程也自然就允许他找到最适合发挥自己才情的学科，比如我们大家都知道，他对于音韵具有神奇的个人能力。

由此可知，即使是在清华国学院的内部，将来在学术上的所谓"成一家言"，也不会仅仅立足于本土文化之上。这说到底是因为在全球化波及得如此深入的今天，我们更应当清醒地看到，绝对不会只在哪一个文化内部就已经穷尽了所有的人间真理。而相形之下，中国学者的比较优势则在于，我们不仅在努力学习了解西方文化，还在努力体会涵泳中国文化，由此也有可能就比别人多懂了一种文化，几乎是先天就形成了跨文化视野，从而也就更有可能沿着文化间性去向上攀缘。

造成了道德真空，就只会让流氓掌权

记者：在"成一家言"的尝试中，新儒家算是一个突出的代表，您怎么评价他们对待传统的态度？

刘东：新儒家的创新，严格说来也属于"再造传统"甚至"发明传统"，然而这并不能构成他们的罪名。前不久，我在芝加哥大学的专题讨论会上，对于霍布斯鲍姆的《传统的发明》进行了反思，他带领一批学对于对英联邦历史中的建构活动，不管是殖民地的还是宗主国的，都不分青红皂白地进行了解构，这是很值得我们去挑剔和检思的。事实上，所有历史中的建构活动,都必然要去勾连和延续过去,所以也都有可能去激活和发明传统。而你所说的"新儒家",如果从英语世界的相应表达来看,原是指程朱陆王的宋明理学,那同样属于对传统的激活或再发明。当然,我也知道你想要指称的现代新儒家,则主要是指以熊十力、牟宗三为代表的儒学复兴运动,也就是通常所讲的"儒学三期",那中间也充满了对于传统的再造或发明,而且这种发明肯定要渗入外缘文化因素,只不过,如果第二期的创造是渗入了佛学,那么第三期的创造就又渗入了西学。

新儒家自然也存在着一些学理问题,可它的总体精神却是值得认可的,它毕竟是迎击着西学的严峻冲击,又率先把儒学的某些要义给激活了。当然,由于西学话语的暗中牵制,它也在激活儒学的某些部分时,把儒学的别的部分给省略或忽视了,而这样做并不见得都有道理。比如,由于从康有为、梁启超开始,就特别重视德国哲学中的康德,由此从作为新儒家的贺麟开始,就偏重于宋儒"心性之学"的部分,而忽略了在一个正态分布的文化语境中,这种心学至少也是在跟理学相平衡的,更不要说理学还毕竟属于更正统的。同样地,正因为有了康德在暗中立法,牟宗三才引出了《从陆象山到刘蕺山》的线索,却把程朱之学统统视为儒学的"歧出",甚至连张载有关"礼"的论述也被判定为"不熟"或夹生。而这一点,直到美国的芬格莱特写出了《孔子:即凡而圣》,才被别人从人类学的视角给矫正过来,转而认识到礼仪作为人性的正面积淀,在人类社群中所发挥的潜在作用。由此可以看出,正如我多次指出过的,西方自近代以来已经渗入我们太深,已经潜入到国人的意识地平线以下,所以此后对于中国观念的重新发现,往往都有待于对于西学的更深了解,甚至有待于西学自身的进一步突破。

当然,尽管也可能存在着上述问题,我还是很赞成新儒家的基本取向,因为这种姿态反而是超脱任何功利观念的——就算西方国家已经装备上了"船坚炮利",摧枯拉朽般地毁坏了自家的文明,而且它的器物和制度层面也的确值得悉心学习,可是,如果一个外来文明真想征服我们,它就必须真正说动我们的内心,而不是简单地从物质上把我们打败。从这个角度来看,正如早就在《二十一世纪》上撰文指出的,新儒学的意义就在于尖锐地挑明了，中国文明的历程不光是一个经验形态，进而，在那些历史经验后面还有个价值系统，所以，对这个同样体精思微的价值系统，就必须进行平心和平等的学术研讨，否则就不可能真正做到以理服人。

再推广一点来讲，其实从西学刚开始进入中国起，中国人就从自己的先秦理性主义出发，发现了那中间其实暗藏着两套水火不容的价值系统，也就是我们寻常所说的"两希文明"。利玛窦四百多年前来到中国，就此开启了中西对话的漫长过程，而他当年最常用的论证策略无非是，先向中国人显示西方科技的进步，再把这个当作劝人信教的引子。可中国人的招子也很厉害：那些好用的科技都可以留下，但那些让人想不通的东西，还是请你们拿回去吧！所有读过《四书》的人，熟读了"未知生，焉知死"，也赞成"不语怪力乱神"，在这种文化氛围中，什么样的离奇神迹都会失效。再说，这里原是个"无宗教而有道德"的文明，也不靠那些迷信玩意来劝人向善；人们甚至还会反过来觉得，要是非有个上帝看着才行，这本身已经属于不道德了。到了新文化运动时期，情况大体上还是一脉相承的，中国的学者当然愿意欢迎"德先生"、"赛先生"，然而那是源自西方中的希腊传统，而除了这些可以想通的东西，一说到什么洪水、方舟之类，他们也就忍不住要当作笑柄了。

说到这里，还真在网上看过一个这样的笑谈，不知道是不是中国人自己编出来的。在课堂上，有位老师正讲诺亚方舟的故事，却有一位名叫阿呆的同学，觉得自己有点跟不上："除了乘上了方舟的生物，地球上的生物都被淹死了吗？"老师对这种说法当然是一口咬定，没想到阿呆却又问道："那鱼呢？"竟把老师噎得只能怒斥一声——"你出去！"

无论如何，凡是稍有儒学常识的人，总不会比这位阿呆还呆吧？而让人痛惜的是，我十年前在斯坦福大学客座，被拉去听了远志明的一场布道，却发现一大批来自北大、清华的中国学生，竟然只被他三言两语的宣讲就拉进了基督教的怀抱。我看了真是感到痛心，觉得这完全是中国教育的失败。我本人正是北大、清华的老师，而那些孩子正是我们的学生。如果这些来自中国的顶尖学生，在国内受到过正规的国学教育，至少是知晓了《四书》的基本内容，那么即使他们到了大洋彼岸又听到基督教会的布道宣传，在权衡之下觉得人家更有道理，于是便选择了去皈依别人的宗教，那也可以算是他们的自由选择。可问题却在于，这些同学在国内并未接触过国学，学的是辩证唯物主义，这些孩子在国外听到一些教义，甚至在内心中都没有任何挣扎，就高高兴兴地去皈依教门了。

从这一点再来反省，我们就更能体会到新儒家的价值。无论如何，人类的文明历程是不能中断、只能延续的，它有着须臾不可断线的路径依赖。一种精神传统，哪怕只在一代人那里灭绝过了，它都很难再薪火相传下去，而这个文明的所有发展潜能，也就随之而不复存在了。既然这样，新儒学在西学来势汹汹之际，首先去抢救出儒学的价值内核，从而以主要同西方"哲学"进行对话的策略，为中国文化的复兴留下一个伏笔，也为人类文明的多样性保留了另一种人生解决方案，这种守先待后的努力当然无可非议。

在我所主编的《中国学术》杂志上，刚发表了一篇张勇所写的《"道德"与"革命"》，其中谈到了梁启超同章太炎的辩论，这两位一个属于维新阵营，一个属于革命阵营，却同时发现了类似的问题，即所谓"道德的悖论"。这是什么意思呢？首先，梁启超在他的《新民说》中，提出要创建新的道德，因为新的国家势必需要新的国民，而新国民的标志就是新的道德。章太炎也是有同样的想法，只是比梁启超更为激进。这当然属于一种理想状况，可此中的问题却在于，新道德究竟要靠什么人来建立？说来说去，还是需要一个具体的历史主体。而正是在这一点上，却出现了意想不到的尴尬情况：一旦这个历史主体由于恨旧趋新，而否弃了社会上原有的、尚能约束人们行为的道德，那么在这个真空的历史瞬间中，这个主体本身也就成了无道德的主体，而社会在他们的领导或祸害下，也就干脆倒退回了石器时代，于是也盛行起了野蛮的丛林原则。于是，两位人学者至此也都恍然大悟了：整个社会都已经沦落至此了，还拿什么来执行道德重建的任务？而作为败局的结果自然是，无论哪个阵营闹到最后，往往会被不择手段的流氓窃取了大权，这构成了一个绕不出的可怕悖论。

一个社会共同体，终究需要它的"卡里斯玛权威"，而一旦失去了这种潜在的支援意识，则不管它在发展途中多么急于求成，都势必会一脚踏空,反而掉落进蛮荒的石器时代,只能从底部的深渊重新开始。事实上,不光是过去的道路并没走通,即使中国在物质上变得强大了,摆在面前也只有一条合理的生路,那就是在西方文化的冲击下,既要努力去学习西方的长处,而又时刻都在念念不忘,要以外来资源来激活自身的传统。这就是当年曾经被污名化、而近来又被我重新解释过的"中体西用"。如果更开阔一点来看,它和日本的"和魂洋才"之路,印度人的甘地主义,乃至俄国人也是先抛弃又重拾的"斯拉夫主义",都属于同样类型的历史选择。这种调适型的智慧在提醒大家,历史的动因并非只在外部的推力,还更取决于内部的接受机制。再说得透彻一点,如果我们彻底否定自己的传统,那就好比是在心灰意懒地判定,我们在历史上从来只有奴性,那么,这群天然带着奴隶基因的奴隶,还怎么去争取那种"生而自由"呢?因此,也只有转而反向地提醒大家,我们从来都不是这样的奴隶,从来都未曾安于被奴役的地位,从来就禀有值得尊敬的精神传统,才能真正从思想上解放国人!

说到这里,你不妨再读读狄百瑞的《中国的自由传统》,从那本书里你可以了解到,儒学原就有争取自由的传统,而发展到明末的黄宗羲那里,更是达到了挑战君权的高峰;正因为这样,等到西方的政治理论传播进来,那对于真正的儒者来说,也不过就是"正中下怀"、"恰合我意"罢了。只有基于这种不卑不亢的态度,我们才会从长期的怅惘迷失中,把自己的文化主体性给找回来。你不妨再看看,从梁漱溟到徐复观,正是这些最纯正的现代儒者,由于坚守着内心中的信念,反而最敢顶撞不可一世的威权。他们这样去做,当然也不违反西学的信念,然而更加主要的仍然在于,他们原就有"舍生取义"的牺牲精神,原就有"士可杀而不可辱"的无畏态度,原就有"秉笔直书"的优良史德。我翻阅陈寅恪父亲的诗集时,发现就像陈三立这样的人,在读到严译的《群己权界论》之后,也会专门写首诗来褒扬穆勒,说他是"萌芽新道德,取足持善败",由此也就更加鲜明地凸显出,以往是把前人和历史都看得太扁了。所以说到底,任何人只要自身介于本国的历史中,他也就介入了我们的文明历程,而这样一来,如果他本人很看重自由的观念,他也就没有理由再自相矛盾地说,这个文明的历程从来都在排斥自由。

出于同样的道理,在我们清华大学的学术氛围里,最积极的就要数所谓"独立之精神,自由之思想"了。如果梁启超从《易传》里摘引出的"自强不息,厚德载物",一直被作为我们的校训的话,那么,陈寅恪这句刻在纪念碑上的名言,就可以说正是我们的伟大"校魂"。这已经是大家嘴边的常识了,但不知人们是否想到过,为什么如此强调独立、自由的校魂,偏偏是由国学院的一位导师提出的,而这位大学者又向来都主张"中体西用",也从未讳言过自己"平生为不古不今之学,思想囿于咸丰同治之世,议论近乎曾湘乡、张南皮之间"?在这些看似矛盾的历史事实中,到底透露出了怎样的消息?如果大家都能仔细地寻思,就会由此解开很多思想的谜团。

"把儒学贬成私德之后,它就缺乏文化的动能了"

记者:余英时先生认为,儒学的价值更多是伦理意义上的私德,在政治上还应当走西方的民主道路,您怎么评价儒学对于当代中国的意义?

刘东:我最早是从李泽厚老师那里,听到了这种非常特别的界定方式,想必你也知道,李老师正是我本人的业师;而现在,看来它又被其他学者所引用了,当然也许只是他们的所见略同,总之说明这种想法还是很流行的。跟上边谈及新儒家的情况相仿,我们当然也可以用心去体贴,这样一种非常特别的界定方式,在"西方化"跟"全球化"搅到一起的时代,也未始不是出于一片难言的苦心,想要从儒学的残损废墟中,至少再挽救出某种合理的东西,哪怕会由此而遭到文化激进主义的批评。还有,这样的一种界定方式,也很符合李老师的某个主张,即他常常提到、却从未讲清楚的"西体中用"。此外,这个主张还使我们想起,它很像罗尔斯的那本《政治自由主义》,认为在当今的多元化世界上,只要先在公共领域划定了自由主义秩序,那么在私底下,也就可以放过文化多元主义一马了。

不可否认,哪怕儒学只是约束了私人行为,社会风气也总会比现在好得多,这是这种说法的积极一面。但是,如果不是从"西体中用"的外部视角,而是从"中体西用"的内部视角来重新考量本土儒学的当代意义,我们就不会满足于让它仅限于"私德"了。比如我刚才提到的、符合儒学气节的"独立之精神、自由之思想",难道这样的思想也只具有私下的意义吗?难道它不该在校园里蕴成公共风气吗?再说,当古代中国发明出在那个时代最能向上流动的科举制时,难道不正是践行着"人皆可以为尧舜"的儒家思想吗?还有,当黄宗羲讲出"岂天地之大,于兆人万姓之中,独私其一人一姓乎?"的时候,难道不正是遵循着"泛爱众生"的儒家学理吗?由此我们也就可以发现,这种"儒学私德论"的最大弱点,还在于仅仅肯定了西学的价值,只愿意通过西方文明来为全人类立法,而看不到在本土传统的精神资源中也同样埋藏着对于制度文化进行建构的积极潜能。

更为重要的是,儒学还不光是往往跟外部舶来的、被认作先进的观念"不谋而合"。如果仅限于此,那么人们也许就会觉得,只靠西学的价值来支撑公共领域就行了,甚至作为私德的儒学也就可有可无了。可事实上,儒学作为一种独立的价值体系,还具备同西学进行更深层对话的潜能。比如,现代民主制的基本预设在于 individualism,由此才生发了种种迎合这种作为"主义"的"个人"的观念,比如合理性资本主义所必须倚重的、在价值理性上又相当悖谬的消费主义。对于这套已被当作了"天经地义"的观念,儒学完全可以基于自己一贯的立场,发出言之成理的质询或置疑:个人是否应当被这样"独化"出来,以至在 individual 后边加上了 ism,在天地间突显出自己唯一的优先性?具体而言,他是否应当从原本所属的、作为层层扩散的同心圆的社群中"独化"出来,变成一个贪婪而孤独的、作为逻辑起点的自我?他是否应当从生存的环境中"独化"出来,放纵着私欲而对自然进行无止境的攫取?还有,基于这种孤独自我的现代性,要不要对当今世界上"人与自然"、"人与社会"、"人与他人"、"人与自我"的全面异化,承担起最主要或最起码的责任?——由此可见,当我们援引"民吾同胞,物吾与也"的先哲观念,来呼应晚近兴起的生态哲学和星球意识时,就更没有理由认为这些思想到了当代,竟只能龟缩到一个狭小的私德之中。

再进一步说,真有哪种道德只属于"私德"吗?我对这种说法还有点迟疑。道德原本是产生于"主观间"的,或者说是"从人从二"的。虽然就它的修为而言,可以属于一种高尚的"为己之学",然而就它的目标而言,却注定要指向身外的他者。从这个意义来讲,把"私"和"德"连缀起来,恐怕正好比在说"方的圆",在逻辑上是讲不通的。无论如何,道德总是用来调整人际关系的,而一旦将其压抑到私下的领域,它本身也就没有多少存在的必要了。由此可见,沿着"西体中用论"讲出的"儒学私德论",还是忽略了本土文化的主体性,看不到它还能有更多的积极意义。一个人即使熟读中国经典,但如果常年居住在域外的环境,总是被西方的社会圈子所包围,而那种社会关系又不需要儒学的调整,久而久之,他就难免觉得那信条只印在书本上,所以也只能把它打发到私下去。

不过,如果转而看看鲜活的本土语境,得出的判断就会大不一样了。在当今的中国,正从它的社会底层涌起了"国学热"。而在这种热潮中,由儒学所代表的价值尺度,当然应该积极介入到社会建构中,促请大家打从现代社会的根基处去反思在人与人、人与自然方面的失衡关系。在这个意义上,儒家思想是同样具有批判力度的,它完全可以自身的价值关切出发,建立起具有儒学风格的文化研究学派,去对许多社会现象进行尖锐的批判。如果到了这样的大环境下,再来面对"儒家何为"或"儒者何为"的问题,要是还去一味地强调儒学只是私德,那就会陷入类似"消极自由"那样的怪圈:只让个人去想着怎样独善其身,而不把价值关切带到公共领域中;可反过来,由于公共领域的狭小和塌缩,所有的私人都势必受到挤压,所以,单个的个人越是只想去独善其身,他的"此身"就越不能得到保全。

因而,也只有幡然醒悟地转过念来,认识到作为几个主要的世界性文明,由儒学所代表的独具特色的价值理念,不仅在轴心期相对而言毫不逊色,甚至还可以说,就是到了"诸神之争"的当今世界,在其他宗教理念都在相互解构与证伪的时候,也唯有这边的先秦理性精神才显得毫不过时,反而显出了同科学理性的相互融合与支撑。认识到了这一点,那么在保护文明多样性的意义上,就更不能认定只有西方价值才能约束公德,而中国的价值体系充其量也只是"不无小补",否则,就不仅对于本土传统是有失公正的,而且对人类的未来也是不负责任的。

记者：现在很多人对儒学不是很看好的原因在于，它过多地被卷入到官方的意识形态宣传中，对这个问题，您有什么看法？

刘东：其实诸如此类的问题，打从儒学创立那天就已经提出了，而由此也才能理解，在孔子身后何以会出现"儒分为八"，这正说明在儒学的发展中，从来都充满了紧张、歧义与误读。也正因为这样，我才在为《德育鉴》所写的导言中说，千万不要随便找哪位小秀才，先把这些采自《四书》和《宋元学案》、《明儒学案》中的语录，翻译成虽说简易却必失真的现代汉语。否则，在读书时想要偷懒的读者们，就很难从中体会到在创化这些思想时，所曾经感受到的风险和曾经怀有的紧张。

还是因为这个，我才曾《读武侯祠》疑问中指出了这样一种吊诡：在一个有限的历史进程中，儒学之所以"有所成"的手段，偏偏又正是它"有所失"的途径。一方面，只有入世才能匡世救民，由此儒者才曾在一个君主专制的特定政治结构中，尽可能多地争取到了爱民、清廉、尚贤、使能、纳谏、勤政等比较贴合它那人本理想的开明政风，以致和别的文明在其发展进程中所产生的同类整体比较起来，中国古代社会的考试制度、监察制度等，显示了独到的成绩；然而在另一方面，只要入世又必然沦落随俗——由于儒者们因为太看不下去生民涂炭而不辞人间烟尘，由于他们必须以承认君主专制的合法性为代价来赎取统治者对自家价值观的首肯和让步，所以他们在很长的历史阶段中，就只能去充当君主的讽喻劝诫者，而不能成为其叛逆批判者。

儒学在当今时代的发展，也同样充满了风险和不确定性，即使是在国学已经渐热的情况下，甚至正因为国学已经逐渐热起来了。在这个意义上，你提出的这个问题，也恰恰是我和我的同侪应当时刻警惕的。过去，正因为儒学受到了正统意识形态的压制，它的队伍反而显得比较单纯和干净，主要是从学理上受到了它的感召的、从内心中服膺它的人。可现在，即使只是在旺盛的市场需求下，我们便已看到了名副其实的投机者了，他们正以唯利是图的活动方式，打着儒学旗号来损害儒家的声誉。更不要说，要是它哪一天又被封成了"官学"，那么各种各样灵异、神童和鬼才肯定会加速地应运而生，而且显出"恶紫夺朱"的势头。

　　当然，如果当权者对于当前的国学热，表现出了"从善如流"的意愿，儒学也不是非要采取不合作的姿态，否则才真是不知变通的书呆子。在这方面，有过很多成功的历史范例，比如宋明理学的宗师程颐，就曾亲手教出了宅心仁厚的宋仁宗，就连日间揪一把树叶、夜里传一道烧羊都不敢或不忍；而且天水一朝直到现在，都还被西方学者称作"儒者治国的时代"（The Age of Confucian Rule），或者至少也可以说，北宋曾是由儒家士大夫和皇帝"共治"的朝代。当然反过来，正如我那本新书的标题所示，我们毕竟是立足在"思想的浮冰"之上，关键还在怎么去小心拿捏，去寻找尽量安全的、不偏不倚的中道。所以无论如何要记得，儒学在历史上毕竟表现出了，它跟统治者既有"二而一"的一面，也有"一而二"的一面，还是要在思想上拉开距离，否则就不可能自由自主地运思。

　　说到这种"若即若离"分寸感，又让我想起了康德当年的拿捏。他曾经谨慎而有趣地权衡着：哲学家的头脑，当然不同于国王的头脑，而一旦等同于后者，哲学家也就没了自家的头脑，也就不再成其为哲学家了；但同时，哲学家也不能惹国王发疯，否则一旦被砍了头，哲学家也就没了自己的头脑，也同样不再成其为哲学家了。——实际上，这又是一块需要去权衡的、两边都很危险的"浮冰"，尽管康德用了不同的表达方式。

　　毫无疑问，如果连研究儒学的人们，也全都忙着去瓜分国家社科基金，那么，儒学当然是很难有出头之日的。而说到这里也不必讳言，尽管在安静的书斋里，我是很喜欢阅读儒家典籍的，可一旦到了闹哄哄的会议论坛，面对着那些"吃儒学饭"的脸孔，心里也着实感到很是腻味。不过反过来，你也不能只因为腻味这些脸孔，就觉得连从孔夫子到王阳明都不足取了。毕竟这种乱糟糟的学术集市，与其说是由儒学的价值理念本身所导致的，不如说是由些没出息的儒学者所导致的。

　　所以话说回来，这种流俗的局面还不会是事情的全部，而儒学的发展势头还终究事在人为。正像康德在那种左右为难的拿捏中，仍然是为了护住自己的思想自由，从而思考出独到的人生解决方案一样，终究成为人类历史上的大哲一样，儒学在它同当代生活的"若即若离"中，只要能巧妙地拿捏好此中的分寸，也并非一定会感到进退失据，相反倒有可能显得左右逢源。——也就是说,它既可以拿出"若即"或"介入"的姿态,就像徐复观当年所做的那样,对于社会现实发出激烈的批判;也可以拿出"若离"或"高蹈"的姿态,回到学理层面来冷静地反思。而无论是追求"外王"还是"内圣",它终究都是在以严肃的姿态去对社会作出自己应有的贡献。

其所以也可能这样"左右逢源",是因为在当今这个世界上,儒学也同时立足在一高一低的两个层面。一方面,正如我在前面讲过的,一些现代政治理念可能是正中儒学的下怀,所以它也理当参与到现代政治的运作中。需要澄清的是,以往一提到"中体西用"之说,人们就会先入为主地误以为,它是主张只接受西方器物、而拒绝西方制度的。可是,正像我最近在《再造传统》中指出的,这种误解只是出自对于历史的无知;而实情恰恰相反,张之洞在他的《劝学篇》中,倒是明确说过"西学之中,西艺非要,西政最要"的话。另一方面,也正如在我前面讲过的,儒学所关切的许多更深的问题,又是现代政治哲学所无法解决的。尽管政治哲学在没落了这么多年之后,如今又突然再度在西方流行起来,甚至被视作了所谓"第一哲学",但必须看到,这种哲学毕竟只是哲学的一个分支,而现代社会所遭遇的许多问题,还要升入更高层次的总体学理中,才能摸索到真正全面的解决之道。而儒学本身,恰正属于这种更高层次的学理,它有自己更高层面的价值追求,也应当能为人类社会的进一步发展,提供来自独特视角的参考意见。

由此也就该想到,尽管已经连续开化了数千年,可人类的文明毕竟还很年轻,不应该封闭掉它未来的发展路径,也不应去侈谈什么"历史的终结"。人类批判性思维的潜力,毕竟是无限开放着的。也许,身处在如此"发达"的现代社会,人们难免会产生一种"时间的傲慢",由此对眼下能认准的制度产生出一种不容商量的崇拜,不光要以此来苛求尚未及此的古人,甚至想不出到后人那里,他们还有任何再改进的余地。然而,任何在时间中形成的制度,都总有可能是不成熟的,所以等到再过几百年以后,我们的子孙也完全有可能发现我们现在奉行的制度,仍然闪出了巨大的漏洞,甚至仍然是幼稚可笑的。如果到了那一天,他们就肯定就会想到,我们留给他们思想参照系越多,他们所禀赋的超越可能也就越大。——在这个意义上，我们现在努力在本土呵护的，也正是这样的一种参照系。

最后要说的是，正像我最近在上海的讲演中提出的，我们这一代人的最大的历史使命，就是去追寻"中国文化的现代形态"。就这个使命而言，儒学也还是面对着两个层次的挑战。一方面，儒学当然要以积极介入的态度，加入到对于这种"文化形态"的建构之中，因为它本身就属于中国文化的价值内核，本身就背负着对于本文化的重大责任。另一方面，儒学又需要以宁静致远的心情，以兼听则明的态度，去吸纳各个文明、特别是西方文明的营养，而与此同时，也是应对着当今人类的各种挑战，来谋求自身体系的递进。在这个意义上，我们在追寻"中国文化现代形态"的同时，也在谋求着"儒家思想的现代形态"，两者正属于一表一里的同一进程。而在这样的进程中，我们一方面当然应该熟读经典，体会到古代圣贤的用意与心志；而另一方面，在获得这种人生智慧的前提下，我们又不应只把儒学限制于哲学史，而更要应答着变化的当代生活，去大胆而富于创意地"代圣贤立言"。唯其如此，儒学才会获得自身发展的张力，才算是重又被贯注了活力与生机。

2014 年 9 月 2 日改定于清华学堂

辑四

当代

北大学统与五四传统

——历史的另一种可能性

节日太多了。人们总是要怀着各种各样的心情去纪念怀想。几乎每年都要有人约请有关五四的文章，召开这方面的会议，使得五四简直已经成了"永恒主题"。所以有人说，学者写五四就正如诗人写爱情一样，凡是可能有的灵感都耗干了。不过我想问题也还不尽然，任何一个重大的历史事件，它的意义都是开放的。因为，社会结构本身是开放的，社会思潮也必然是随之发展的，这势必使置身于此种历史过程的解释主体对于过去的历史文本进行不断地发掘，重新探明过去对于现在和未来的意义。由此，只要后人还一代一代地活下去，前人的棺材盖就老是要被掀开，定论也就老是要被推翻，文章也就老是要重写，这已成了历史学的常态。这并不证明历史学中就不再存在真理；恰恰相反，正因为过去的作为一个活生生整体的历史经验只有经过多角度的理论总结才能在人们的观念形态中再次趋近于完整和全面，所以对于历史的不断发掘倒是我们把握真理的唯一通途。职是之故，才会有"今天我们怎样看五四"这样的主题。我想，《东方》杂志设立这个题目本身是没有问题的，关键在于我们究竟是否真的有眼光、有资格重新省察五四，看出它的未曾被人们道尽之意。

五四的意义在相当长一段时间内似乎是非常确定的。过去是把这场新文化运动当做一个反帝、反封建的高潮，说它为中国的共产主义运动准备了思想基础和干部基础。此后，随着中国历史的主题从革命转向改革，从急进转向缓进，对于五四之意义的评价也就开始多元化。在这方面，学

者的观点中最具代表性的要数李泽厚的说法。过去人们习惯于区分所谓
"狭义的五四"和"广义的五四",并且由广义来统摄狭义,从而把 1919 年
5 月 4 日之前之后的一段历史发展看成是一整个延续的过程。而李泽厚
的"启蒙与救亡的双重变奏"尽管也用了一些辩证法的套路来讲两者的关
系,但究其要旨,却在于强调启蒙的使命未竟、便在外力阻断下被救亡压
倒。这曾经引起了很激烈的批评。不过平心而论,李泽厚实际上走得并
不很远,因为他毕竟还是要肯定五四时期的否定传统的传统。他虽然在
文章末尾笼统地提到了"创造性转化",但和他在刚刚写完的《中国古代思
想史论》中的价值取向相比,他的理论出发点毕竟有了很大跳跃,并未肯
定传统的任何正面意义。这使他的论点更像是舒衡哲在《中国的启蒙运
动》一书中的观点,而不像是出自一位刚刚对于中国传统文化精神良有阐
发的作者之手。中国传统文化的精神价值遂被他轻轻地忽略了。严格说
起来,"启蒙"这个动词的中文本义,和开蒙、破蒙、发蒙一样,都是对准标
示着愚昧无知的"蒙"字,意味着把一个智慧未开的孩子从蒙昧状态中开
导出来;而西文的 Enlightenment 或者 Aufkl rung,其本意也是指使人从
无知、偏见和迷信的蔽而不明状态中摆脱出来,获得理性之光的烛照。所
以,假如是我才刚刚写完《中国古代思想史论》,那我就绝不会把一种从以
"上下同流"为基础的文化形态向着以"易卜生主义"为基础的文化形态的
转型运动说成是什么启蒙;相反,从中国的价值理性出发,也许我倒想用
中国文化给西方人启启蒙,免得他们这样个人中心、人欲横流、生态破坏。
我讲这话并非出自一个中国人的狭隘民族情绪。我们读一读古书,可以
知道先儒早就对"拔一毛利天下而不为"的杨朱启过蒙;我们再读一读洋
书,也可以知道通过孟德斯鸠、伏尔泰、爱默生等人的传播和阐释,中国文
化又确实曾经给西方人启过蒙。

但李泽厚的观点仍然有其价值。这当然不是因为他在语义层面上使
用"启蒙"一词时所表现的不自觉的非批判性,而是因为他在社会历史层
面上运用"启蒙"一词时所暗含的自觉的批判性。他突出地强调了这一在
中国历史上极为罕见的文化高潮的正面意义,并且——更重要的是——

以一种悲剧性的笔调描绘了历史偶然性对于历史合理性的外来干扰。学者一般都会由于我们社会结构的特殊规定性而认同于五四运动的这种正面意义，也都会对于历史的偶然性——由于在现代化进程中相对滞后于邻国日本而一步跟不上步步跟不上——非常痛心和叹惋。不过，我们也应当看到，由于李泽厚为了弘扬五四的正面意义而委屈了他刚刚阐发过的学理，就使他的上述观点难以避免地留下漏洞。从逻辑上说，对他的批评可以有一个强论证，也可以有一个弱论证。前者可以站到文化哲学的立场上从新儒家的角度进行推论（其实从李泽厚自己的《中国古代思想史论》即可进行此种推论）。在这方面不仅有台港学人的大量文章可以作证，而且陈来新近发表的《二十世纪的文化激进主义》一文由于把五四的反传统和"文革"的反传统勾连在一起，从某种程度上也可以代表学人的呼应。后者则可以以林毓生的著作为代表，金耀基、张灏等人亦有大致类似的看法，对此学界近年来更是耳熟能详了。这两种批评的角度当然是有区别的，甚至其基点是完全悖反的。不过，它们却可以在下述认识中得到统一：如果"全盘性地反传统"，那只会使中华民族失去某些东西，而不足以使它获得任何东西。

新儒家的学术立场有其积极意义，只是这种立场实际上并未能贯彻到底。牟宗三所谓开"新外王"的说法，被公认为不成功。其实，即使他在这方面能够显得更加雄辩一些，充其量也只是在证明西方今天似乎不证自明的东西我们古已有之而已。他用来筛选古代材料的尺度仍然是得自西方的。这反映出，在当今西方文化和西方话语占主导地位的情况下，西方的语言已经何等强大地对于我们的思想拥有支配权力。这使人想起茅盾的一段回忆：过去陈汉章先生在北大讲课时，曾经牵强附会地用中国古代的神话传说证明西洋的声光电化我们早在先秦就已经都发明了。同学们不解地问道，既是如此，何以后来都失传了呢？陈先生答曰，我现在只讲先秦，后来的事不归我讲。沈雁冰在一旁雅谑道，陈先生是"发思古之幽情，光大汉之天声"，惹得满课堂大笑。课后，陈汉章专门把沈雁冰找来，率直相陈——我也知道我的说法站不住，但现在国势日衰，洋人太狂，唯借此聊抒忿懑而已。对于这种愚忠式爱国的事例，大家幸勿以为它仅仅是特殊的笑料（如种种形式的"西学东源说"）。这种情况在学术界是普遍存在的。前几日我听何柄棣先生的讲演，又或多或少地品出了这种味道。其实照我看来，要是真正悟出了中国传统的价值的话，那就应当有信心不是在西方的话语规则下去论证中国也有西方的东西，而是用我们自己的话去讲我们有而西方没有的东西。冯友兰晚年对于"天地境界"的念念不忘，以及他临终前坚信"中国哲学一定会大放光彩"的遗训，在思想水平上就远远高于那些仅仅知道和西方人就一些细部问题争夺发明权的学者。

尽管林毓生对于中国传统特点的论证非常单薄，使人对他有关五四知识分子是因为"太传统"（思想意识解决一切）而势必要"全盘性反传统"的论断非常怀疑，但是，他对于五四运动的案例分析却仍然有非常重要的意义。照我看来，这种意义也许更多地并不在于他对于五四史料的具体处理，而在于他用来处理这些史料的思想方法。这种方法缘出于自柏克以降的英美经验主义传统，它强调一种"有生机的历史传统"在社会之不断试错式演进中的积极意义；由此，和李泽厚的悲剧笔法不同，林毓生借所谓"创造性转化"的范式突出了中国近代知识分子一味求新反而欲速不达的喜剧场景。在中国，由于《天演论》的恶性刺激，同时也由于人们对于"进步"概念未能进行理性清洗，所以人人都对"保守"这个字眼儿避之犹恐不及，故而要敢于标明自己"保守"就非大智大勇者不办。但实际上，不管文明进程是赓续绵延还是突变断裂，人们总是处于过去和未来之间，总是历史过站中的过客，故此真正能够产生持久影响的创新行为，由于种种前定条件的有形无形的制约，也由于此后富于惯性的历史环境的筛选，就反而只有通过对于旧有传统的有效激活和改造方能完成。所以，林毓生的学术研究，至少在下述方面是有意义的——他提醒我们从经验主义和保守主义的视角上注意到，向着某个理想中的历史终点的不断躁进，难保不给历史带来灾难性的后果；相反，对于传统活力的保守与开发，却可能是整个社会稳步变革的基础。由此，在社会科学的意义上，在"传统—现代"的理论框架下,林毓生的确令人信服地指出了在传统社会和现代社会之间有可能存在的某种建设性关联。尽管并非没有招来不理解的异议(如王元化的《为五四一辩》),但就总体的情况看,林毓生对于五四的反省仍然不失为学术界的一帖有效的解毒剂(王元化本人后来既然想要平心论述杜亚泉,大概也在这方面终有所悟)。当然,也许大家还是觉得事实胜于雄辩:既然东边那几个并未如此数典忘祖的小社会在现代化方面先行了一步,而我们却悲惨地落入了文化失范的境地,或许传统就真的是反不得的。

但为了避免反过来的误解又要产生(比如借席尔斯的社会学理论来证明中国文化传统的价值),似乎又有必要提醒一句:林毓生对于他所谓"全盘性反传统"的批评,绝不能被理解为一种对于中国文化传统的真正保守。传统之于他,绝没有超出作为"卡里斯玛权威"的工具意义,也就是说,只不过是一座过了河便不妨拆掉的桥梁,甚至是只有暂时不抛弃才能更有效抛弃的东西。正因为这样,他才会试图区分所谓"五四精神"、"五四目标"和"五四思想",并说"我们今天纪念'五四',要发扬五四精神,完成五四目标;但我们要超脱五四思想之藩篱,重新切实检讨自由、民主与科学的真义,以及它们彼此之间和它们与中国传统之间的关系"①。听起来这像是一番怪论,因为精神原本就是思想,而目标总是内在于此种意向性之中的,我们根本没有可能对五四知识分子的以再造新文化来救亡图存的努力进行这种机械的割裂。不过,如果我们能够进行"深层的阅读",则不难发现,林毓生这种煞费苦心的区分至少并不是毫无来由的。无论如何,在五四运动发生过 70 多年后的今天,他这位反对"全盘性反传统"的人,自己就不可能来全盘性地反对五四所遗留给我们的新的传统,特别是虽然并非于五四时期最早提出、却无疑是由五四新文化运动大大普及的"德先生"和"赛先生"。近来在人们对于五四新文化运动的破坏性有了

---

① 林毓生:《中国传统的创造性转化》,生活·读书·新知三联书店 1988 年版,第 149 页。

更清醒的检省的同时，却似乎又有点忘却了它的建设性。实际上，如果我们铁了心干脆坚守中国文化本位而不要西化，那也不失为一种持之有据的文化哲学立场；但是，如果我们认定了在现代世界上整个民族不进行现代化就会遭到社会达尔文主义意义上的淘汰，从而势必要在"传统—现代"的社会科学框架里判定一切的发展变化，那么，我们就必须承认，不管怎么说五四新文化运动在 20 世纪文化转型和社会变迁的巨大历史进程中都具有里程碑的意义。此中最大的要害问题在于，不管第三代汉学家如何渴望"在中国发现历史"，如何寻找中国社会的内倾性发展（也包括张颢对儒家人本主义如何影响到五四人本主义的强调），但无论如何，由于中国古代文化属于迥然不同于西方的文明类型，所以相对于一场现代化运动来说，中国本土的传统中原本并不充分地具备那种为林毓生假定的其实只有在西方传统中才有的"生机"。在这方面，其实稍有历史常识的人都知道，中国近代史中的知识分子并没有像林毓生所说的那样企图一元论地以思想文化来通盘解决问题；恰恰相反，他们是由器物而制度、由制度而观念地层层深入地逼近着一个足以成为现代化运动之圭臬的东西。由此我们可以说，真正可以被当做"卡里斯玛权威"而支持一种向着现代社会"创造性转化"的，恰恰是由五四建立的新传统。而且，正因为有了这个为全社会所认同的价值标准，当代中国人才有可能判定任何历史事件的是非曲直，才了了总有一天人们终会发现它是不可忤逆的民意，从而才为中国社会的未来发展开拓了必要的空间。所以，在目前对于五四的一片否定声中，我们又必须看到——五四终究有其不可磨灭的历史功绩。

于是，我们看到，由于历史发展方向的不断转移，由于人们判定问题角度的多元分化，也由于过去历史现象本身的复杂多变，五四新文化运动的意义就似乎显得"横看成岭侧成峰"了。周策纵写过一篇题为《不能有个反民主反科学的五四运动——'五四'七十周年写给中国知识分子》的文章，正可以说是突出地反映了老一代专门研究五四的学者们在这种"远近高低各不同"的意义诠释现象上的困惑和忧虑。但我们通过上面的分析不难看出,无论从什么角度对五四进行褒贬臧否,都不能说是毫无来由的。作为一个涉及面空前广泛的伟大运动,五四就好比是给中国现代历史打上了一个结,此前的种种历史线索都收拢于此,此后的种种历史线索又都发端于此。也许再没有什么历史事件能像五四运动这样使我们百感交集,莫衷一是。如果我们不能克服这个思想上的难题,那么,那些汗牛充栋的五四研究著作实际上恐怕就都还称不上是真正的研究,而只是流于自说自话的主观表态而已。

面对这种困惑,也许我们最好先来看一看日本的成功案例。和中国一样,它也同样属于儒家文化圈,而且在 19 世纪也同样面对着文化转型的历史任务。正因为这样,在其现代化的初期,那里的知识分子也不可避免地既提出了"和魂洋才"、"土魂商才"的折中口号,又提出了"脱亚入欧"的激进口号。可是,我们有谁看到了目前日本学术界对于较为保守的代表人物(如涩泽荣一),提出了类似于我们对于张之洞的那种归罪式的指责呢?我们又有谁看到了他们对于较为激进的代表人物(如福泽谕吉、中江兆民),提出了类似于我们对于陈独秀、胡适的指责呢?如果没有,那么原因何在?是因为他们并没有意识到在上述两种主张之间存在着严重的分歧吗?照我看来,恐怕他们还没有这样傻。此中的关键原因还在于,日本在现代化事业上的成功,使得他们有理由认为,正是在上述种种"片面的深刻"之间的有效制衡与合理紧张,反而有助于使他们的社会在一种"必要的张力"中稳步前进。说到底,只要在整个社会存在着一种自由讨论的气氛,那么无论是怎样偏激的学术派别都是无害的,它只能有助于全社会更深刻地寻找到黑格尔意义上的"合题"。然而反过来说,一旦这种自由讨论的思想土壤不复存在,那么,整个社会会被一种被定为一尊的故而具有独断排他性的意识形态所统治和清洗,而任何"矫枉过正"的思想派别都会由此转化为"日趋偏激",任何"片面的深刻"也都会由此转化为"全面的肤浅"。正因为这样,我们就必须清醒地意识到,五四之后的中国历史中的许多灾难性后果,与其让五四时代的任何一个思想文化派别来负责,毋宁让此后席卷了整个中国的政治运动来负责。正是在这个意义上，不管李泽厚在未能使其著作融会贯通方面有过多少阙失，他在强调历史偶然性的干扰和阻断方面仍然是富于启发的。借用维特根斯坦的一个句式——可叹的不是历史是"怎样"的，而是它是"这样"的，也就是说，在一种思想派别被某种社会势力简单化地抬举为政治口号并且日益给予它以错误的诠释直至完全脱离它的原有理想之前，它未必就注定要变成现在的"这样"，而有可能变成其他的"怎样"。

上述认识有可能帮助我们在思想的困境中杀出一条生路，使我们更准确地认识到五四新文化运动的本真意义。在这里，我必须提出一个"假设史学"的命题。这种方法对于历史学界也许显得太过大胆，因为人们总是习惯于"有一分材料讲一分话"，而不太习惯于让自己的想象力沉潜到过去的历史环境中纵横驰骋。然而，事实上这种史学方法不仅在学术上是合理合法的，而且在实践上也是迫切紧要的。在认识论上，它可以帮助我们更清晰地把握住在历史的每一个当下瞬间所出现过的种种可能契机，从而帮助我们对于在一个个十字路口中作出了艰难选择的历史人物加深同情的了解；同时，它也可以帮助我们撇开在历史的"短时段"中所泛起的具有很大偶然性的泡沫，从而在历史的"长时段"范围内更深刻地把握具有合理性和必然性的深流。惟其如此，我们在过去的历史中才不至于只是鼠目寸光地看到一个个外在罗列的偶然事变，而得以高瞻远瞩地看出恰恰是由偶发事件所积分起来的一个大写的必然规律；从而，历史学也就不再如亚里士多德在《诗学》中所说的那样只是属于错误的和非理性的范畴，而足以承当起对于人类过往经验的理性总结。进一步说，也只有在此基础之上，由于我们借助于所把握到的真理而有可能规划历史，历史学才能从单纯满足人们知识上的兴趣转变为有可能承当人们创造历史的实践任务，才能从徒然兴叹"往者不可追"的向后回顾转变为慨然自许"来者犹可为"的向前展望。正是基于以上对于方法论的思考，如果我们把自己的思路放得开阔一些，设身处地地回到五四时代的那个历史瞬间，假设一下在中国现代历史的内在指向尚没有被两大强邻日本和苏俄所干扰之前，当时的历史还有没有其他的可能性，则我们就不仅可能对于当时的历史获得更深入的了解,而且可能寻找到五四新文化运动之更本真更原初的意义。

由此,我们在思想上就已经逼近了一个崭新的答案。让我先来征引两段过来人的话,因为他们的切身记忆要比那些后来强贴上去的标签更富于历史感。胡秋原写道:"……就一个通过五四后思想运动的人如我而言,在民国十年以后,我与我年纪上下的人,对于当时新旧派著作,是一视同仁的。还不可忽视民国十年以后,'整理国故'之风大起。据香港大学余秉泉教授统计,此时国学史学刊物,要占第一位。足见五四并未将传统破坏。"①金克木也写道:"《学衡》和《新青年》的对抗,简单说,起点是文言与白话之争,发展到拥护传统文化和打倒传统文化之争。可是到这两大阵营内部一瞧,双方差不多都是一些留学生。提倡白话的胡适和坚持文言的吴宓都是留学美国学外国文学哲学的。作古文和讲古书,《学衡》的人未必胜得过《新青年》的人。反传统反得过分,连汉字汉语都要废除的钱玄同是章太炎的学生。在传统文字和音韵学方面,《学衡》中只怕难得有胜过他的。两杂志以外的林纾曾写信给北大校长蔡元培反对白话文。蔡在回信中说,'周氏兄弟所译《域外小说集》文辞古奥,非浅学者所能解。'大概蔡对林的态度有点生气,所以不免话中带刺。不懂外国文而翻译的林的古文不见得比得上懂外国文而翻译的周的文章之古。蔡本人就是进士还入了翰林院又留学欧洲。……地道的传统古董应当是蔡元培,偏偏他又是新学的主帅……洋文比中文水平高出不知多少倍的辜鸿铭反而拖着辫子硬充满清遗老讲《春秋》。历史真够幽默的。"②对于这种古今中西犬牙交错的情况我们当然还可以举出很多,比如胡博士是出名的新派人物,但是我们打开《胡适日记》,却发现他的兴趣更多地竟是在中国古典;再比如刘师培是出名的守旧学者,可是他的政治主张却激进得恐怕无

---

① 萧延中、朱艺编:《启蒙的价值和局限——台湾学者论五四》,山西人民出版社1989 年版,第 14 页。

② 金克木:《历史的幽默》,《文汇读书周报》1994 年 4 月 16 日第 3 版。

人可出其右……那么,在这种复杂纷繁的历史表象背后,我们究竟看到了什么呢?那正是一种自由讨论的学术氛围,以及知识分子在此氛围中对于学理的自由追求;恰恰是因为有了这种自由发育的土壤,人们的精神才会这样五光十色。正如周策纵所说:"五四另一个意义,是在那四、五年左右思想界的自由发展。在不同的思想之中,当然会有某种冲突,但在那个时期内,那些提倡新思想的人,没有实际的政治和军事的权力,他们不能干涉别人,所以虽然大家都讲自己的东西,但没有人拼命地攻击别人,这也是五四的基本精神。不同的思想可以自由发展,这点在中国历史上只有战国时代可以比较,那时有很多小的国家,但没有一个地方的政权可以控制全国,所以很多知识分子不受到干涉,各讲各的。五四在这方面来讲,比战国的时间是短了,但不同的复杂性是超越战国时代的。我把五四当时的思想叫做一个'基本的多元主义',有不同的交流,自由发展。当然,有一些思想主流在里面,但不否定别人,各讲各的东西。"①由此,我们就得以透过学者们变化多端纷争不已的具体观点而看到一个高蹈于其上的更大的理性,那正是一种在思想观念上相互宽容的自由主义精神。有了这种精神,人们不仅可能通过越来越深入的研读而更加准确地把握西学的神髓,而且也同样有可能让国学在它与西学的激荡切磋中并长争高。有了这种精神,中国人就有了宽广博大的襟抱气度,从而"不捐细流"地获得最丰饶的思想文化营养。毫无疑问,在五四时期的那样一个历史瞬间,中国的知识分子并非没有面对过这样的一种选择可能,从而中国的现代历史也并非一定要以目前这种悲惨的笔调来书写。这才是五四新文化运动在它还没有被后人曲解之前的本真意义。

基于上述前提,照我看来,今天我们在北大纪念五四运动,就有着特殊重要的意义。这是因为,只有在这块五四运动的发源地,只有在这块新文化的圣地,我们才会发现,五四时期所显露的更为合理的可能性,并没

---

① 萧延中、朱艺编:《启蒙的价值和局限——台湾学者论五四》,山西人民出版社1989年版,第4页。

有完全被湮灭，而在这所"研究高深学问"的大学里表现为现实性。我本人并非北大出身，但我对于这所学府的感情却超过了对于其他任何一所大学（包括我的母校）。尤其是，对于缔造了这所大学的蔡元培先生，我更是高山仰止；因此无论在剧本《蔡元培校长》、散文《五四那天早上》中，还是在电视系列节目《五四》中，我都倾向于认为，作为一位为新文化运动制定了"循思想自由原则，兼容并包"之游戏规则的立法者，蔡元培先生的历史功绩远远超过了任何一位得益于这种规则的进行具体研究工作的学者。用中国的老话来说，蔡先生才是立德、立功者，而别人则只是在蔡先生功德护佑下的立言者。时至今日，蔡先生的遗训犹在，德风犹被，而北大的学术民主、百家争鸣的自由主义学统也是一脉犹存。舍此，我们又能到什么地方去寻找原有意义上的五四传统？职是之故，我们对于五四新文化运动的最好纪念，就是把北大的学统发扬光大，使之蔚成在我们社会中占主导地位的思想风气。只有这样，中国人的精神创造力才会得到空前的解放，从而那种"三十年河东，三十年河西"的殷切期望才不会成为仅仅是一厢情愿的空想。

最后，我要说，我在这里所讲的"历史的另一种可能性"，绝不是一种虚幻的纯粹思想游戏。恰恰相反，它实际上比我们经历过的现实历史更具有现实性。因为，只有在我们刚刚辨析过的真正的五四传统之中，只有在曾经于 70 多年前显示在中国知识分子面前的那种可能性中，才孕育着我们民族的真正可能。纵观历史并且放眼未来，我们有充分的理由相信，尽管 70 多年对于个人的生命来说是一个大限，但对于一个民族的生命来说却只是短短的一瞬，所以，中国历史在 70 多年来对于伟大的五四传统的暂时背离，只不过是它在一个"短时段"中所走过的一段小小的弯路，而五四时期志士仁人的理想也并没有真的被历史所抛弃。今天，不管中国在其发展的道路上还要碰到多少陷阱，救亡保种的危机感毕竟已经不会再来干扰我们的自由思考了。故而，在"长时段"的历史区间，我们就理应有这样的信心：凡是在两大文明冲突最剧烈因而一时间产生了最大阵痛的地方，也都正是最有可能在未来产生最新最大的文明成果的地方。正因为如此,只要我们坚持五四的传统,坚持维护自己的思考权利,坚持捍卫百家争鸣的学术氛围,那么中国就有可能在战国之后迎来它第二个学术的黄金时代,从而中华文明也才有可能再度走向辉煌。

（本文是笔者专为《东方》杂志和中国东方文化研究会于 1994 年 6 月 15 日在北大共同举办的"今天我们怎么看五四"学术座谈会所写的发言提纲,后发表于《东方》1994 年第 4 期。）

作为一种发展战略的文化建设

文化热与文化冷

文化好像是很热过一阵子，就像对体育、气功一样，一时间沸沸扬扬，不管懂不懂，练过没练过，都讲得津津有味。当时，就连最没有文化的人，也都开口闭口"中国文化如何如何"，"西方文化如何如何"……

没有必要嘲笑这种现象，关键在于去思考它背后隐藏着什么东西，要问文化为什么会热，就应该先问问我们国家为什么只有"经济体制改革研究所"？如果我们承认社会是一个有机的系统，那就应该承认它的改革也应该是一个系统工程，要对它的各个层面进行协调的改造。而有关文化改革的研究却显得滞后，这是为什么？

这种状况首先是历史造成的。在改革刚刚起步的时候，我们举国上下只能在经济层面的现代化上找到共识。当时提出"四个现代化"这样一种口号，并没有什么不对。相反，如果把全部需要解决的问题都一锅端上来，想毕其功于一役，那反而会使改革加大阻力，难以启动。但是，我们必须认识到：仅仅把一场现代化运动局限在物质层面上，毕竟是有很大缺陷的，而且随着改革的深入，这种缺陷会越来越暴露。

从历史的角度看，认识到这一点并不困难，因为我们过去已经交过一次学费了。从只讲"中体西用"的洋务运动，到企图解决制度问题的戊戌变法和辛亥革命，再到高涨现代价值观念的五四新文化运动，中国现代化的先驱者们已经在这个层层逼近的思路中走过一遭了。那中间有过许许多多令人悔恨的历史教训，使中华民族痛失过赶上世界潮流的时机。所以，稍有近代史常识的人都会问：难道我们非得再交一次学费不可吗？那样的话，中华民族会被一误再误到何种地步！

文化问题正是在这种背景下热起来的。这种情况说明了人们在深化改革的问题上已经做好了达成共识的思想准备。这是潜藏在人们心中的对改革的巨大推力。因为"文化热"毕竟和"体育热"或"气功热"不一样，它热衷的不在于那个对象本身，也就是说，那么多人大谈文化，并不是因为他们全都不约而同地感受到了这种或者那种文化的魅力，而是因为他们意识到了这场牵涉切身利益的改革运动似乎缺少某种舍此就不能成功的东西。当时，对于决策者来说，根本就既没有必要对"文化热"中的某种观点进行裁决，因为无论哪种观点都是以各自的方式呼唤与新的物质文明相匹配的新的精神文化。所以，应该顺势把人们对于文化问题的热情集聚起来，使我们民族在一个更完整的现代化目标下统一认识。

可惜，要么是对文化热的积极涵义没有理解，要么是即使理解了当时也无力抓住它，总之文化是白白地热了一回。而最新的发展是，人们对文化问题的热情已经冷了下来，或者说，"文化热"已经被"辍学热"代替了。文化再次成了少数文化人的玩物或者苦苦为之奋争的目标，而大多数人则再次恶性循环地关切起眼前的利益来。

反文化与无文化

我们这样对不起历史赐给我们的时机，历史不可能不报复我们。如果说"文化热"还遗留下什么东西的话，那就只是一派消极的悲观情绪。所以，人们才普遍去"项庄舞剑"般地骂老祖宗没出息，骂中国文化只能造就我们这些"丑陋的中国人"。电视系列片《河殇》之所以会引起那么大的社会效应，正是因为它既反映又迎合了这种心情。

我们当然应该去逼问中国传统文化内部为什么不能够导出现代指向，但这并不等于说，我们如今在现代文明的入口处迟迟挤不进去，也全归于传统文化。其实,中国文化传统在我们的现实生活中早已不复存在了,现在只留下古代大厦的残砖碎瓦;我们若把现实的困境统统交由一种"文化宿命论"来解释,那就会使我们丧失历史主动性和推卸历史责任。

值得深思的是:在人们抱怨中国传统文化拖了我们后腿的同时,台湾的经济学家却在担忧传统文化的丧失将会减弱他们现代化的势头。那么,问题到底出在什么地方呢?我认为,关键就在于我们没有能够建立起一种新的、符合现代理性的文化规范去对传统文化进行一次再整合。尽管我们的传统文化在其基本走向上跟现代文化风马牛不相及,但由于历史无法割断或者重新开始,我们绝不可能在一片文化真空中开展现代化运动。古代的大厦确实没有现代的功能,但如果你真对那楼上的每一砖一瓦都深恶痛绝,那我们就没有建筑材料来改建新楼了。因此,最关键的问题还是我们要拿出一张新的建筑蓝图来,然后挑选旧楼的砖瓦和构件,让它们都服从新的设计要求。这样,传统文化中符合现代化需要的那一部分就会发扬,不符合现代化需要的那一部分就会萎缩,整个社会自然会全面地得到革故鼎新的转型。比如,中国人确实能吃苦耐劳,这和传统文化中的"安贫乐道"有关,而中国人又确实盼望能大吃大喝,这似乎也和"乐感文化"有关。一个"乐"字,把这两面都包容了。如果我们能够有一种新的社会规则和理性规范去重新整合这种心理的二重性,它本来构不成对现代化的威胁,只有促进它。

正因为这样,我倾向于把我们目前的状态称为"无文化状态"。也就是说,既不是传统文化,也不是现代文化,既不是东方文化,也不是西方文化,只是一种没有着落的无根状态。

任何一个社会共同体,总要有它的价值标准,有它的行为规则,才能在短期目标和长期目标、利己和利他等之间维持一种基本的平衡,它自己才有可能存在下去,这才能叫做一种健全的文化。而我们现在实际上因为失去起码的规则,什么都走了样,最豪华现代的计程车也叫你享受不到现代生活快节奏的效率,最历时悠久的四合院也叫你享受不到古代生活安闲悠然的情调。可以说,由于立不起正面的东西来,人们往往把东西文化的负面东西发扬起来了。我们有西方的性解放却没有西方的个性自由,有古代的裙带风却没有古代的考试、监察制度,有古代的官本位却没有古代对教育的重视。因此,在逐步活跃的市场经济和制度层、文化层之间产生了巨大的落差。

必须有强烈的文化危机意识

打个"球场骚乱"的比喻,如果一个野蛮人看到这么多人为一个球争得你死我活,大打出手,他会以为人们缺的是那种球,所以他会认定,只要发展经济,多生产一些球,让每人都抱上一个,问题也就解决了。但如果一个文明人听到了这种看法,一定会笑着告诉他,生产再多的球也没有用,因为他们缺的不是球,而是玩球的规则。我们的情况正是这样。

过去,我们总以为历史的起点只是物质生产,上层建筑里的事只有等吃饱了肚子才能做。这种单线的因果决定论完全忽视了精神取向和文化氛围在现代化运动中的同样不可偏废的重要作用。正因为这样,我认为应该特别研究一下韦伯的思想。为什么哪里深入进行现代化运动,哪里就兴起韦伯热?首要的原因就在于韦伯强调了文化的内部精神与资本主义兴起之间的必然关系。韦伯认为,在合理型的资本主义形成之前,资本主义的理性"精神"和物质"资料"都必须先行呈现,缺一不可,因为只有两者的结合才能产生革命性的综合,导致现代的经济类型,而这种情况凑巧最先出现在西方。从这种观点来分析我们今天的现状,不难看出,如果我们的改革只强调物质层面,不强调文化精神层面,那中国就永远只能是一个瘸脚巨人,无法跟上现代化潮流;即使把经济发展放到再突出的地位,它也很难高速发展,因为文化氛围不能保证一种合理的行为模式,经济活动也就不可能得到理性化操作。因此,我们完全可以对那些总以为吃饱了才能搞文化的人说——要是没有文化,就总也吃不饱。

文化关系到一个民族的精神素质,反映出这个民族有没有具备进行现代化起飞的心理基础。这一点,早在五四时代就已经被认识到了。比如胡适就曾打定主意要在思想文艺上为中国的现代社会建设一个革新的基础,他认为这种新文化建设是真正能治中国病根的一副缓药,见效虽然慢,却能为中国真正造下"不能亡之因"。令人痛惜的是,在 70 年之后,在中国的改革为此付出了惨重代价之后,我们似乎没有在这样一个问题上统一认识,有些人目光短浅地以为在文化上的投入是见不到效益的。真不知道要到什么时候,人们才能头破血流地再一次把圈子兜回来,开始下一轮的"文化热"。

因此,借此机会,我要向全社会大声疾呼——我们不仅要有经济上的危机意识,也要有文化上的危机意识,我们要看到,文化上的失范将比经济上的失控更长久地拖中国现代化的后腿。所以,除非我们主动地迎合现代化潮流去建立一种新的合乎理性的文化规范,否则巩固改革、深化改革、保卫改革的想法就只能是空谈!

文化从来是一个整体。在从传统社会向现代社会的转变过程中,根本由不得你挑挑拣拣,想要这个层面而不想要那个层面。因而,只要现代化的按钮一启动,各个层面现代化的问题总是要被提出来的,而且迟早是要解决的。在这个问题上早走一步,中华民族就多一分主动,成为亚洲经济巨人的理想就多一分现实可能性。

尽快制定和实施文化战略

制定和实施文化战略,我们首先需要确定一个发展的总方向。

这个总方向不是别的,正是理性的文化规范。它是一个现代社会赖以生存的基本生命线,是共同生活着的现代人的基本交往规则。我们必须首先确立的,正是这样一种理性的社会规范的权威。

当然,一个社会中理性规则的逐步完善和理性权威的逐步树立,是和它的全体成员的理性精神的成长同步的。但即使如此,我们还是应该把规则先立起来,把它作为一种新的价值准则。

只有经过反复的讲理和较量,让每一个社会成员逐步认识到:想要不守规则地来谋私利,只能是适得其反,只有老老实实地按规矩公平竞争,才是对自己最有利的。只有到大家对理性的权威心悦诚服,并且自觉地把维护理性规则看成是维护自己正当权利的时候,我们这个社会才能找到一种秩序,才能正常地开展它的活动。

现在,有关"新权威主义"的讨论正是热门。也许,鼓吹这种口号的人所带来的积极的东西,就是大声疾呼地提醒大家——由于文化的失范,我们这个社会正在日益地失控。一个社会的确需要权威,但我认为,真正顺潮流合民意的权威,只能是理性的权威,而不是哪一个人哪几个人的权威;甚至也不是政府的权威。在宪法之下,政府和每一个个人一样,都只是一个必须遵从的法人,只有这样才能符合它的长远利益,才能保证社会的长治久安。在这方面,政府必须和所有公民一样学会理性地行为和操作,在政治体制改革的过程中进行现代化的转型。只要一个社会是建立在理性的规范下,是正常有序地向前发展的,那么,这个社会就可以保持它的向心力,可以使人们热爱它,为它作出积极的贡献。我想,只有到社会的每一个个成员包括政府都为了自己的权利不被损害而学会了随时准备进行"护法战争"的时候,我们才真正算有了理性的勇气,才算是启蒙启开了窍,才算是把中国送上了轨道。

(此文原为 1989 年春季在京西宾馆的一次讲演,后被《人民日报》于 1989 年 5 月 19 日在第六版上摘要发表,可惜原文已不知所终)

中国能否走通"东亚道路"？

中国向何处去——到底向何处去？

在整个 20 世纪，这无疑是中国的悲怆交响乐里反复要呈示和再现的"第一主题"。

有时候，这个主题发展得十分昂扬激切，有时候，它又变奏得极为低迷哀婉。因为人们时而自信已经踏上了通衢大道，甚至已经看清了辉煌前景的任何一个细部；时而又发现那似曾历历在目伸手可及的海市蜃楼突然无踪无影，而脚下的坦途也已断裂成深不见底的悬崖。

于是，人们不能不承认，这个问题的难度超出了自己的想象和能力，在处理它的时候，就连那些自诩已经掌握了历史规律和科学方法的人，到头来也并不见得比卦摊上的算命瞎子高明多少。

然而，事情严重性却在于，任何人又都不能因为意识到了这个问题的难度，便放弃了努力去思考和回答它的责任。我们对于曾经上下求索过的一代代先驱者的同情和了解，我们对于自身生存环境的关注与焦虑，我们对于已被我们生养出来的后代的保护本能，都使我们无法回避这个问题。不断地尝试回答它，当然很可能意味着一再地失足。但是，如果因为怕失足而干脆绕开它，那本身便已构成了更大的错误，而且是最不可挽回、最不能饶恕的错误。毕竟，今后的历史会走向哪里，这在很大程度上取决于我们的努力，而进行这种努力的第一步恰恰在于——先去想清自己究竟应当和能够做些什么。所以，只要我们不再从思想深处紧抓住这个问题不放，那就意味着我们既逃避了历史所赋的责任，又放弃了创造历史的权利。

　　当然，在某些特定的时空中，对某个问题"想没想"和"说没说"会变成两码事。康德有过一个信条："说出来的必都是真话，而真话却不必都说出来。"也许有人会以为，这里又有一根德国思想家的"庸人的辫子"。但实际上，正是这种小心翼翼地守护着最起码的自由思考条件的沉稳态度，才造成了那些心智的博大精深。因此，在知识分子的发言空间陡然间压得太小太不正常的关口，读者们千万不要太性急，误把知识界"只能说"的话题，判定为他们"只在想"、"只敢想"甚至"只愿想"的课题。无论如何，思想的空间并没有那么容易塌缩，所以自由知识分子的精神视野也不可能一下子就变得如此逼仄褊狭。我们不敢说自己想透了多少，但对于我们民族需要我们去想的问题，却绝没有停止过思索。

　　正因为如此，尽管受约定篇幅限制，本文只可能挑选一个具体方向来简述自己的思想要点，但我却希望它有助于再次证明我在多年前就曾扩充过的笛卡尔的一个命题——

　　我们思，故我们在！

一

　　最近几年，无论上层还是下层，无论明里还是暗里，对于"中国向何处去"这样一个问题，都似乎日渐明朗地有了一种信念——它看起来要走东亚类型的发展道路。稍稍留意一下就会发现，大约从抗日战争获胜开始，国人的耳朵里还从来没有像现在这样，灌满了各种以此一特殊地理概念来定义的说法，从"东亚经验"到"东亚模式"，从"东亚文化圈"到"东亚运动会"，从"东亚起飞速度"到"东亚区域合作"……凡此种种背后，无疑隐藏着一种虽朦胧却笃定的感觉——在告别了一个充满机缘、风险和阵痛的十字路口以后，不管人们情愿与否，中国总之是无可选择地走上了"东亚道路"。

　　但无论如何，感觉终归只是感觉，而光凭感觉去创造历史是远远不够的。即使人们全都认准了要去借鉴东边那几个小邻居的成功经验，但如果他们的想法尚未经受过仔细的分析、比较与清理，则这种指望就很难靠得住。所以，为了替中国的前途负起应有的责任，尽管大家不可能完全摈除，却也必须努力暂时按捺一下各自情感上的好恶，以便在这个问题上能够达到较为清醒、理智和客观的认识。

由此，"中国向何处去"的问题，就在本文里具体化为**"中国能否走通'东亚道路'"**的问题。而为了搞清这个问题，我们又必须首先对所谓"东亚经验"进行一番梳理，总结出"东亚发展模式"的一系列主要特点。当然，相对于一段完整的历史经验而言，任何的一种理论框架都难免是片面的，就连"西方世界如何兴起"这样一个老题目，西方学者也还在"横看成岭侧成峰"地不断进行着再发掘。所以，本文将要列举的"东亚模式"的下述要点，虽自信绝非信口开河，却也只能说是初步的研究结果：

第一，所谓的东亚几小龙的成功，从宏观上讲，只不过是指以两希（希腊、希伯来）文化为源头的现代西方文明在儒家文化圈的外缘地带较先实行了成功的同化。在此，我们不必多费笔墨去回顾种种的文化传播理论或文化圈概念，只需打开地图略略扫描一下沿太平洋西岸的态势，就不难发现：西方文化确实已经波及了儒家文化圈的滩头阵地；而且，如若不是我们这个泱泱大国曾以倾国之力帮助朝鲜北方和越南北方进行殊死的抵抗，从海上舶来的商业文明也早就会在那里成功地登陆了。

第二，乍看上去似乎有点儿矛盾的是，西方文化之所以能够在东亚几小龙那里实行成功的同化，并不是当地人对本有的儒家文化持一种"全盘反传统"的过激态度所致。恰恰相反，尽管只有在那里才真正发生了"文化革命"，但当地人却想都未曾想过要去实行我们在"文化大革命"中所推崇的登峰造极的文化激进主义。正因为人们保留了过去的传统，并且将其当作实施现代化起飞的现实起点，所以他们反而较为成功地对传统文化因子进行了在现代西方文明框架之内的功能转换。在这里我们也不必过多地引证普兰尼有关"支援意识"的理论或席尔斯对传统之积极性的论证，甚至也不必多讲涩泽荣一有关"论语加算盘"的说法如何造成了日本企业家的"士魂商才"，只需意识到：一个社会越是性急地要去大肆毁弃传统，就越会失去稳定而有序的发展生机。由此，它失掉了许多不该失去的东西，却得不到任何应该得到的东西。

第三，尽管东亚几小龙的发展路径不尽相同，其社会成员在发表言论和参与政治方面所享有的自由度也有大有小,但有一点却堪称它们的共同特征:在市场机制条件下的经济自由从未受到过压抑;相反,它从一开始就被当作立国之本,而且它的发展也在客观上成为整个社会不断发育的原动力。换句话说,在那里既不会闹"批林批孔",也没有人问"姓社姓资",倒是像人们所指出的那样——中西合璧地形成了一种"孔子加斯密"的经济模式。而随着市场经济的壮大和完善,它不仅越来越正规地约束了个人的经济行为,也越来越正常地规范了企业的经营行为,从而大大增强了交往活动的可预期性。有了这一点,再加上在此基础上必然要不断拓展的其他形式的市民社会的自律空间,整个社会就在其前进过程中完善了自身的减震装置,显得强大而稳固。

第四,初看起来又显得和信奉斯密有点儿矛盾的是,东亚几小龙的高速起飞并不是循着古典政治经济学的教诲去搞"自由放任主义",恰恰相反,顺应着市场经济的规律和要求,现代官僚制国家在合理性的基础上对民间企业进行了有效的辅助与疏导。换言之,在价值规律那只"看不见的手"之上,往往又辅之以政府行为的一只"看得见的手"。由此,国家的能力不但没有被削弱,反而在不断适应市场经济要求的前提下得到了真正的加强。这样,由于市场自发的积极性得以与国家自觉的积极性相叠加,反而有助于弥补市场自身的弱点(盲目或短视),使之能更有效地追求到其"效益最大化"的初始目标。同时,国家能力的合理加强还有助于保障收入分配问题不至于恶化到使整个社会风气都受到败坏的地步。说到这个问题,尽管我前些年曾为奥肯《平等与效率》一书中文版写过一篇十分称道的序言(四川人民出版社 1988 年版),但考虑到东亚几小龙的情况,我却觉得没有必要再套用他那种或此或彼的权衡模式,以免误把那里的合理干预也看作全然反经济的行为。尽管从短期效应来看,通过收入调节税等手段所进行的均富努力不免要牺牲一些效率,但由于市场的持续发育必需一个稳定而健全的社会生态,所以说到底国家对平等问题的适当重视还是在替企业的长远发展作长期投资。打个比方,这就好像黄河流域的企业不能将其兴修水利的费用只消极地看成是扔到了水里一样。

第五,和强化国家能力的情况相联系,在东亚几小龙那里,政府的确在谋求一种集中的政治权威。由此，至少从西方的价值标准来看，人们在那里所享有的政治自由远远不能和他们所享有的经济自由成正比。尽管从理论上说，东亚几小龙的政府在第二次世界大战以后根本不可能否认"主权在民"的原则，而且从形式上说，它们也在表面上具备了任何民主国家都必须具备的制度架构，但从实际操作的情况来看，"还政于民"的承诺在很长的一个历史阶段只是一张空头支票。替这种集权行为提出的最好辩护是：它是一种迫不得已和行之有效的发展战略，即由于后发的现代化进程不可能像英国史那样表现为一种自然进化途径，所以为了达到自由主义的理想，政府便不得不循着一条先放开经济自由后放开政治自由的路子；否则，一旦失去亨廷顿所说的那种"变化社会中的政治秩序"，自由主义的理想便只能流于梦想和空想。但反过来，人们也有充足的理由对这种辩解提出尖锐的批评，因为它把历史的客观后果和政府的主观动机混为一谈了。实际上，如果不是经济发展必然地带来了市民社会中多元化压力集团的不断壮大，政府就不会被迫开放政治空间以吸纳越来越高的参与要求。

　　第六，一般来讲，上述所谓"经济自由"和"政治集权"的两种极限特征自然比较符合人们对"东亚模式"的粗略印象。不过，考虑到国内目前这种"一放就乱、一统就死"的大起大伏状态，我们还有必要追问一下：在东亚几小龙那里人们究竟如何保障企业行为和政府行为的合理性并从而得到发展过程的稳定性？这个问题一提出，我们就不难顺藤摸瓜地发现：原来在经济自由化的起点和政治自由化的终点之间，还有一片很大的开阔地带，而在这里人们至少并不缺乏发展经济所必需的基本制度保障。半年多以前我到香港访问，就曾亲身感受到——在那里并不缺乏从事合理化经济活动所必须遵守的种种理性规则，如在产权、税收、财政、金融、社会管理、司法独立方面均是如此。这种基本的"游戏规则"一旦被制度化而为大家所遵守，则不仅企业和个人的投机心理被大大地抑制住了（破坏规则反而是最不经济的），而且特区政府的决策也受到了强大的约束（只能在为大家所认同的规则范围内行使权威）。当然香港的情况有点特殊。

　　第七，在总结东亚几小龙的发展道路时，我们还不应忘记，它们都是特定时空中的特定现象，或者更明确一点儿说，它们简直是占尽了天时地利。还是让我们再摊开地图看一看：这几条小龙所处的地理位置，其实也恰恰在我们过去所惊呼的"新月形包围圈"上。在冷战的世界格局中，西方发达工业国家特别是美国出于对"输出革命"的恐惧，就会让地缘政治方面的考虑压倒一切。这样，西方为了巩固这道防线而采取的种种权宜之计，就给所谓"东亚模式"的形成构成了外部机遇。一方面，从东亚几小龙的政治发展来看，西方国家是更注重其稳定程度而不是其开放程度，故而不会过多地以西方社会的民主标准来苛求当地的政府，这种宽容的态度就给所谓"东亚模式"中的极权现象开放了"双重标准"下的方便之门。另一方面，再从东亚几小龙的经济发展来看，西方国家也是只算政治账不算经济账，不仅不会对这些"自由世界"的贸易伙伴展开商战，而且即使在当地政府施行具有高度保护主义的经贸策略时也会忍让其不公平之举，从而让它们大发了美国市场的横财。毫无疑问，对于遵奉自由主义价值标准的西方政府来说，"东亚模式"的上述两方面都有"不道德"的嫌疑；而随着冷战的结束，西方政府在制定政策时已不再需要"两害相较取其轻"了。因此，东亚几小龙在政治和经济上都会面临更大的开放压力，它们有过的天时地利如今都不复存在了。

第八，作为对以上诸要点的总结，我们还必须看到，所谓"东亚模式"只不过是一个过渡模式。一方面，东亚几小龙的经验的确告诉我们，一个处于现代化中的社会只有在相对稳定的前提下才能谋求发展。但另一方面，我们从那里也同样能看出，现代化进程本身又会发展出许多要求社会变革的非稳定因素。正是在这个意义上，"东亚道路"充其量只是一条道路，它有可能通往现代国家，但它本身还不完全具备现代国家的稳定性。

也许我们还可以再举出东亚经验的其他一些侧面，比如这些幅员较小的地区针对其特定的地理位置和资源配置所形成的特殊产业结构和产业政策等，但无论如何，只要大家能够认可上述八点基本的总结，则我们就已经获得进一步进行解析的可靠坐标了。

二

毫无疑问，近年来人们之所以认定中国要走"东亚道路"，绝不是没有缘由的——即使一种感觉也同样有其客观依据。最关键的是，最近以来的中国，的确显示出了其独特的运行轨迹：首先在政治上维持了强硬的稳定，然后又在经济上实现了超高速增长。这些出人意料并且震惊世界的特点都恰和东欧、苏联的局面形成了强烈反差，而令人朦胧记起东亚几小龙的某些基本特征。于是，人们便不可能再套用"现代化受挫"之类的简单结论来涵盖中国的复杂情况，而宁可说它是发生了一种"现代化转向"，即在其发展的危急关头，受儒教文化圈中种种特定因素的制约，选择了一条东亚式的现代化道路。

应当说，对于中国未来前途的这种预感是非常普遍的，不过各个阶层所抱的态度并不相同。人们总是倾向于到近似的历史中去吸取经验，这本身自然无可非议。不过，如果他们只限于借一种简单的类比来把握世界各国的复杂历史行程，则还不能算是善于向别人学习，所获得的经验也势必会流于浅层。实际上，由于种种条件千差万别，根本就不可能出现两次完全相同的现代化过程。所以，我们千万不能再像过去那样幼稚——由于自家落后了，所以一看到周边国家有了进展（比如"十月革命一声炮响"），马上就心急火燎地想去照搬人家的套路。相反，我们必须沉着地认清中国的国情，以便负责任地问一下：东亚模式是否真的已成为中国的囊中之物？东亚几小龙的今天是否真的可能成为中国的明天？

这个问题一提出，再参照本文前边列举的"东亚经验"的若干要点，我们就不难看出：事实上，目前中国在起飞时所面对的基点、机遇、挑战、风险都跟东亚几小龙当年的情况有相当的差异；因此，我们绝不能因为别人在现代化方面已获成功就盲目乐观，更不可削足适履地机械套用别人的做法。不待言，这方面的对比研究又是一项相当复杂而棘手的系统工程，学术界完全有必要就此通力合作地写出一本很厚的书来。而我本人受篇幅限制，只能在这里略举其荦荦大者：

第一,从传统资源的角度看,东亚几小龙的成功经验的确证明:尽管一个完整的儒教社会并不存在"合理性资本主义"的原生机制,但一个破碎的儒教社会却对之有着极强的再生机制和复制功能。在这方面,我们的确应该感谢东亚几小龙的示范,因为若不是它们板上钉钉地对韦伯有关中国宗教的研究结论进行了部分证伪,缺乏实验室的社会科学家们就有可能老把中国现代化的长期停滞归咎于传统。而实际上,无论从终极价值层面上作何判定,中国人因为无神论发达而导致的特有的贵生倾向以及相应的伦理原则,作为一种文化心理势能却极易被导入资本主义的河床。不仅东亚的情况是这样,东南亚的情况也同样证明:华人总是比当地人更容易发财致富。正是在这个意义上,撒切尔夫人曾经说过:"每个中国人都是一个天生的资本主义行家。"我想,那些主张中国可以走通东亚道路的人,无疑是看到了儒教的部分文化因子在进行这种现代功能转换时的适应性。不过,有必要提醒的是,这些人在看罢了海外华人的情况之后,还必须再实事求是地反观一下海内——在遭受了政治激进主义和文化激进主义的长期瓦解以后,我们在这方面到底还剩下多少资源可供利用?我本人做过 8 年国营工厂的翻砂工,所以曾亲身体会到:在较老的工人师傅那里原本并不缺乏足以转换成现代经济伦理的精神气质(如"克勤"、"克俭"、"诚信"、"敬业"等),只可惜它们大多未被更惯于吃大锅饭的徒弟继承下来。而摆在我们面前的严酷现状是:长期的产权不清竟娇惯出了渴望不劳而获的懒汉心理,频繁的政治运动也损毁了人际间的基本伦常关系。若不是有了这些"新的传统"作为起点,中国的改革开放总该有一个较为健康的社会环境,又焉会像现在这样——一方面,越是具备更熟练技能的产业工人大军,其生产率反而越低,从而竟使中国的经济增长越来越依赖那些未曾有幸捧过铁饭碗的非熟练生产者的简单劳动;另一方面,居然一夜间冒出那么多只图通过投机来满足物欲的暴发户,不仅其致富手段大大侵蚀了平等竞争的信条,而且其消费模式也极度毒化了社会风气。中国在其起飞之初到底要为这种"新的传统"付出多大代价,我们目前还难以估算。不过有一点却是肯定的:即使此类弊端最终可以被整治好,这种整治本身也已是额外的高昂成本。这种困难和东亚几小龙当年起步时的情况相比,真令人徒生"沉舟侧畔千帆过"之叹!

第二,从经济发展的模式看,东亚几小龙的成功经验也的确证明:在一个亟欲高速起飞的现代化社会中,至少对于它最为当务之急的经济目标而言,其官僚制国家完全有可能发挥合理干预的积极性,不必只是消极地充当市场经济的"守夜人"。甚至,考虑到种种宏观调控措施所带来的经济效果以及由此牵动的社会分化,我们还可以对哈耶克的著名命题进行有限的修正——并非任何类型的经济计划都必然意味着"通往奴役之路";相反,对于后发现代化社会中的长期喘息在极权统治下的人民来说,一整套卓有成效的经济发展战略,恰恰可能是其缓慢的"通往自由之路"。不待言,那些怀着各种心情认定中国要走东亚道路的人,一定是看到了东亚模式的这个最突出特征。然而,问题却在于:即使仅就经济发展的角度来看,如果只把东亚模式中的两类积极性相加理解为所谓"两手都要硬",则还嫌太过简单了。当然抽象地说,"两手硬"这话本身并没有错,但人们若把它弄成了一味强硬甚至僵硬,那就会画虎不成,不仅算不得学到了东亚经验,反而会构成经济起飞的障碍。须知:对于一个现代化中的社会共同体,即使仅就其经济成长的要求来看,一方面的确需要在稳定中求发展,但另一方面更需要在发展中求稳定。因此,真正的"两手硬",必须被具体地解释为充满弹性与韧性地从微观、宏观两方面强化激励与驾驭市场经济的制度能力。否则,社会在其进化过程中所必然遇到的冲突和矛盾,虽然有可能暂时被以传统式的铁腕扼制和掩盖下来,却不可能得到真正的化解,而只能越积越深、越积越危险。如果我们以这种标准来判断,则会得出大大不同于通常理解的结论:刚刚从苏联模式中挣脱出来的中国经济,其实恰恰"两手都软得很"!前文提到过的所谓"一放就乱、一统就死"的病象,正可突出说明尚处于转轨中的中国经济还相当脆弱。由于它根本不具备真能适应和容纳市场发育的配套制度,便被迫只能要么以削弱国家职能为代价来刺激民间经济,要么以牺牲市场活力为代价来进行行政干预。中国的经济发展总是在这种"二难推理"中波动起伏,完全与东亚模式的情况南辕北辙。正是由于这种制度上的先天不足,不仅从微观上讲——日益成为国家财政负担的国有企业迟迟未能转换成市场经济的活跃细胞,在国民经济中越来越举足轻重的非国有企业也难以用符合经济自身规律的手段进行有效的管理、调节和范导。每逢夜静更深，当我为中国在这方面的弊端而忧虑时，真觉得它们不单是举不胜举，而且环环相扣。

第三，从政治的角度看，东亚几小龙长期以来的"一党独大"也的确表明，至少在一部分现代化中国家里，政治自由有可能在一段时间内相当滞后于经济自由的发展。而这类情况之所以偏巧会在东亚文化圈中呈现一种典型形态，与儒教下层传统的某些特定因素有关。如果单纯从价值之"理"来判断，对于这些"不合理的臣民"，人们当然有理由去"哀其不幸怒其不争"。不过，若是从历史之"势"来衡量，则东亚的经验也已表明，这种国民性又的确可能有助于减少剧烈社会动荡所造成的沉重代价，从而为历史留下一段悄悄生长成市民社会所必需的相对稳定期，以便让它最终瓜熟蒂落地稳步挤压和派生出一个现代国家。不应否认，国内的各种现行政策已经越来越务实，而且正因此才给中国带来了种种积极的发展生机。不过反过来也难以否认，这些顺应公意的合理化决策往往都是由卡里斯马型领袖借助其超越于现行意识形态和现行制度之上的强大个人权威来完成的。这种情况突出地表明，为了保障今后发展的合理性和稳定性，中国在调整意识形态和建立法治制度方面都还面临着巨大的难题。必须清醒地认识到：一方面，对于一个领导现代化的政府而言，如果它未能进行职能转换，明确自己"该管"和"不该管"的权限，那么，它手里集中的权力越大，就越会妨碍全体社会成员去充分发挥其物质创造和精神创造的潜能，从而就越不利于现代化建设；另一方面，对于一个走向现代化的国度而言，如果其国民不能对其基本国策达成共识，如果各利益集团不能对决策的基本制度程序抱有信心，那么，就必然造成"上有政策下有对策"的分庭抗礼局面，从而使政府所集中的权威越来越徒有虚表。所以，必须转变一个基本观念——不再把各利益团体日益增长的参与要求看成是纯然消极的对政治权威的威胁和挑战，相反倒是把它看成一种可以逐渐吸纳进来并借此促进制度建设、保障决策合理化和扩大统治合法性基础的积极力量。否则，中国在其现代化进程中就会从各方面付出更大的代价。

也许还应该在其他一些方面对中国和东亚几小龙的情况进行对比，

比如斗转星移的国际政治格局、国土幅员的大小和人口数量的多寡,等等。不过,鉴于明眼人一看便知其间的差距甚大,在此就干脆从略了。借着省下来一点篇幅,我还有些更要紧的话想讲。

三

综上所述,我们自然不难达到一个明确的结论——由于各种条件千差万别,所谓东亚式的现代化进程绝不可能在中国大陆"依样画葫芦"地重演一遍。中国所面临的史无前例的困难必须由我们发挥主动性去克服,因而真正符合中国国情的发展道路也必须由我们坚持不懈地去探求。否则,创造历史的伟大任务就简直变成太轻松的儿戏了。

当然,话说回来,断定中国很难跟在别人的车辙后面大偷其懒,并不意味着我们对中国的现代化事业必然持悲观态度。恰恰相反,我们又必须看到,与中国所遭遇的特殊困难和特殊风险并存在一起的,还有中国所具备的特定有利因素和特定发展机遇。比如,首先通过十几年的改革开放,中国的非国有经济已经越来越具有规模和活力。这不但在思想观念上终于使得对自由市场经济的肯定成为国人的共识和不可逆转的心态,而且在实践层面上也既对经济体制的进一步改革提出了紧迫要求,又为其提供了一块缓冲空间来释放由变革造成的社会压力。其次,和民间经济的发展壮大密切相连,作为市民社会之雏形的民间社会组织也已开始发育。尽管这种超出国家控制之外的中间组织还远不完备,但毕竟是一个良好的兆头,预示着社会共同体正向可以相对自我约束和自我调节的契约状态迈进,从而有可能大大加强中国未来发展过程中的稳定系数。再次,还是和市场经济的发展壮大密切相连,进一步对外开放以与世界市场接轨已呈现出独立不动摇之势。中国经济的这种越来越不可或缺的对外依赖性,必然迫使它在各方面越来越具备国际规范性,以与其贸易对手顺利沟通和平等竞争,而这种情势也会反过来对其自身的合理化进程构成良好契机。复次,仍然是和市场经济的发展壮大相联系,经济生活的日趋重要和经济活动的日趋复杂,势必要求越来越多地起用技术官僚型干部以进行"懂行"的管理。这些"热心的内行"顺应本地区和本部门经济发展的实际需要,必然会越来越强烈地对于政府的合理化决策起着体制内的制衡作用……所有这一切,都使我们兴奋地想到:中国绝不是没有希望的,相反,只要我们认定事在人为,就一定大有可为!

同时,只要留意一下也会发现,以上列举的种种有利条件,统统是从"对外开放,对内搞活"的经济体制改革过程中悄悄化生出来的。这自然会使我们想到,虽说眼下谁也无法准确预料中国未来的走势("短时段"的历史常因观察主体的干扰而"测不准"),但假若历史允许我们为它挑选一条最便捷进径的话,那么我们理应最大限度地利用中国当下已有的本钱,为把社会阵痛减得最低而宁可选择一条"经济—社会—国家"式的缓进现代化道路。正是在这个意义上,尽管我们在前面已经否定了那种认为"中国已走上了东亚道路"的朦胧感觉,但我们并不否认中国的现代化事业可以借鉴东亚的某些成功经验。可关键在于:东亚的历史演变乃是一种在经济、社会与国家之间不断发生相互促进的连续的整体的经验,所以在时过境迁之后,任何人都不应当随心所欲地割裂它而唯独取己所好;相反,真正该学和真正可学的只能是东亚经验中有机的灵魂——在通盘考虑和适时疏导的前提下驾驭和顺应一个现代化中社会的灵活改革技巧。

我认为,只有在这种对中国前途的紧张焦虑中,中国知识分子才有可能摆脱踟蹰于自由主义理念和爱国主义情怀之间的尴尬困境。在这方面,我们的脑海里似乎太深地留下了有关"启蒙"和"救亡"曾经相互抵牾的历史记忆,以至于竟然忘记了——在新的历史环境下,这两种旋律完全有可能合拍地融汇进中国现代化的"合唱交响乐"之中。耐人寻味的是,恰恰是借助于东亚和苏联的正反两方面的最新经验,我们才得以惊奇地回想到:不管本杰明·史华兹在《寻求富强:严复与西方》中振振有词地描绘了多少细部上的"误读",但就其总体和实质而言,当严复老人在《天演论》式的生存环境中力图为中国找到一条寻富求强之路的时候,他还是一下子就抓准了问题的要害。无论如何,若没有一个强调个人利益和保障个人权利的"群己权界"来最大限度地激发作为社会细胞的个人的活力,那么,整个社会肌体就终究不可能真正有效地加强其集体能力。在这里,正由于中国知识分子本身是"一身二任"，所以根本不存在那种学究式的"孰因孰果之辩"。我们毋宁说，在新的历史条件下，这两种理念恰恰是互为因果的。

正是在自由主义和爱国主义的这个有机交汇点上，中国知识分子才能确切地找到自己的历史定位，从而满怀信心和责任感地认识到——在中华民族一个半世纪以来最为紧迫的未竟事业中，他们根本不应该也不可能"边缘化"地游离成"局外人"；恰恰相反，他们个人的喜怒哀乐和我们整个民族的成败利钝是紧紧相连息息相通的。当我们为中国下一步的健康发展而焦虑时，我们会清醒地意识到：无论是在进行水滴石穿的人文主义教育方面，还是在进行坚持不懈的日常生活批判方面，也无论是在借逐渐拓展的市民社会空间而创造一种"南方型文化"方面，还是在必须不断合理化的政治体制改革进程中参与制度建设方面，中国知识分子这样一个特殊社会阶层的积极作用都不可或缺。这个阶层的存在本身就构成了中国现代化事业的有利契机之一，而它的要求和呼声也会成为促进社会持续改革和进步的强大动因之一。

最后，还是让我们再回到"中国向何处去"这个问题上来吧。现在，我们会发现——这类"预测历史"的问题之所以难于确答，恰恰是因为解答者本人无论如何都逃不到历史之外去，而历史本身却又有待包括解答者在内的人们来缔造来开辟；所以，不管解答者本人由于其对未来的判断而采取何种历史姿态，到头来总会构成扭转历史轨迹的某种变因。正因为如此，对于这个整整 12 亿人都在急切追问的问题，对于这个全世界都在为之迷惑和担忧的问题，我们必须毫不犹豫地坚信——其实答案正在自己手里！的确，中国背的包袱实在是太沉重了，有时压得我们简直透不过气来，以至于我们根本不敢像某些在海外作壁上观的人那样毫无来由地乐观。但反过来，只要我们心念一转，准备以最坚韧持久的奋争来充当中国历史的解毒剂，那么我们也完全有理由自我庆幸，因为世界史还很少对一个知识群体这样说——你们的努力关系到如此之多的人类之命运！

（本文原载于《东方》创刊号，1993 年，编入书中有所修改）

沿着八十年代的心力所向[*]

八十年代的"学界太子党"与丛书编委会

记者：八十年代是中国学术发展的黄金时期，而当时学人的一个重要成就就是丛书的编撰，您也参与到了其中，能否与我们分享您当时的一些经历和故事？

刘东：我曾在哈佛就此做过一次演讲，杜维明、史华兹、柯文等人都在现场听。而我当时就回顾了这样一个事实：在八十年代，中国知识分子团体的雏形，主要以丛书编委会的形式出现。这首先是因为，在改革开放刚刚起步的时候，读书人乃至老百姓对于书籍的渴望，是现在的我们所不能想象的。尤其是"走向未来"丛书的销量简直跟"文化大革命"时代卖新版《毛泽东选集》似的，读者从半夜就开始排队，等到新华书店早上一开门，玻璃柜台马上就被挤烂了，很多书几乎当场就决定再版，我自己翻译的《马克斯·韦伯》，第一版的印数就过了 10 万册。

在这种民间热情的推动下，就逐渐形成了一种"编委会文化"，一时间各种编委会满天飞，这显然是在特殊体制的夹缝中，适逢其时地产生出来

---

* 这篇访谈曾以《绘制西方学术界的知识地图》为题，发表在 2014 年 8 月 4 日的共识网头条，作者在发表前已经进行过反复的订正，又在收入本书前进行重新的修改，并且换上了更合本意的标题。

的。如果不是横遭外力的阻断,它也许可以作为制度的雏形,顺势在民间成长起来,成为未来社会的骨干组织。算起来,在林林种种的编委会中间,最有力量也最成气候的,要数最早的"走向未来"丛书编委会,和后起的"文化:中国与世界"编委会。而我又碰巧同时参与了这两者,所以,从那时起就不得不两相比较,因为虽说两边都是读书人,但文化氛围、操作模式却大为不同。

算起来,又要数后起的"文化:中国与世界"编委会,是由一批公认的"后起之秀"组成的,所以书卷气显得更浓一些,也跟我本人的追求更投合一些。从这个意义上讲,你们现在看到的学界的一时之选,很多是在当时被"选"出来的,并从此在学界活跃了几十年。根据甘阳的转述,这群人当时被昵称为学界的"太子党",因为他们都属于老师宿儒的嫡传,比如甘阳是张世英的弟子,陈嘉映、王炜是熊伟的弟子,陈来是张岱年的弟子,陈平原、钱理群是王瑶的弟子,而我则是李泽厚的弟子,等等。

更值得注意的是,这些人还是老先生们的"小徒弟"。这些老先生,早年当然是以学问为天职的,新中国成立以后,却经历了若干年的思想改造,既战战兢兢又动辄得咎,所以也只有熬到了晚年,才算是真正地熬出了头,摘掉了"反动学术权威"的标签,可以重新回归到学问上。所以,尽管他们以前也不是没带过学生,可是对那些又红又专,甚至只红不专的人,他们既不敢真心地去教,就算教了人家也未必真心地学,也只有到了铁树开花的时节,学术氛围逐渐清明和自由了,教起学生才更加得心应手,也才敢把肚里的真货掏出来。

有趣的是,那些老先生跟这些"小徒弟"之间,往往差了很大的年纪,很有点"隔代遗传"的意思。然而这种格局。对于年轻人的成长而言,反而比在常态下更好。因为那些"只红不专"的中年学者,当时可能连副教授都还没评上,还没有力量去压制年轻人,而无形中就放了年轻学者一马。当然,他们还可以再慢慢地熬,直到老先生全都谢世了,他们就可以掌控学术资源了,而这正是后来的情况,其效果你们现在也都看得见。

当然说到根子上,这种丛书编委会的制度文化,还要溯源于"走向未来"的创办。应当看到,这是一种很有创意的制度变通,也相当贴合于当时的国情，所以一经发明就被广泛地效仿开来。我个人也从那个编委会，学到了进行出版操作的能力，这对我后来所进行的选择，也都起到了很实际的作用。在当时，出版社具有微妙的两面性：一方面它是事业单位，要执行红头文件；另一方面它又是企业单位，要把眼睛盯紧市场，以迎合广大读者的消费需求。正是这后一个方面，导致它必然急切地寻找好书。正好我们这批刚从老先生那学到一点东西的学子，个人的名气有限，虽然有些新想法，却没法进入图书市场，编委会就成为我们集结力量、推广自己研究的一种方式。

在没有丛书编委会之前，我们如果想要发表点什么，都要盲人瞎马地向外邮寄，而当时的一点要么具有强烈的文化追求，要么具有强烈的用世之志，就正好结成一个松散的团体，来弥补自己有限的名气和景力，加强自己跟出版社的谈判地位。正因为这样，编委会也就成了集结新兴知识人的一种灵活方式。好处在于，投寄稿件是不收费的，只需把信封剪掉右角就行。出版部门如果不愿采用，这当然是最经常发生的，它们也会负责给寄回来。记得我有一个同学，大概是玩得太上瘾了，就每天都往外投稿，也几乎每天都能收到退稿，他无非是脸一红，再把人家的信封拆开，反过来重新糊好又剪一个角转投给别家，就像马戏团变帽子戏法一样，也终于得到过一两次偶然的赏识。不过，那时候总的情况还就是"人为刀俎，我为鱼肉"。

八十年代的年轻人，既然是应当时的机运而生，那么处在思想解放的大环境下相形之下就更难于安分。所以大家就自然而然地想到，如果自己能结成一个团队，依靠这个团队的叠加优势，也就有了跟出版社谈判的筹码。而最终达成的谈判结果则是，先由编委会负责选题与组稿，再由出版社负责终审和印行。由于这种足以造成"双赢"的形式，经济效益和社会效益都很好，所以在四川人民出版社之后，几乎所有的出版社也都"何乐而不为"，很快共同造成了图书的繁荣。

到我的《西方的丑学》被接受时，刚好赶上"走向未来"丛书的第三批，尽管那个版本现在已经很难找到了，但当时第一版印数却是4万册，第二版印数加到了9万册。不过，尽管现在说起来都难以置信，可是在第一版印刷的时候，我只收到了两千多块钱的稿费，而第二版的大规模加印，也只额外再付给我八十多块钱。那时候出版社的付酬标准是基本稿酬加上印数稿酬，而后者几乎等于零。最少的时候，我甚至拿过五毛多钱的印数稿酬。

现在想想，会觉得历史给我们开了玩笑——这辈子就当了一回"畅销书作家"，还没有拿到畅销书的稿酬。试想那时候的图书，选题的视野多么狭窄，翻译得多么急就，制作得多么粗糙，而结果却卖掉了这么多。可我现在主编的这种丛书，不要说选题和翻译都精心了，还都花了很多心思来做设计，书里书外的纸张也好多了，却往往只有几千册的销量。所以，反正不管是在哪种情况下，我们得到的物质性的报酬总是很少，好像冥冥中只能忍受贫穷。当然反过来说，这种窘境也自有它的"鲶鱼效应"，总在促动我们去一直努力，不会像一些"付酬过高"（overpay）的地区，反而把读书人弄得很早就失去了干劲。

"无期徒刑"：海外汉学研究的引介

记者：八十年代，您开始陆续参与编辑或主编"走向未来"丛书、"海外中国研究"丛书。因为怎样的契机，您参与到这些工作当中？

刘东：刚才说过，在八十年代，北京知识界有三个山头："走向未来"、"文化：中国与世界"和"中国文化书院"。这中间的最后一个，我是到了九十年代才在名义上加入了。1985年，"走向未来"丛书出版了我的《西方的丑学》，刘青峰又给我看了金观涛所写的一段话，大意是必须把我纳入编委会，而我当时还比较特殊，仍然在外地教书，编委的其他成员都在北京，也已为丛书做出了很多贡献。不过我很快也就负笈京城了，而且凭着山东人的爽快热情，承担了很多后期的工作，因为"走向未来"丛书编委会中的很多人都开始进入机要部门去工作了。

几乎就在同时，我又参加了"文化：中国与世界"编委会，它的主要成员是甘阳、刘小枫、苏国勋、陈嘉映等人。我们最早是想把它交给工人出版社出版，而且已经在那边推出了一本《爱的艺术》。后来正赶上沈昌文从人民出版社领出来一个"三联书店"的副牌子,其实什么资产都还没有,好像还分得了几十万元的资产(债务),它就把这套书的出版计划给拿走了。而正是这套书,奠定了三联书店后来在中国学术界的地位。

至于"海外中国研究"丛书的动议,构思于我在社科院读博士期间。当时南京大学跟约翰·霍普金斯大学合作,办了一个中美文化中心,这在全国范围内都算是领先的,而南京大学正好又是我的母校,所以我算自然就会在那边,接触到了很多中国研究的专著。那时候的中国真是相当闭塞,很多人根本不知道海外竟然有那么多汉学家,其研究水准竟然又那么高,所以第一次向出版社介绍时,有人的反映竟是"外国人哪能懂得中国"。除了坐落于北京的国家图书馆,当时它还叫北京图书馆,里面有个西文新书陈列室,那里也有不少最新的汉学著作。想到应当把它们介绍给国人,于是就试着做起这套译丛。

当时,无论在甘阳的还是在我的口头上,都把"文化:中国与世界"称为"大丛书",而"海外中国研究丛书"则是"小丛书",是我本人的小小的"自留地"。当时还根本不能想象,在突然遭到天翻地覆之后,这套汉学丛书反而熬成了"大丛书",甚至是国内规模最大的学术丛书。在熬到这一步的过程中,江苏人民社大概换了五、六任老总,而按照一般的常规,新的老总在走马上任之后,总会倾向于地把旧的项目关掉,这就跟政府每换一届以后,我们常常会看到的情况一样。可无论如何,我自己总算还有足够的耐力,把这个丛书给硬挺下来了。当然,现在已经没有这样的忧虑了,就像一滴墨水滴到吸水纸上,它逐渐地往外扩散浸染,已经由点到面地扩及整个纸面,使得整个出版社都成了我的好友。

刚才说过,"海外中国研究"已变成了国内最大的丛书,那么它的规模到底多大呢?其实,如果没有同样由我主编的"人文与社会"译丛,即使把那套汉学丛书的总数除以 2,它大概也还是国内规模最大的学术丛书。它现在已有 170 种左右,而后续筹划出版的书目,早已经超过 200 种,并且每年都会有一批书面世。

正因为这样,它也帮助改变了丛书的概念。过去人们所理解的丛书,往往是有一批既定的书,想到要把它们打包推出。比如商务印书馆的"汉译世界学术名著"丛书,它积攒了多少代知识分子的成果啊！或者像钟叔河的"走向世界"丛书,他发现了一批方向相似的好书,便将它们集结起来出版。正因为这样,以往省里负责出版的领导,见到江苏人民出版社的负责人,便说"那套'海外中国研究'丛书出得差不多了吧?"但到了去年,江苏人民社成立 60 周年,在纪念会上大家转而认识到,"'海外中国研究'丛书不停地出版,这让我们改变了丛书的观念"。而我对此的回答就更加干脆:"为什么要中止这样的丛书呢? 它已经是展示国际汉学成果的主要窗口了。要知道,全世界五分之四的汉学家,其实都集中在一个国家,那就是美利坚合众国,而他们总在不停地发表研究成果,所以如果让我每年只挑几本,那么永远也不会做完这项工作。"

2002 年启动的国家清史工程,也在移译海外的汉学成果,当然仅限于国外的清史著作。我也被他们邀请参加了,算是额外地多操了一些心。不过,我还是跟他们开玩笑说:"你们的情况总比我强,你们只不过在服'有期徒刑',而我在丛书的编辑方面,却要服'无期徒刑'!"由于他们做的是官方工程,所以一旦官方停止拨款,他们现在就已经停摆了。而我做的却是民间项目,它的资源最终来自广大读者,所以能不间断地坚持下去。

与邓正来的一次酒局:"人文与社会"译丛的缘起

记者: "海外中国研究"丛书已经作出成效,且工作量也不小,是什么原因促使您又主编一套"人文与社会"译丛呢?

刘东: 这又是另外一个故事了,时间来到 1990 年之后,我还侥幸留下的一张合同,让我还能沿着八十年代的余脉,编出了"海外中国研究"丛书,总算还在艰难地延续着前边的故事。

刘苏里看出过这一点,他发现 1990 年以后编书编得好的,都是八十年代"文化热"的宿将,用他的话来讲就是"南北二刘",因为当时刘小枫在中山大学,而我在北京。无论有多少差异,至少在继续编辑丛书的做法上,他和我都是继承了八十年代的传统。而后来的年轻学者,恐怕就不太懂相应的技术细节了,比如怎么去说服一家出版社,怎么跟它去起草和商定合同。每逢跟出版社商量什么,而我却总能让它的老总发生兴趣,因为他们会发现我是真懂出版。

而说到"人文与社会"译丛,我在它第二版序言里写过一句话:"过了十几年,可以跟你们和盘托出,这个书的动议是在街上的人流中产生的。"当然不可能说得更细了,但大家可以就此发挥想象。八十年代的年轻学者,当然享有过很多的好处,不过也有个很大的局限,就是往往不知天高地厚,以为自己突然间什么都懂了。可是,面临八十年代的社会运动,我们却突然痛苦地发现,自己所学的东西还远远不够,我们的知识结构很有缺陷,而这又跟1949年以后的知识分子改造运动有关。

现代的文科,并不仅仅指涉文、史、哲,不然就会像缺了一条腿。可后来的残缺情况是,我在本科进入的是南京大学政治系,所学的却是哲学专业。这是因为,这里的"政治"并不是政治学,而是政治课,所以里边才能有哲学专业,后来甚至又分出一个经济专业。当年的院系调整和关停并转,导致了一个简单化的结果:政治学系、法学系、社会学系、人类学系等,都被看成是阶级斗争的工具。而由此就相应地导致了,即使我们在思想解放的浪潮中,想要从其中挣脱出来,都没有一个工具性的抓手,没有相应的思想装备。比如说,当我们思考各类社会运动时,当然需要具有这样的背景:对于查尔斯·蒂利的社会运动理论,或者查尔斯·泰勒的社会想象理论等,全都在学理上有所了解,否则就很难避免盲人瞎马。

而恰逢这个时候,当时的学术个体户邓正来,创办了一个《中国社会科学季刊(香港)》,它名义上是香港版,但实际上却是在内地编的,而我、陈来、林毅夫、梁治平、樊纲、黄平等,都受邀成为了编委会的成员。当然,这里所用的"社会科学"概念,还是在沿着正统定义,因为按照辩证唯物主义的理论,人类知识分为自然科学和社会科学两种。很长一段时间以来,"社会科学"一语在中国,被看作了全部文科的代名词,然而它又仅仅包括文、史、哲,因为当时根本就没有社会学、人类学,而政治学和法学也基本是服务于政策的。

有了上边的这些心结,邓正来有天到我这里喝酒,大家都喝到了兴头上,我就对他说:"沿着这个《中国社会科学季刊》,咱们再编个'中国社会科学文库'吧,把另一半视野恢复起来。"他考试似地问我:"那你先开个书单?"而我也借着酒兴答道:"开就开!"但是照我们在饭桌上的约定,这个书单是应当由我来开,由他来落实。我当时已经背着"海外汉学研究"的包袱了,不再想增加自己的负担,总不能在背上了移译海外的"中学"以后,又背上移译海外的"西学"吧?可惜,在此后的几年里,不管是邓正来还是别人,都没有把这个事推动起来,所以我最后看不下去,咬咬牙还是这摊事接了过来。正因为诸如此类的事情,后来我才感慨地说,别看表面上分为这派、那派,可实际上,中国只有"动手派"和"袖手派"。

八十年代和九十年代,其间有一个显著的差别。在八十年代,知识分子普遍对理论有一种渴望,而到了九十年代,则对理论显示出一种眩晕。这是因为,在 1990 年以前,中国知识分子的知识结构较为一致。后来越来越多的人出了国,而等到他们纷纷回来以后,就分别推销自己学到的理论,可一旦每一个回国的人,都几乎带着一个新的理论,就让这些受众目不暇接了,难免产生一种眩晕的感觉。

有时候,这些似是而非的西方理论,简直会让我们感到不知所措。比如,我也曾把柯文请到北大做演讲,他当时趾高气扬地批评我们说:"你们总是批评义和团,是因为看不懂义和团,其实义和团很正常。而晚清知识分子的批评,和你们现在的不理解,都是出于一个原因,就是缺乏西方最先进的理论。"这样,中国文明自身的价值规范,就被他头足倒立地整个推翻了。我相信,在义和团运动刚兴起时,只要是中国的士大夫,无论是张之洞,还是李鸿章,对这种民变都是很反感的,毕竟那种怪力乱神,从来都是国将不国的前兆,而且,在义和团的思维模式中,含有很强的盲目排外的成分,这也决不会是富国强兵之道。然而,到了柯文的新书那里,中国传统社会中最落后的东西,因为有了时髦西方理论的诠释,反被说成是再正常不过的,而我们自认为先进的文化,却由于反正没西方的理论先进,就被判定为落后的和必须被抛弃掉的。诸如此类的是非颠倒,就使人们产生了理论的眩晕感。

类似的事情还有很多,都跟五四时期的情况差不多。我写过一篇研究周作人的文章,认为在传统的中国社会,其潜在结构是"儒杨互补"的。

由于周初人文精神的跃动和传统信仰世界的坍塌,就导致了一种特殊的文化语境:如果每个人暗中是一个杨朱的话,那么,就必得有利他主义的儒家思想,作为摆得上桌面的意识形态,来与之构成相对的平衡,这才算得上一个健康的结构。可是,到了五四时期的特殊语境下,在压倒性的西方话语中,原本在中国受到抑制的杨朱,由于更靠近西方的individualism,反而被判定为最先进的,倒把作为社会正面价值的儒家,当成反动的东西给推翻了。可惜,真等儒家黯然推出了以后,人们才出乎意料地发现,整个社会已经礼崩乐坏了。

对于由此而产生的理论眩晕,还有两点需要在这里澄清:第一,我不赞成完全沿着西方的意识形态走,那只是对于欧洲历史经验的理论总结。第二,我也不赞成完全排斥西方的理论,因为这只会让我们的头脑更加简陋。最拒斥理论思维的人,往往就会被最差的理论所俘获,而他还对此懵然不知。比如,很多现在做史学研究的人,都是被从日本传来的实证史学所俘获,却不知那也只是西方理论的一种。因此,唯一的合理解决方案,就是在加强对话的基础上,既不迷信理论,也不害怕理论,而要在驾驭理论的基础上,争取迎头赶上。

"时间久了,老实人是不吃亏的"

记者:在图书翻译、编辑过程中,版权是个大问题,在这方面,您有没有遇到困难?

刘东:在八十年代,中国出版界还不必考虑翻译版权,很多译著在翻译完了以后,直接就送去出版了,很少有人会想到要购买版权。到了1992年,中国加入了《世界版权公约》,情况就突然发生了变化,要译书就要先购买版权,这让我们这批八十年代的丛书编委们,有些猝不及防。本来,我们跟一些出版社已经商量好了,准备合作出版一批译著,这时候却突然发现,版权的问题还都无法解决。而当时的情况是,尚未普遍养成购买版权的习惯,所以在这种环境下,任何一家出版社率先去购买,都意味着它要付出额外的成本。

实际上，在这种犬牙交错的情况下，是很难独自去遵守规则的。我举一个另外的例子。又一次，耶鲁的孙康宜在北大开会。而她当时遇到了一个难题，所用的 office word 是英文版的，但她又是一位汉学家，需要处理大量的汉字，这导致她的写作很不方便，总要在两种文字间倒来倒去。我就给她支了个招，让她先装个中文版的 office word，一切问题就都会迎刃而解。一开始，她也想要装正版的 office word，可后来，一听说正版的要花 3000 块，而盗版的只要 8 块钱，就难免会觉得，遵守这规则的成本也太高了。

不过即使如此，及早地重视这方面的问题，还是会带来很大的主动。可以说，那些跟我合作得比较久的出版社，也正是那些最早重视版权问题的出版社。甚至可以说，在某种程度上，它们的版权科就是为我们建的。一般的流程是，选题和书目先由我们决定，再由版权科负责联系版权，而一旦成功再共同物色译者，最后再由责编去进行编辑，可以说是形成了良好的分工。打个比方，如果我现在看上了一本外文书，准备把它列入"人文与社会"译丛的计划里，我就只需要用手机拍个封面，把它传给出版社的相关编辑，这个雪球就会自动滚下去了。

相形之下，我也参加过某个国家出版工程的研讨会，与会的学者也都热烈地讨论着备选书单，可我在看过一遍这些书单却说："你们这里只有两种书：一种是版权已经被我买走的，另一种是我根本没看上的。"很显然，我们在民间的工作效率要高很多，而他们在国家工程的名义下，先要由懂行的学者去进行讨论，随后郑重其事地写出论证，接着还要项目主管去复议，最后还要等审批。等到这些程序都走完了，恐怕我那边的书都已经出版了。

在选书的时候，我自己当然也会看走眼，不过我却可以担保，绝对不会故意选错书，只不过有的时候，用原版读来觉得很深奥，译成中文后又有点后悔，觉得它也不过如此。可以举个例子，有位朋友翻译了一本汉学著作，想把它挂在"海外中国研究"丛书名下，还允诺说等书出版了，对方可以请我到德国访问半年。我还是要依例先看书再说，还提醒他不要把两件事弄混了，干扰了我的客观阅读心态。审读完稿件以后，我提了一大堆修改意见，大意是书的选题不错，但仍然有很多问题，需要仔细地修订加工。结果，那位汉学家虽然同意我的看法，却一个字也不想改，转头就把书交给别家出版社了。后来自然也就听说，那本书的责任编辑，因为"学术水平如何高"，而被德国人请去访问了。这对出版社本身当然只有坏处，所以算是"穷庙富方丈"。

无论如何，对一个来自孔子家乡的人，当我面对着种种诱惑时，还是有一个迈不过去的坎，那就是"不义而富且贵，于我如浮云"。面对某些明显于一己利益、却明显于良心有亏的事情，自己不能做就是不能做。当然，还要反过来记住一点，其实只要时间拖得足够长，老实人就终究是不吃亏的。一些明显投机的同辈人，虽然在"死了都值"的心态下，也曾经蒙混到一些浮名，可眼下的的市面却越来越小，甚至上网一搜竟全是骂名。而出版社跟我的关系，却是越来越如鱼得水，一直都愿意接受我的选择，这就是因为几十年来的实践，让他们感到放心。

刚刚从芝加哥大学回来，那里有一家全美最好的书店，而在访问芝大的这一个月里，我至少去了那家书店十次，几乎整天坐在那儿看书，可到最后也只选中一本书，准备把它引介到国内。这才是我的工作常态，由此才保证了丛书的水准。当然话也说回来，这样做的一个始料未及的结果，却又导致了美国的汉学研究在中国获得了很大的声誉。年轻学子们大概以为，美国的汉学研究全是高水平的，而实际上，在"不出版，就灭亡"的压力下，那边的垃圾书也很多，只不过未入我的法眼罢了。

"中国需要一场大规模的阅读运动"

记者：在西学的引进方面，你做了很多工作。但随着国外译著引进得越来越多，问题也随之而来，比如"人文与社会"译丛引入了很多伯林的著述，但中国人对伯林的关注却过于集中在其"消极自由"的观点上，而忽视了伯林理论的其他关注点，对此您怎么看？

刘东：我刚在《中国学术》上发表了一篇《伯林：跨文化的狐狸》。由于伯林在不同文明的叠加地带，小心翼翼地走一个平衡，而只是有限度地伸张自由,所以我说他是"跨文化的狐狸"。

正因为是这样在走平衡木,在伯林的理论中就存在两个危险,而它们恰恰都在中国的经验中,被极端偏颇地展示了出来。其一,正是所谓的消极自由。在 1989 年第 5 期的《读书》上,甘阳发表了一篇《自由的理念:五四传统之阙失面》,那可能是国人第一次利用伯林的理论,不过却把"消极自由"的说法推向了极端,实际只是把犬儒做派说得高明罢了。此后,到了九十年代也有个时髦的说法,就是所谓"消极自由,低调民主"。

其二则是伯林对多元主义的强调。后来他又反过来解读伯林,把他完全说成是一个多元主义者。但多元和自由到底能否相容? 我曾邀请来一批外国学者,到清华园里主要讨论这个问题,论文集已由译林出版社印行,题为《以赛亚·伯林与当代中国:自由与多元之间》。虽然在会上都各执己见,但大家还是有一条共识:伯林肯定不是彻底的多元主义者,因为他肯定不能接受马克思、希特勒和霍梅尼的理论,肯定不能容忍个性受到别人的侵害。所以我才撰文说,伯林是在自由与多元之间,小心翼翼地寻求平衡。

论述这个问题较为复杂,还是引用自己的书面表述,可以做得稍微精确一些:

> "他在自由理念和多元价值之间的那种左右为难、如临如履的平衡,或可以套用一个康德的句式来表达,那就是'自由无文化则空,文化无自由则盲'。也就是说,一旦多元主义所要求的宽容超出了人性底线,他就会希望借用自由理念来对之进行收束,而不是教条主义地去一味苟同文化相对主义;但反过来,一旦人权观念表现为外来的灌输和僵化的教条,特别是表现为单向的话语霸权和干涉特权,他又会希望动用多元价值去牵制这种文化单边主义,而不是非要把某种既定政治哲学体系推向极端和推向荒谬。"

试想,光是这个最具可读性、也是最有读者缘的伯林,就能够如此地耗费我们的脑力,那就更不要说,还怎么去完整地把握西方的知识地图了! 大概也有这方面的缘故,如果在九十年代,正如我刚才提到过的,中国思想界曾经出现过一种理论的眩晕,那么到了眼下的阶段,则是普遍表现出了理论的疲惫乃至厌恶。

在八十年代，西学译著的销量经常能有数万册，而到了现在，则一般只有几千册，这在某种程度上也反映出了西方理论在中国学界的"去魅"。对此，我还有一个切身体会，在"东方学"的著作被引入中国之前，有人开口闭口总在援引萨义德的理论，而形成了反差的是，等到这本书真的出版以后，以前那些大肆宣扬"东方学"的人，反而缄口不谈了。究其原因，大概这些人根本没读过萨义德的任何书，充其量也只是看了几篇书评，甚至只是道听途说了萨义德的观点，然后，他们就把它变成几条干巴巴的条文，拿来到处生搬硬套。而等"真经"被翻译出版以后，再胡乱搬弄它就要露怯了，而又没有定力去真正研读它，所以干脆就掉头不顾了。

在当下的国际学术界，新的理论总是层出不穷，这也导致了人们望洋兴叹，干脆懒得再去追踪阅读。比如，"人文与社会译丛"译丛把埃里克·沃格林的《历史与秩序》的前三卷都给翻译出来了，这无疑是一项艰巨浩大的工程。如果这搁在八十年代初，大家得为之疯传多久啊！可现在，人们对于这样的大部头，而且还是研究古典西方的，却明显显得有点疲惫了。当然，此中还有一个缘故，那就是一个多世纪以来，受严复所转述的社会达尔文主义的影响，中国人一直认定了自己的文化不如西方，所以西方生产出来的理论就代表了真理，而且在进化论的求新语境下，由最后一位西方大师所道出的理论，就等于是或代表了最新的真理，而其余的都属于过时的东西，就不再有阅读与思考的必要。这种对于思想时髦的浅薄追逐，实在是要不得的。

另外，这种理论的疲惫之所以出现，还是由于新左派对理论的过度诠释和恣意滥用。这些人总是在用似是而非的理论来让中国的鲜活经验变得干瘪，由此久而久之，也就导致了理论在中国的名声扫地。甚至，人们一听说某人是"搞理论"的，就几乎是先入为主地认定了，此人一定是个书呆子，是个坏脑壳，是个狂热分子，是个偏执狂，只会"攻其一点，不计其余"，只知道强词夺理、胡搅蛮缠，把事情越讲越糊涂。

但我认为，毕竟不能因为洗澡水脏了，就把其中的婴儿给一起倒掉。应当心怀敬意地看到，尽管难免有过这样那样的失误，然而中国的学术翻译工作,还是为我们大体展现了西方的知识地图。很多译者都为此做了重大的牺牲,如果他们为翻译公司干活,就能得到每千字 500—1000 元的报酬;而他们现在出于热爱和责任,坚持从事学术著作的翻译,其收益却只有每千字 40—60 元的报酬。不仅如此,到了评职称的时候,这些辛辛苦苦的劳动还不算成果。但如果没有他们,中国学界跟世界文化的距离,肯定会被拉得更长更远!

在这种情况下,就更要大声疾呼地提出,中国需要一个全民重新阅读的过程。比如你刚才提到的伯林,他无疑受到了堪称例外的追捧。然而,他毕竟是个承前启后的人,也是个思想漩涡中的人,那么,他的思想先驱到底有哪些,他的学术后劲又究竟有哪些,他的思想对手又到底分几支?这些都是需要进一步深究的问题,而只有顺藤摸瓜去研读下去,西学的内在脉络才会慢慢向我们展现。有的人只读了一本《自由论》,就认为这是伯林思想的全部,甚至认为这就是西方思想的精华,这是一种简单化的读书态度。

记者: 是否可以理解为,有些人倡导某些理论、概念,不是出于对话的目的,而只是为自己的行为找个依据?

刘东: 为什么理论在西方的危害不像在中国这么大?这是因为在西方,不同的理论之间存在相互的辩论和制衡,而在中国则基本上没有这样的解毒剂,才导致某些理论一枝独秀,这样一来,它的某种倾向也就被过分夸大了。比如,为什么伯林的消极自由观念到了中国,反而更明显地暴露出其弱点呢?当然也是这样的原因。大家都想龟缩到狭小的天地,用这种"免于……"的自由来保护自己。然而,个人的基本自由若想不被伤害,那是有其前提的,它需要一个良好的社会规则和广阔的社会空间。相反,要是大家都不参与到公共事务中,不去磨合出这样的规则,社会空间就反而会塌缩下来,导致个人的自由难以保障。

比如,作为一种随处可见的对应或象征,在八十年代,中国人还不知道"装修"这个概念,而到了九十年代,随着环境污染越来越严重,"装修"也开始在国人当中流行了起来。很多以往盖起来的楼房,其外表都早已非常肮脏破烂,而内部却被装修得跟宾馆一样,人人都躲进自己的狭小空间中,不再去关注外部环境的任何变化,哪怕那种变化马上就要侵害到自己。

此外,光把西学的著作读完还嫌不够,还需要让西方的理论体系与中国的价值观念进行对话,才能寻找到一条属于中国的路。有些人天性就不会读书,所以一旦他好不容易摸着了一本,自以为读出了一点味道,那么就干脆决定,自己此生只相信这一本了。这是把读书能够获得的自由,由于自家的偷懒和无知,反而糟蹋成了必然,把读书能够获得的上进,也干脆糟蹋成了下坠。这种人的心智,往往还不如干脆不读书的人,因为他被一个偏颇的理论给永远地捆住了。

哈佛文理学院的院长柯伟林教授,曾经说过一句相当刺激我的话:"20世纪中国政治思想的主要特征,就是根本没有自己的特征。"这是因为,所有流行于中国学界的理论,说到根子上都可以溯源于西方,都是用欧洲头脑对欧洲历史进行的欧式总结,而中国人只不过借鉴了其中的某个部分,相互间竟还争得头破血流,都还觉得唯有自己成竹在胸,这是很缺乏文化主体性的表现。

所以无论如何,中国急需一个大规模的阅读运动。阅读的范围一定要尽可能广泛,而不能当领导的喜欢哪本书,大家才去抢着读哪一本。实际上,每个人的阅读都有其独特性,而这样的独特经历,也正是每个心智的独特轨迹,绝不能由任何别人来取代。为了帮助引领这样的读书风气,我最近又构思了一种课程,首先去读雷蒙·阿隆的《知识分子的鸦片》和阿伦特的《论革命》,然后去读约翰·密尔的《论自由》,接着去读那些批评自由主义的专著,包括桑德尔、查尔斯·泰勒等社群主义者的著作,以及保守主义思想家的著作。这样子一本本地读下来,研读者就会逐渐地从中发现,其实西方学术界也是一篓子螃蟹,一个掐着另一个,一个能带出一个,所以,真理并不在某个单独的头脑中,而是产生和存在于不同流派的对话中。

另外,更加重要的是,即使把这些著作全都读完了,大家也还是要牢牢地铭记住,在这样一个全球化的时代,在这样一个盛行后殖民反思的时代,真理并不会只在哪个文明自身的文本中,而应当产生于各个文化的互动中,所以,稍微有点头脑的人都会相信,西方思想家绝不会掌握了人类的全部真理。说到底,还得靠我们去开拓自己的头脑,从而在同其他文明的不断对话中,让它想出新的人生解决方案来。为了这一点,我一直都憋着一个想法,建议将来在清华图书馆门口,同时立起苏格拉底、孔子、释迦牟尼和耶稣的雕像,让这四大圣哲作相互对话状,而这作品的题目就叫"轴心时代"。这是为了让同学们一眼就看明白,真理并不包藏在某一个造像中。

因此无论如何,如果以往读错了某种理论,那就需要大家继续多读,而不是从此反而觉得厌恶理论本身,否则的话,中国在学术文化上是没办法和西方对话的。要知道,人类文化之最辉煌的成就,仍要推它高雅的学术文化,而学术文化中最耀眼的宝石,也仍要上升为最高的理论形态。

警惕人为的"洋泾浜学风"

记者: 您曾将您这代人的学术任务总结为"译百家书,成一家言",但问题在于,当下"译百家书"却束缚住了"成一家言"的工作。比如中国研究就受西方汉学理论影响过深,您怎么看待这一现象?

刘东: 这个问题不是当下所独有的。从民国时期开始,虽然北大跟清华都有自己的国学研究机构,可二者的学术风格却截然不同,就连当事人自己都未必清楚地意识到了这一点。具体来讲,尽管两边都属于学贯中西的,但清华国学院却更偏于内部取向,而北大国学所则更偏于外部取向,而后来渡海过去的台湾"中研院"则主要是继承了后者的风格。由此,这种西式风格的国学研究,就带来一个根子上的问题:它根据现代西方的学科划分,把中国传统的"四部"学问,强行划归到"七科"的类别里。这样一来,中国固有的学术脉络就被打散了,很难再照原样传承下去。

在当今西方的强势话语规则下,我们在与西方进行学术交流时,往往会被追问这样一类尴尬问题:你们中国有哲学吗,或者你们中国有文学吗?如果你照直了回答"没有",那就会显得太过简陋,好像你的文明根本就没开化。但如果你硬着头皮说"有",拿出来的东西又肯定削足适履,是把中国的思想（或艺文）先强行掰开，再硬性塞入西学的分类科目中，其表现肯定还是不如西方自身，因为你自己的先辈，原本就没沿着所谓本体论、认识论、方法论、伦理学、美学的套路去展开；反过来说，西方人又正好借着你由此表现的逊色，找到了暗中支持其欧洲中心论的理由。当然，也有西方人对此进行了反思，比如以前曾在旧金山的书店里，这次又在芝加哥的书店里，我都看到一本题为 *But not Philosophy：Seven Introduction to Non－Western Thought* 的书，可以译成《但并不是哲学：对于非西方思想的七篇导论》。虽然它的内容似乎浮泛，但它的标题却显得很有想法，它在指称中国的（或其他文明的）学术思想时，只把它们径直称作"思想"（thought），而不再套用西方色彩过浓的"哲学"（philosophy）。而这就意味着，就算在中国思想中没有相应的分支，比如迟至 1750 年才创立的美学，它也仍可以并不逊色于西方哲学。

另一个问题是，在古代中国的传统教育中，要求所有的受教育者，都要同时兼通四部的知识，它就像一个读书人的五脏六腑，不能专靠哪个单独的脏器活着。可后来，由于受到西方社会分工论的影响，现代中国的教育就变成了专攻一科，这就出现了重大的心智偏差。比如如今所谓的中文系，你们可以掰着指头数数看，大概应是最易出现"妄人"的地方。那么到底为什么呢？说到根子上，古人总要先去"刚日读经，柔日读史"，而如果还行有余力，再去旁及集部。可现在，由于受到西方分工的影响，人们竟可以只读集部的书，甚至还只是集部中最不入流的小说，还觉得自己很是职业化，因为那些对古人等而下之的东西，按照西学范畴又显得很高明。这样从知识生产的角度看，其实已是既没有道义的约束、又没有史实的支撑，当然就容易出现"文痞"了。

所以，我们就首先需要明确，对中国的研究可以分为 inside 和 outside 两支。而对中国这样一个具有悠久传统的伟大文明而言，它可不是太平洋上的那个小岛，那上边不具备本土的学者，而只有等到外来者闯入之后，才能展开对当地文化的研究，从而，对它的研究就都属于 outside 的视角。中国则完全不同，它无论从时间和空间而言，其规模的量级都要大得多，也同样具有自己的知识界，由此，也就和研究中国的外部视角，天然地构成了二水分流。

当然,在西方的学术包括汉学引入之后,中国人也由此知晓了自家的局限,从而在相对的意义上,也把传统的学术文化统称为"国学",其言外之意就是,在学术世界中还有个"西学",甚至包括西方人研究中国的"汉学"。我最近在北京大学出版社刚出了一套两卷本的《审问与明辨:晚清民国的国学话语》。那本书的导论中,曾经讲到了国学的六重定义,而其中的第一重,就来自西学冲击下的这种自我限定。

问题却在于,西方对近代中国的压强实在太大了,所以导致在科举被废除之后,只有留洋的读书人才最吃香,而外部的视角也在这样的压力下,被强行塞进了设在内部的机构中。这当然并不是说,外部的研究视角就一定不好,否则的话,我也不会花这么多年时间去专心地引介西方的学术成果,然而,我决不赞成中国学者也仿效外部视角,否则说起话来就难免要拿腔拿调。所以,较为理想的状态应当是,中国学者有自己独特的视角,西方学者有自己独特的视角,而更全面的观察和更深刻的学理则要在两者的对话与共识中产生,由此才能构成更上一层的"中国学"。

只可惜,现在的情况则与此相反。应当看到,中国知识界的很多问题,都是源自那些拿腔拿调的"汉学生",即海外那些汉学家的中国学生。试想,在"文化大革命"浩劫刚刚结束的时候,在受到海外汉学家的主宰之前,谁能想到去宣扬"文化大革命"是好的,那不成了狼心狗肺么?那不要遭受雷劈么?但是,很多人此后却要漂洋去留学,很多人读的还都是汉学博士,而在那边的汉学家中,又有很多人都是当年的红卫兵,家里还挂着"文化大革命"时代的毛主席像,他要告诉你"文化大革命"是好的,你想不接受也不可能,不然第二天就得卷铺盖回家。要知道,这跟在中国读书的情况不同,导师的宰制力要大得多。在中国,如果你决计不跟这位导师了,还可以换另外一位导师,甚至即使从此不读书了,也不会马上就发生签证问题,还可以去中关村谋个生计。当然另一方面,国外的导师对学生也不错,会默默产生情感上的感化。于是,在这双重因素的影响下,很多留学生就慢慢地被收编了,成了我们后来看到的新左派,而且弄到后来,他们的招牌或者文化资本,也仅仅限制在这个方面,由此中国的知识界也随之分裂了。

正因为这样，我现在非常担忧地看到，现在学院里的年轻人，竟然唯恐把研究做得不像美国汉学，连标题都设计得亦步亦趋，这是完全缺乏主体性的表现。美国的汉学做得再好，也只是我们的一个参照系，或我们的一种专业基础课。尽管在一个全球化的时代，即使你是在研究本国的问题，也应掌握美国汉学的知识地图，但与此同时，你还更应知道它的所长与所短，知道自己比它有何种的优势。

在这样的基础上，中国学者对于母文化的研究，本应更具有天然的优势与创意，由此才会真正受到外部的看重。然而很可惜，现实的状况却刚好相反，只是被西方流行的学术潮流牵着走，这当然会影响中国自身的成就。我有篇文章叫《警惕人为的"洋泾浜学风"》，就是在率先挑明这方面的问题：本来该由具有现实经历的中国学生来坦率诚实地告诉他的美国老师，他们在哪些问题上完全是想当然的，根本不符合中国人的鲜活生存经验；可现实的情况却是，人们为了产生出获取高分的论文，就强行把中国经验塞进了西方公式，由此他们在迎合了其西方导师的同时，也恣意地强暴了其同胞的感受。

"空前的'危'和'机'是并存的"

记者：在这西学引进的过程中，您有什么个人的经验或体悟？

刘东：我这个人，对于自己的进退比较迟钝，所以在评职称、申请基金等问题上，反应都比较糊涂。在社科院的时候，我一直都是副研究员，一做就做了整整十年，尽管我本人也是挺努力的。直到调离之后，我才弄明白规则，原来在提升为研究员之前，你先要写封申请信。而我既然不懂这个，正好高级职称的名额有限，所里也决不会提醒我，乐得把我算作自动弃权。弄到后来，所里甚至院里的上上下下都在议论说："刘东怎么还是副研究员啊？"我听了也没往心里去，既然大家都觉得这不公平，就说明这不是我的错误，而且，我的努力总还受到了公认，所以也就随他去吧。

这种木讷，当然算我一个个人的短处。不过话又说回来，如果想要摆脱外在的桎梏，那么在职称、基金、杂志登记这类问题上，也许就需要木讷迟钝一些,可以算是"难得糊涂"吧?所以,即使主编的丛书不算成果,我也糊里糊涂地就挺过来了,只要内心认准了它们重要,就决不会轻易放弃。

当然,所以如果认定了什么不好,那么我会跟从自己的感觉,也马上就会作出行动。比如,在"海外中国研究"丛书的引进过程中,我自己判定好坏的标准,也发生过很多次变化。一开始以为西方人帮我们澄清了很多难题,可后来却发现,那些汉学家的理论框架也很芜杂,可以同时把中国说成长的、短的、胖的、瘦的、高的、矮的、需要补的和需要泻的,需要保守疗法的和需要马上开刀的,而最后才搞明白,西方的汉学家各执一套自选的理论,所以我们必须首先弄懂这些理论,然后才能弄懂他们所要解读的中国。由此,在我自己的内心中间,那套"人文与社会"译丛也就必然要呼之欲出了。

在做这些事的过程中,如果说有什么是让人欣慰的,那就是当你专注于做某件事,人生会无意间显得略长一些。从最早的"走向未来"丛书以及《东方杂志》,到现存的"海外中国研究"丛书、"人文与社会"译丛、《中国学术》杂志、清华国学院,还有我晚近创办的"西方日本研究"、"大学之忧"丛书和"艺术社会学"译丛,当自己专注地做这些事时,会觉得事情根本做不完,于是,也就生出了不断劳作下去的动力,没有时间去伤春悲白发。由此,自己出门去讲演的时候,也就经常会闹出一个笑话:初次见面的听众会对我说——"你怎么还这样年轻呀?原以为你早已是老人了呢,从小就是读你的书长大的!"

人们寻常会觉得,做编辑就像竹筒倒豆子,倒完了腹中就空空如也,但我对此却有相反的经验,发现好的编辑到头来并不吃亏。"海外中国研究"丛书的选题已有200多种了,而我本人作为主编,读过的书则远超过此数,而且读得也要相对认真,这就给自己铺垫了知识储备。另外,在你从事编辑的过程中,也会遇到各种各样的问题,有时候由于各种各样的原因,某些章节并不适合翻译,这就使你比一般读者,了解到更多吃紧的细节。再如,《中国学术》杂志的难度很大,所以每逢召开编辑会议的时候,学术讨论的气氛都很紧张。既然我们要把它办成国际级学刊,而且它也一直由哈佛燕京学社支持,这就促使我们对每篇稿件都严格要求,时刻保持一个严苛的创新标尺,尽量筛选出最优秀的学术文章。于是,如此之高的学术标准,自然也就会使得杂志的编者们也自然养成了写作的习惯,即从眼低手低到眼高手低,终于成长为眼高手高。正因为这样,我们《中国学术》编辑部,也是个最出优秀学者的地方,而它早期的许多年轻成员,也都顺利成长为挑学界大梁的人。

主编丛书的工作,真是越来越顺手。我现在,简直是有了自己的编辑车间,每年总要有二三十本图书的产出,差可算作一个业余的出版家了。屈指算来,除了"海外中国研究"丛书和"人文与社会"译丛这两套国内学界最大的丛书之外,我还在主持"西方日本研究"丛书和"艺术社会学"译丛。此外,清华国学院里还有三套丛书,即"清华国学"丛书、"清华国学"书系和"讲学社"丛书,也是实际由我在主持。另外,在清华大学自己的出版社,我又专门为它设计了五套丛书,包括一套"中国艺术史"译丛,一套谈论生态史的"同一颗星球",一套研究高等教育"大学研究"丛书,一套光荣榜般的"清华文库",还有一套更具挑战性的英文丛书,叫作 *Chinese Intellectual in Two Centuries*。

进一步说,在编、读、写的过程中,也在挑战自己心智的极限。我希望,至少我本人的研究和讲学水平,能和祖国的国力增长同步起来。其实,如果能更加平心地观察,那么中国大陆有很多学术优势,经常是被有意无意地忽视的。比如,可以拿大陆和台湾做个对比:在台湾,如果没有"国科会"的批准,如今的台湾已很少有人翻译,而"国科会"又每年只批十来个翻译计划,还不如我以一己之力所引进的多。这当然是因为,我们相对于台湾学者,享有由一个巨大的汉语共同体所带来的优势。正因为有了这样的优势,即使遭遇过最困难的时期,我们这批学人才终究熬了过来。"中研院"的王汎森曾经问我:"《中国学术》每期大概印多少册?"我说:"大概只能印个几千册,这种杂志实在是太专业了。"没想到,对我显得太少的这几千册,对他来说却是多得难以想象,因为台湾的专业刊物,往往也就印个一两百册,这跟我们打印博士论文的数量,恐怕也没有多少差距了吧?

无论如何,我的这种信念并不是空穴来风。剑桥的阿兰·麦克法兰教授,刚给《中国学术》写了篇《断片:时间观念与我们生活于其中的世界》,他在这篇文章中指出,当一种文明处于支配地位并进行扩张时,单线的进步论和目的论色彩的理论,也就会油然占据主导地位;而当世界范围内的政治对抗成为主题,并且西方与非西方力量处于相对平等状态时,那样的论调又会随之式微。回想晚清、民国时期,西方文明正处于飞速扩张中,所以老先生很难不误以为,所谓世界潮流无非就是西潮,而所谓的进步也只意味着跟上西方的发展,甚至就连在梁启超、王国维的早年,也都是在以西方为模板,千方百计地挑中国文化的毛病。而现在,西方文化如果不是处于衰落,至少也并非一枝独秀了,所以整个世界也包括西方人自己,也都在怀疑西化是否真有普世价值。

就这一点而言,有幸生活在我们这个时代,尽管还是有很多糟心问题,但相对而言还是幸福的。自从遭遇西方文化的冲击,我想从林则徐到恭亲王,从曾国藩到李鸿章,从张之洞到康有为,再从梁启超到陈寅恪,这几代人到了辞世的时候,心情必定是很压抑的,而他们也只能在近乎绝望的心境中,离开这片尚未有起色的故国。而相形之下,情况到今天已经大大反转了。事实上,从来没有这样一个国家,曾以如此之大的人口基数和如此之大的国土面积,并以如此之快的发展速度,持续不断地起飞了这么多年,所以,这对整个世界历史所产生的影响,我们眼下只怕还很难进行精算,要到很久以后的未来才能看清。即使纵观整部的世界史,大概也只有英伦的几个小岛,在早期工业革命的那个年代,曾有过如此爆发式的发展,而后来它就成为了日不落帝国,逼得全世界都讲它的英语。

由此看来,尽管也绝对不可否认,我们要克服的问题还很多,有的甚至还是相当顽固和致命的,然而空前的"危"和"机"毕竟是并存在一起的。如果对这一点视而不见,那么不管是是无意的还是成心的,总之是不全面和不公正的。

(本文原载于共识网,2014 年 8 月 4 日)

后　记

　　奉献给读者的这本书,主要基于我在 1997 年出版的《自选集》,而又进行了相应的校对与增删。在这个意义上,它既可说成是旧作的修订,也可说成是新编的文集。

　　此番被我删掉的文章,主要是那篇原曾排在首位的、自己在学术上的处女作——《西方的丑学》,因为此文后来已经扩充成书,并且一直在坊间印行。而此番扩充进来的文章,则主要是当年不便收入的几篇,尽管它们当初也多在《人民日报》等上刊登过,如“作为一种发展战略的文化建设”等。

　　无论如何,只有把这些已刊和未刊的文章并列在一起,才能更加完整地现出自己的心气及其迁移。由此可以看到,它一方面确是随着年龄的增长,而不觉间起了相应的变化,足以进行更沉稳的“长考”,以纳入更多样的考量要素和更广泛的照顾侧面;可另一方面,那中间仍有历久弥新的东西,在暗中支撑着此类思考的主轴——它即使早在二十多年之前,也并非只表现为“血气方刚”,而即使到了二十多年之后,也并未流露出任何的“老态”。

　　如果以一言而蔽之,自己在思想上的这根“主轴”,就是既不信能有脱离“远虑”的“近思”,从而越是痛感到现实的不合理,就越把自己引入更为广远的阅读范围;也不信脱离“近思”的“远虑”,从而越是读进了书城之中,就越忍不住要浮想联翩,使得夜静更深的书房,更像充满激情的硝烟中的街垒。而两者叠加起来,就正如自己在图书封底写下的,我是希望

"在愤怒的批判与宽广的展望之间,在当下的分析与方法的思辨之间,在国学的回望与西学的聆听之间",能尽量保持一种谨慎与明智的平衡,以逐渐趋于中道和不断躲避风险。

当然,自己究竟朝这个方向完成了多少,那是需要读者来开卷判明的。而对我本人来说更加重要的则是,这些书写于历史烟尘中的文字,无论如何都预示着自己思想进程的开展和个人智慧类型的转向——为了达成那样的智慧,我在自己这一代学人中间,肯定是进行了最大的知识布局,而且直到本应接近"耳顺"的现在,都丝毫未曾考虑过要去"收官"。

毫无疑问,这样做也要冒很大的风险,甚至不夸张地说,这简直就是把自己的短暂学术命运给"赌"上了。不过,对于二十多年前的自己,当年显得更为要害的却是,既不能"没心没肺"地,把一套可有可无的死学问给继续不咸不淡地做下去,也不能"缺乏头脑"地,只让一种刻骨铭心的浅近记忆充溢或占据了全部的思考空间。

学术生涯中的个人追求,原本就是正如"河汉之无涯"的。所以,自己即使到了二十多年之后,也顶多只能向读者们保证,这本小书中所留存下来的文字,至少都是由锲而不舍的精思所导致的,至少都记录了一个鲜活心智的打开历程,从而,也至少都可以作为一种确切的路标,来为当代中国的思想发展立下一个旁证。

还应特别予以说明的是,这本《近思与远虑》和行将由浙江大学出版社推出的、同样经过了增订的《理论与心智》,以及北京大学出版社已经推出的《道术与天下》《审问与明辨》和它将要推出的《跨越与回归》《洞见与不见》,乃至于上海世纪出版集团行将推出的《文化与美学》《反抗与被缚》,等等,全都属于自己计划之中的"执中十书"。而在眼下紧张写作的过程中,也唯有乞求天假以年,让自己能完成这个并不算"宏大"的计划。

至于贯穿全部十本书中的主线,我以前曾在《自选集》的序言中,进行过下面的一番表白:"如果此书尚可以有一条贯穿始终的核心线索的话,那并不在于我曾经'想了什么',甚至也并不在于我曾经'怎样去想',而唯在于我确曾不断地'学着思想'、确曾努力试图突破自己心胸的局限,以便既能弥补自己在学识上的缺陷,又能锻炼自己更简捷或更细致地处理某些难题的能力。"这番话确实不是出于故意自谦,所以在这里,也不妨再把它重申一遍。

而前不久,在为《思想的浮冰》所写的新序中,我又再次重复了与之类似的主题,却把它表达得更为具体了:"或许古往今来的思想者们,所唯能确保去做到的,也正好跟眼下的自己一样,是在以'毋意,毋必,毋固,毋我'的态度,去不断调整自己的身姿步态,以面对当下遭遇的险境,这才是所谓'人心惟危,道心惟微,惟精惟一,允执厥中'!"换句话说,一方面,不断去拓展新的知识视域,来征服对自己显得陌生的学科,构成了自己心灵的发散一面;而另一方面,不断以"叩其两端"的警觉行为,来实现不偏不倚的中庸之道,则又构成了自己心灵的聚敛一面。

我要说的是,在这种充满张力的求索中,自己想要努力予以克服的,并不是我本人心胸的内在局限;也许,更为广大开阔地看,也正是在"渐趋中道"的过程中,我们这个充满了阵痛的文明,也可以借助于不断的纠偏救弊,而逐渐获得浴火后的再造重生——想到了这一点,也就不必再去叹息什么"韶华易逝"了,因为文明的进程毕竟不会终结的,即使自己完不成这些思考的使命,也自会有人来慨然接过"这一棒"的。

刘　东

2014 年 4 月 11 日于清华学堂 218 室